GUSHIZHITONG2008

股市之痛2008

——一个“套中人”的独白

杨德林 著

上海辞书出版社

目录

CONTENTS

寻根篇

凭山远眺，将 A 股市场栏杆拍遍

期冀篇

补齐短板让资本市场泉流奔涌

序一：

以冷峻的幽默直面股海沉浮

姜　昆

在商品社会的大潮中，每个人都难免受到冲洗。什么叫冲洗？冲是冲击，防不胜防，夹杂着诱惑，结果鞋湿了，人也有点晕，趔趄了一下，差点没倒下；洗是洗礼，小试身手，无伤大雅，没得什么好，也没受什么伤，旁观者清，放一着，退一步，难得清闲。这些话，对于在股海中饱受颠簸，赔本赚吆喝，甚至血本无归的人来说，多少有点“站着说话不腰疼”，颇具“马后炮”的味道。可换个角度，以芸芸众生的尴尬角色，始终站在股市边缘，一只脚朝里，一只脚向外，实话实说，又何尝不是一个善意的提醒？想当初全民“下海”投公司那阵儿，巴蜀名人魏明伦也“占山为王”成立了一个，我向他祝贺，那时节没有手机，没有短信，也没有 E-mail，我给他发的是明码电报。20 世纪大新闻，下海不会淹死人，扑通有人跳下去，蜀国秀才魏明伦。一晃儿快 30 年了，幸好魏公尚在，四肢健全，五官依旧，可公司早就到爪哇国去了。我也如是，投了 3 年公司，“昆明网城”每天的点击率 800 万次以上，结果挣了点钱，全赔在了“上市”方面，上市没有成功，皮克马威收了我的钱，他自己却死了。有人说可惜，我自己庆幸，他们说如果上市成功，我就变成亿万富翁了，我说如果成功，也没准跳楼牺牲了。商海浮沉，变幻莫测，你知道哪块云彩有雨，哪里是你走向深渊的百慕大？我的安慰是网站尚在，改名“中国曲艺”，成了半官方网站，小子还行，气息犹存，为自己所钟情的曲艺事业，每日餐风饮露，心甘情愿地奔忙，无大虞，无风险，没有在股市里那种“神经兮兮综合症”，幸哉善哉！

在道出上述切肤之感后，再看我铁杆荒友德林小弟的这本书，不禁为自己的“小打小闹”而汗颜。德林乃一介书生，或称文化官员，30年兢兢业业，孜孜以求，留下串串成功足迹，却一直在当个半大不大的小官，与平民百姓贴得很近，始终持有一份悲悯情怀和鲜活的人生体悟。我估计他从未深涉过商海和股海，也没听说他挖到过“第一桶金”，偶尔见面，发现他总是保持着一副随遇而安如洗之清的“风韵”，用大白话说，他决不可能有什么大钱。但不知怎的，德林竟如此熟谙投资之道，将股市“龙迹蛇形”尽收笔端，描摹得摇曳多姿。他写股海沉浮，犀利不失优雅，理智不乏趣味，全书以冷峻奇崛的叙述风格，悠然打开一扇窗，让我们得以窥见涵蕴在股市涨跌背后诸多中小投资者即芸芸众生的酸甜苦辣、愁绪怨怀，对监管责任缺位的追溯与拷问更是掷地有声，读罢令人唏嘘不已。掩卷之际，仍感到有股“冷幽默”拂面而过，使我这个开惯玩笑的人拿起笔来，不知该如何调侃，更不忍心戏谑了，只因德林这本书除了将股海生态掰开了揉碎了向读者呈示以引发普遍关注外，还包含着太多“悖论”元素，充满辩证统一关系，而一旦加入“刺”的成分，则有些幽默难免变成“黑色”的了，惟西方哲理思考方式在解题路径上比较接近本书脉理，当以沉思为伴，从长远处计较，“才下眉头，却上心头”。德林让我为他的书写点什么，毕竟不是股市中人，只能皮毛地谈一点感受，浅尝辄止，不知能否给将要读这本书的人带来小小启示，商海股海宦海，大家都是过来人，各有各的活法，一切尽在不言中，在这方面，我赞成小弟所说，天下道理是相通的，人心也是相通的。

（作者系全国政协委员、中国曲艺家协会党组书记、中国文联主席团成员）

序二：

一个文化人观察和思考股市的准专业之作

阚治东

为书作序的事情，大凡由前辈名家为之，以冀借助前辈名家的光环为书本添上几分色彩。本书作者杨德林选择我来为本书写序，就我看来不是因为我在银行证券业的长期工作经历，而是因为我们是同在北大荒下乡的“荒友”。承蒙这层老关系，能在这本观点尖锐、文采斐然的著作之中留下自己的名字，倍觉欣喜之余不免诚惶诚恐。

不敢以文为序，只敢说写下些许读后感受：

《股市之痛 2008》这本书，作者自称是“以一个准文化人的眼光审视素来陌生的金融资本领域”。

“准文化人的眼光”这一提法我深表赞同。作者一直在上海政府部门任职，观察证券市场的视角就避免了“不识庐山真面目，只缘身在此山中”的局限，没有了就“市”论“市”的褊狭，而具有了一种文化层次上的思考。“准文化”一词其实是作者的自谦，就我看来，大可把“准”字去掉。

用两天时间细细读罢全书之后，不禁掩卷长叹，这金融资本市场对于作者而言，哪里又是他自己所说的“陌生”？作者笔锋犀利，如同一把手术刀，将 2008 年国内股市出现的种种问题——为读者剖析明白。行文之时，引经据典，切中肯綮，于细微处见大功底，绝非“门外汉”的手笔。作者自言“做事顶真，倾情投入，触类旁通以及爱认死理”，大约正是这种性情，让他对“素来陌生的金融资本领域”有着不亚于我们这些专业人士的认识。这半年来，作者在《大众证券报》、《上海证券报》和《证券市场研究》等专业报刊上发表了数万字专业文章，就是他“熟悉金融资本领域”的明证！

《股市之痛2008》全文分初醒篇、寻根篇和期冀篇。

初醒篇中，作者更多的是一种对国内股市种种“怪现状”的观察描摹。他以一个社会公众投资人的观察角度，描绘了国内股市从猛牛被逼成疯熊的过程，那些吝啬分红的上市公司被他描绘得如同“葛朗台”，而导致股市大起大落的大小非问题在他笔下一如一把悬在众人头上的“达摩克利斯之剑”……这痛砭国内股市时弊的文章，不乏令人拍案叫绝的精彩之处，当得起“嬉笑怒骂皆成文章”的赞誉。

在寻根篇中，作者凭山远眺，将股市的栏杆拍遍，找到了发生“股市之痛”的根本原因——利益。司马迁在《史记·货殖列传》之中写下“天下熙熙皆为利来，天下攘攘皆为利往”的句子，而西方经济学的鼻祖亚当·斯密也描述了以追求利益最大化为目标的“经济人”。两位巨人隔着千年的时光、万里的疆域，竟然撞出了相同的思想火花。

股市是市场经济的产物，进入市场必然是利益驱动。那么，作为股市政策制定者，应该权衡好多方利益，特别是需要保护好中小投资者的利益，从根子上解决国内股市权利不对等的资本博弈问题。而管理层对资本市场定位有偏，罔顾资本市场与实体经济互为因果的关系，对前者缺乏起码的尊重是国内股市产生问题的主要根源。

在期冀篇中，作者的目光跨越了2008年，谈及了包括世界金融危机在内的种种话题，当然，更多的是谈及中国资本市场的未来。其中有关及时推出创业板，补齐资本市场的短板让资金能泉流奔涌的建议，极富建设性。文中种种建议，因为是一家之书，难免会有些一家之言，但其中的真知灼见，值得管理层借鉴。

该书原名《股殇2008》，殇，这个字的意思就是非正常的死亡。用来形容2008年A股暴跌稍重了些，但也差不太远。2008年，中国股市一段难得的牛市意外终结，这就是《股市之痛2008》的书名的来源。这本书，谈的是国内2008年的股灾。股灾并非国内股市独特现象，在1987年那场以“黑色星期一”命名的股灾发生之时，我正在日本东京研修证券业务，在日本证券公司和东京证券交易所亲眼目睹了人们面对股灾突发时的惊愕甚至绝望的神情。而1997年的“亚洲金融风暴”以及至今仍在我们身边并未远去的“华尔街金融海啸”，读者想必更加不会陌生。

而国内的股灾，读者可能会觉得更加“亲切”。人们通常把股价较短时期内跌幅达40%以上暴跌现象称为股灾，若以此论，就股灾发生的频繁程度而言，中国股市算得上首屈一指。以上证指数为例：1992年4月10日，上证指数从1992年5月25日1428.79点跌至381.20点，跌幅达73.3%；1994年7月29日，上证指数从1993年2月16日的1558.95点跌至325.89点，跌幅达79%；2005年6月6日，上证指数从此前高点2245.45点持续下跌至998.23点，跌幅达55.5%。

《股市之痛2008》谈的是2008年的股灾问题——上证指数从前期高点6124点一路跌至1802点，跌幅达70%，沪深股票市值缩水2万亿元人民币以上。

我知道已有不少学者和机构在研究国内股市曾经发生的大小事件，包括撰写国内股市发展史，并有不少专著出版。但是，就我所知，论述2008年的股灾的书籍本书尚属首部。

日后，一定会有更多的书籍来记载 2008 年的中国股市风云，那些书的数据会更详细，观点会更客观，论述会更精彩……但是，不管怎样，作者杨德林在撰写《股市之痛 2008》时秉承的写书记史之道——“不可献媚权贵，不可言不由衷，不可名利优先，不可人云亦云”——这种正确、完整、真实叙述国内股市的态度在那些将来的书中不会再有改变。

《股市之痛 2008》一书即将与读者见面。对于亲身经历过 2008 年中国股市风云的人来说，此书值得再三阅读。

（作者系申银证券公司首任总经理，现为东方现代产业投资管理有限公司总裁）

序三：

对A股市场的一次深度解剖

徐　霄

坦率地说，至今我仍未曾亲眼见到过本书作者杨德林先生，但是，这位文采飞扬、熟读《老子》、颇有正义感的资深投资者却给我留下了极为深刻的印象。此后，我们又通过E-mail、电话和手机短信建立了稳定联系，并最终成为熟悉而又陌生的朋友。

初次与本书作者杨德林先生"对上暗号"是在2008年9月25日。那一天，我打开在《大众证券报》上公布的E-mail，一封名为"一个非经济学人的股市观察"的邮件引起了我的注意。虽然文章长达3.5万字，但是由于作者讲述了自己1992年入市以来的诸多投资故事，以及对股市的深度思考，加之文笔流畅清新，读起来并不觉得累。后来，我摘录了一节并编辑成《是是非非大小非》一文见报。

当时，大小非问题是连续下跌的股市上的一个焦点话题。在股市大跌、人气低落、全体参与者都冷静下来之后，人们开始不断探讨、拷问股市中的更深层次的不合理的制度问题。杨德林先生是这群拷问者中的一个典型代表，他的质疑也掷地有声、发人深省，值得更多探寻投资之道、希冀破解亏损谜团、图谋完善中国股市基础性制度建设的有识之士研读并继续深入探寻下去。

纵观本书,其实就是杨德林先生通过自己的亲身实践和所见所闻,对A股市场进行了一次深度的解剖和拷问。比如"是谁把股市这头'猛牛'逼成了'疯熊'"、"凭什么'一赢二平七亏损'"、"挣扎在反周期调控中的中国股市"等等,这其实也是每一位市场参与者,尤其是在投资出现亏损之后,需要认真思考的问题。也许,只有搞清楚了这些问题,才能在变幻莫测的股市中增加一个"交易优势"砝码,而这个砝码,在现阶段,甚至能起到投资盈亏的决定性作用。

不可否认,中小投资者由于知识、信息、性格等诸多差距,在投资股市后,大多数人都出现过亏损。但是,我们更需要思考的,是管理层给我们制订的"游戏规则"是否还存在重大的缺陷?所有的投资者是否都处在一个公平的投资环境之中?面对为祸市场的"恶人",管理者又是否铁面无私坚决查办,还市场一个公道?……所有这一切,都需要我们思考,需要去鼓与呼,而杨德林先生的此书就站在一些角度给我们提出了有益的思考和启迪。

中国沪深股市已经成立19年了,但是长久以来,管理者对市场的定位和调控思路却时有混乱。我们的市场到底是要为了低效率的老国企融资圈钱服务,还是要为中国市场经济健康发展进行有效的资源配置服务?是要在股市高热时强行"灭火"、股市低迷时政策"救市",还是要构建一个健康有活力的公平公正的制度环境,让市场主体自行开展优胜劣汰?是要通过市场的无形之手进行"釜底抽薪"式灭火,还是要通过行政的有形之手强行调控市场涨跌?

更值得警惕的是,"市场化"不是"自由化"。有些管理者以"市场化"为借口,不作为,任由市场自由发展,这绝对是一个可怕的执政理念。"市场化"不是"自由化"。比如,在市场约定俗成股票面值1元的情况下,某家上市公司钻了制度空子,将面值降至1毛,不仅隐性放大融资规模10倍、大肆圈钱，而且重创了市场原有的公平机制。还有新股发行制度，一定要集合民间智慧“亡羊补牢”，用制度保证市场主体的源头活水是健康的，还要有制衡机制让其能够持续健康发展，而非为了做大市值玩资本套现。只有真正完善了证券市场的基础性制度，让市场机制发挥作用，相互制衡，又高效运转，才能最终还市场本来面目——配置资源、推动实体经济又好又快地健康发展。

（作者系《大众证券报》财经新闻部主任）

序四：

独特的视角　民间的价值

张持坚

本书作者杨德林是个“多元”结构的人，在股市中是个“套中人”，亏了不少血汗钱；在工作和生活中，是个思维活跃、爱琢磨、爱“较真”的人。于是乎，很自然的，这两者结合了起来：被套了，不甘认栽，不以为是“命中注定”，而是非要思来想去，搞明白被“套”的个中原因，如若是自己智商低、贪欲重等主观因素造成的，那该认输就得认，没得二话；如果事情不那么简单，还有别的缘由，就非要一一想清楚不可，否则决不罢休。于是，像当年上大学做学问一样，像担任上海市青联秘书长和浦东新区社会发展局副局长时“系统性”地开展工作一样，一头扎了进去。这才发现，股市中值得思考的问题真不少，静下心，认真地学，认真地想，认真地把所思所感记下来，“计划外”地便有了这本名为《股市之痛 2008》的书。

这本书很“另类”，和市场上种类繁多的股市书籍不同，它不是股评，不是技术分析，更不推荐股票，作者是“非专业人士”，他把自己这本著作定性为“一个非经济学人的股市观察”。实际上就是以一个弱小的，但又是倔强的、不服输的散户的眼光，来看泱泱之股市，来评说股市中的种种现象，来总结其中的经验教训，来探讨这里面有没有规律性的东西可寻。从这个角度来讲，作者是颇具勇气的，因为“势单力薄”的散户中鲜有这样行为的人。而为了担起这个“责任”，“说出个所以然来”，作者接触了许多散户朋友，倾听他们的意见；查阅了大量资料，分析比较了各方专家学者的观点；再加上自己“这一个”的独特视角，就使这本书具有了一定的“民间价值”，它或许讲出了不少散户想讲而没有讲出的话，理出了一些散户想理而一时没有理清的头绪，不仅对散户，对有关监管部门，都多多少少会有一些参考价值。

说股市是一所大学校，一点不错。相比我国的股市，学问可能更复杂一些。因为，股市是完全市场化的产物，而1990年我国建立股市的时候，市场经济体制刚刚露头，计划经济还占主导地位，人们头脑中的禁区还很多，在这种情况下，要想完全按照资本主义国家（或地区）成熟股市的一套来做，无疑是异想天开，根本不可能通过。于是，一些先行者根据当时的情况，设计了既有市场经济因素又有计划经济因素的“畸形”的股市制度。我国的股市就是这样蹒跚起步的。如今，伴随着市场经济的深化，股市有了很大的进步，但仍有许多“中国特色”的问题需要探索，仍然要行走在“新型加转轨”的坎坷道路上，这样的探索恐怕还要持续相当时期。股市的参与者，务要认清这样的背景，惟有如此，看问题、思考问题才会有“底”。本书作者的“独白”，就是在为自己“筑底”，底打好了，“解套”的前景就会明朗起来的。

这本书也可看作是作者做的股市“功课”。如有股民也想做功课，做个明白的投资者，不妨将其作参照物，相信会有所启发的。

（作者系新华社高级记者、《上海证券报》原总编辑）

序五：

写在《股市之痛 2008》出版之际

周林发

春节前夕，德林先生告诉我，他在博客上发了一组文章，是关于股市的，名为《一个非经济学人的股市观察》，署名"新股民老杨"。带着好奇的心态，用一整天认真拜读四万多字的长文，惊叹德林观察股市竟然也能入木三分，遂萌发了鼓动德林先生写书正式出版的念头。不料一拍即合，德林先生也正有此意。

德林做事，无不用心投入，喜欢穷根究底，不停留于泛泛而论。这次出书，整整一个月时间，笔耕不辍，每天逾六千字，中间还要搜集资料，整理思考，真是一件艰苦的工作。忽然想到，写这样一本书，无异于读一个经济学硕士的短期进修班。

德林长期在机关工作，写调研报告，做创意文本，向领导建言献策，动辄上万字，无不殚精竭虑，至今累积已超过 120 万字。无奈在体制内说三道四，多成"独白"，事倍功半尚算侥幸，通常是泥牛入海。2008 北京奥运会闭幕式当晚，德林呈上最后一份 1.2 万字建言书，转而诉诸公共话题，于是有了 9 月 11 日至 18 日的"急就章"《一个非经济学人的股市观察》。慢慢"发育"，竟然演绎出一本"游弋"在体制边缘不算太"青涩"的财经书来，在人生道路上留下一个清晰足迹，想必也是一件可以聊以自慰的大事。

坚持讲真话，尊重常识常理，人之常性，并努力履践，是德林为人做事的一贯准则。解放思想、实事求是这八个字，虽不常常挂在嘴上，但字里行间，处处都能感觉到已深入骨髓，在血液中流淌，用现代科技语言解释，大概也是基因决定的，说实话的人做不了假大空，虽激情洋溢却鄙薄好大喜功，对好高骛远想入非非者更是不遑多让，一切一切，皆禀性使然价值观使然。

德林的思维模式，大概可以用辩证和逻辑两个词概括。读德林的书，可以感觉到的，是他的逻辑功底深厚，由此推测他读书的时候，几何学和形式逻辑一定成绩优秀，不知此揣测对还是不对。

最后想说一说文风。我无法判断这本书是论文，散文，还是杂文，好像是兼而有之。论文的深刻，入木三分；散文的灵气，收放自如；杂文的吊诡，嬉笑怒骂，在书里被有机组合起来，活像一个混血儿。混血儿聪明，漂亮，乃人类学常识，这本书的耐读之处，大概也就在这里了。

（作者系杨德林昔日同事、曾任《浦东开发》杂志主编）

名家点评集萃

王生洪(上海复旦大学前校长、教授):有幸成为《一个非经济学人的股市观察》的首位读者,对那份仅用8天完成的“操盘手心理样本”十分赞佩,当时就鼓励德林应向主流媒体投稿。德林是我相识相知30年的老朋友,在一些重大社会现象的分析上,彼此间常常是“心有灵犀一点通”,有着惊人的一致。德林博览群书,执着人生,注重文化积累,触类旁通,见微知著,跨领域也能做得有声有色,我丝毫不感到惊讶——凡事皆用心投入,力求极致,激情,但不浮躁,自信,又能博采众长,或许正是他成功秘诀之一。如今文章变成书,果然又上台阶,仔细读读定有收获,愿予郑重推荐。

唐季礼(国际著名电影导演):作为《红番区》、《超级警察》、《神话》等影片的忠实拥趸,德林与我可算是一见如故,他对海外电影乃至影视文化产业的理解令人赞叹,觉得他若写影评一定很棒,不料他推出的第一本书却是文化人论股市,直言不讳,切中时弊,写得风生水起,不落窠臼,揭开了权力资本文化的冰山一角;A股好一个斗智斗勇斗狠的名利场,宛如惊心动魄的国产大片,一叶知秋,一斑窥豹,天下道理显然是相通的。

沈国明(法学专家、上海市人大法制委主任委员):自推荐德林到《证券市场研究》发表文章,半年左右,累计竟达18篇之多,还被冠名“本刊观察家”,似乎隔行并不隔山;读其文如见其人,依旧“爱之弥深,责之愈切”,话题大多涉及股市制度建设，核心是要人治还是要法治、博弈规则可否“游戏”、中小投资者缘何输多赢少、监管缺失谁之过，诸如此类，字里行间，不时透出新意，虽枝杈蔓延，逻辑主线清晰，张弛有度，收放自如，作为一个非经济学人，自洽自足自成一体，读罢令人意犹未尽，多少算是一个突破。

关栋天(著名京剧表演艺术家、成功文化策划人)：周立波笑侃沪上兴衰三十载，杨德林痛说A股浮沉戊子年，周立波语含机锋戏而不谑，杨德林言之有物亦庄亦谐，一个插科打诨字字发噱闪烁着急智的光彩，一个嬉笑怒骂篇篇求真张显出思辨的魅力，共同演绎了海派幽默的辛辣和深刻。

张健(中国联通股份有限公司副总裁)：德林是朋友圈中公认的才子，尽管从政多年本质上仍是一个文化人，阅历丰富勤学善思且文化功底扎实，对诸多时令话题往往眼光犀利见解独到又能一语中的，只是未曾想到一旦炒股失手也能道出如此微言大义，得失转换，祸福相倚，成就了一篇切中时弊的好文章。这些年来，我读到过许多股评家的高谈阔论，也聆听过不少小散户们的满腹苦水，德林将两者不露痕迹地揉捏在了一起，让涉及千百万人切身利益本不该太玄奥的投资理念真正回归常识，“套中人”独白，圈外人何尝不能一读。

马钧(中国中小企业协会副会长)：中国有4 200万家中小企业，但谁能脱颖而出成为稳定股市的基石？谁又会被大浪淘沙淹没在一片激烈竞争的洪流之中？而实体经济与虚拟经济又如何摆脱冰火难容的宿命并实现和谐发展？感谢德林先生提供半年多研究心得与数据资料为企业界的“弱势群体”发声，看中小企业如何展示实力成为中国经济的中流砥柱！

曹益群(曾任上海飞乐音像股份有限公司总经理、我国最早上市公司CEO之一):去年从朋友处得知德林兄炒股套了不少铜钿,也写了些心得。带着好奇想探个究竟于是索来拜读。这样的好文章为何不让更多的人分享?何况文中的观点对推动我国股市健康发展有着十分积极的意义。中国的股市从一开始就不是经过规划设计的"计划内"产物,而是在经济改革浪潮的冲击下自发的带有鲜明市场导向的"计划外"产物,由此从该不该生下这个婴儿,到呱呱坠地后是姓"资"还是姓"社",由于先天的不足一路走来甚是艰辛龃龉不断。本人曾于1988年到1994年任上海飞乐音像股份有限公司董事总经理,由于工作关系亲历和目睹了中国股市成长之路,这条路是在许多有识之士的呵护关爱有时伴随着呐喊声中摸着石子走过来的。德林兄是爱管闲事的性情中人,通过炒股悟出中国股市的诸多弊端,不说不快。于是凭着一股子牛劲收集资料,归纳思索,加上深厚的文字和逻辑功底及出乎意料的经济学知识,笔耕不辍,越写越多,"挥斥方遒,痛陈利害,切磋时弊,砥砺股海",读来受益匪浅。如果中国股市业界能多一些像德林兄这样的有识之士,对于中国的中小投资者来说是莫大的幸事。

姬中宪(新锐青年作家、长篇小说《阑尾》作者):真没想到还有比我更幽默的人,德林老师新作让人受益匪浅,假如鲁迅先生炒股,于困囿中奋笔疾书,大概也就能写成这个样子,还会怎么样?

陆一(上海证券交易所研究中心研究员):德林兄和我80年代初都在共青团上海市委共事。在团委时,德林兄就表现出了与官场文化若即若离的书生意气,尽管他一直身处"官本位"的语境下,但他几十年一直在内心和处世行为中恪守自己的价值底线和是非标准,加上素喜快人快语,或秉笔直书甚少顾忌，这使得他在视话语权不对等和信息不对称为常态的特定工作氛围中每每显得比较突兀，甚至变成“书笃头”的一种特立独行。

所以尽管近30年他身处宦海，而我近年来栖身在证券行业，但一直有惺惺相惜的情分在。

因为机缘巧合，德林兄这两年经历了一段“普通投资者”的真实而又惨痛的投资历程，由此从云端跌落地面，感受到了10多年来亿万普通投资者天天在经历的“损不足以补有余”的投资经验。

从德林兄被“血洗”得疼痛难忍的“散户”经历中，可见他固守的“投资价值”有点迂拙；但在“人生价值”上，他所坚守的平民化操守和贴近底层的价值观念，却是他作为一个“有价值的文化人”的真正价值之所在。人生起伏、命运跌宕、祸福相倚、焉知非福。这一份“真血性”、“真性情”对于德林兄今后的人生岁月来说，也许是一件千载难逢的好事。

缘起小语

各位看官，呈现在您眼前的是一组东拉西扯长吁短叹多少有些感伤的文字，最初以《一个非经济学人的股市观察》走上博客，兴之所至，一步一嗟，抒遣郁闷（盖因输钱）之余，亦将心中疑惑道出，以求教征战股海多年的个中高手，虽篇幅较长，且插科打诨，自以为并不矫情，大体勾勒出难忘2008一个普通投资者的心路历程，熔“体验、观察、思考”于一炉，将中国股市病灶的初步诊断尽入彀中，是一份内在逻辑较严密的民间操盘手心理样本，或有一定参考价值。从执笔始，到写下最后一字，我一直想着该如何为我们中小投资者鼓与呼，不用艰深拗口的专业术语，仅以符合常识常理尊重规律规则守护良知良心（符合大多数人直觉）的实在话，能否就深似宦海的股市发掘出点“窍槛”来。作为发轫之作的《初醒篇》，写于2008年9月11至18日，其主旨风格是：结合操盘实践，从理性到感性，再复归理性，由表及里，由浅入深，自我设问，自我释疑解惑，“输也要输个明白”，权当是在屡战屡败的“货币战争”中的一次自我教育，同时反思监管制度之缺陷。搁笔之际，适逢《瞭望东方周刊》发表新华社记者述评《解决股市问题必须重建政府信用》，吾非英雄，所得结论竟与主流媒体高度“略同”，证明天下道理原本相通，于是兴致盎然，一发不可收。

笔者乃性情中人，一段时间赋闲在家，郁郁寡欢，有意挑战自己，以一个准文化人眼光，审视素来陌生的金融资本领域，股市无疑是个好题目，盖因此处汇聚众生,大悲大喜,大起大落,很能折射人生况味,其乱象丛生疑窦重重,亦饱受各方诟病久矣,似不必精挑细选,随时可借一题目敷衍成文,也能乘机练练手笔。熟料一“操刀”,才知该想法大谬,所谓隔行如隔山,圈外人雾里看花,不知其所以然,根本无缘置喙,一时想打退堂鼓。有幸的是,在搜检报章中,结识了像《每日经济新闻》首席评论员叶檀女士这样一批至今未曾谋面的良师益友,从一篇篇充满真知灼见不乏睿智才情的时评中,感受到当今经济思想跃动的脉搏,汲取了大量新鲜的资讯信息,尤其他(她)们对股市积弊陋习的批判和颇具前瞻性的建言献策,每令我获益良多,乃至打开了一扇观察世界的窗口。在这一背景下,边操盘边思考边落笔,不惴浅薄,不避琐屑,居然写下了四五万字,有了一份源自内心的独特感悟。经不住黄天红和曹益群两位业界翘楚的撺掇,去年底冒昧向《上海证券报》、《大众证券报》、《证券市场研究》等专业媒体投稿,承蒙徐霄、张持坚、邹民生、查建国等编辑老师不弃,以醒目版面和大大高于“读者来信”的规格刊发出自非专业人士之手的拙作,《大众证券报》首发 3 000 字,《上海证券报》续发4 200字,《证券市场研究》则专辟“本刊观察家”栏目,先后发表拙作 16 篇计 3.85 万字,不经意间,事情就这么搞大了。

我很清楚,媒体朋友错爱拙作,是因为其来自民间,多少传递了中小投资者的心声,绝非水平有多高,与名家股评比,拙作甚至“一点儿技术含量都没有”,调侃的说法,当属“股论”一类,不涉及 K 线图,不推荐股票,只作“战略性思考”,层次倒“蛮高”的,只是不太实用;最搞笑的是,作者乃一失败操盘手,“已身不正,焉能正人”,发点高级牢骚而已,哪来指导意义。但换个角度,这未尝不是个优点,非圈中人,无利益牵扯,亦无须扮演真理化身,只凭感觉说话,有啥说啥,说错也不觉得啥,加上素喜舞文弄墨,嬉笑怒骂皆成文章,书卷气总会稍优于大多草根投资者,在金融文化残缺不全的 A 股市场,兴许歪打正着，一不小心就填补了专业财经评论家与“读者来信”之间的盲区，开发出一种勉强可称作“文化人股评”的“金融衍生品”也说不定。再者，9.18政策救市之后，A股市场依旧迷雾重重，万事才开头，倘不能乘势“加一把柴，添一把火”，认知不清，瓶颈不破，9.18以来的反弹行情不过又是“救一把”而已，2008大股灾（尚存争议）学费等于白交。如此想来，我这圈外人的声东击西说三道四并非全无意义，如果拿捏得好，可能还有点建设性，受这一预期激励，精神抖擞起来，清点一下手头的断章残篇，挟诸多名家雪泥鸿爪流风余韵，将坐标略作调整，便匆匆地朝前赶路了，愿以此“个性化写作”奉献中小投资者。虽诉诸真情，自知力有不逮，瑕疵疏漏在在可见，惟心存文章立意“四不可”：一是不可献媚权贵，二是不可言不由衷，三是不可名利优先，四是不可人云亦云，除第三条（炒股涉嫌“利欲”）外，其余皆勉力而行，初臻“佳境”，算是拨弄出三五分新意，或可供诸君茶余饭后一哂。本想于7、8万字处收手，居然拉长一倍还多，主要是一路上“胜景”迭出，看点太多，虽不想原路折返，无奈须时时回眸，温故而知新，廓清了迷障，方能继续远行，一直走到国际金融海啸“震中心”。所幸者，各章节之间一脉贯通，互有照应，行文则“汪洋恣肆，了无顾忌”，较少枯乏和冗赘，尤其采信于各大传媒的大量信息数据，权威性甚高，读来令人感慨，无疑大大增加了拙作的说服力。有哲人说，“感觉了的东西不一定能够理解它，只有理解了的东西才能够更深刻地感觉它”，诚哉斯言。这份个人炒股编年史（正好一年）折射出中国证券市场疾风暴雨式的一段路程，回眸之际，自感理性已上了一大台阶，“深刻”到痛感监管工作之责任重大，以及大力推进资本市场制度改革之必要。

股评总有时效性，为不改历史本真，也保留自己在第一时间第一现场的第一直觉（相当于“初恋的滋味”），《初醒篇》基本按原貌呈现，不仅数据，个别观点比如对“政策救市”的急切呼唤或已不合时宜，但路正是这么一步步走过来的，看似稚拙的想法并不能完全遮蔽其中的若干真理性成分，何况谁又敢说自己永远站在正确一方，积本人30年宦海浮沉，“以其昏昏，使人昭昭”的事情见得多了，不能面折廷争，便退避三舍以文字强作一辩（或曰“掰”），虽每每于事无补费精神，好歹留下一份“全记录”，也算尽了“拳拳之心”，只是不知此番“掰”的结果又将如何，毕竟在一个完全陌生的领域。这年头大家都很忙，倘读了《初醒篇》觉得无趣，尽可弃之如敝屣，该忙什么忙什么去，尽管不才自以为《寻根篇》和《期冀篇》相对《初醒篇》要厚实精彩多了。

掩卷之际，自信拙作已部分回应了2007年底《新民周刊》记者采访复旦大学世界经济系主任华民教授时所引出的尖锐话题，“中国股市的性格就是政策市”。按照华教授定义，在2005年5月28日股改之前，中国股市连赌场都算不上。股改后一轮波澜壮阔的牛市行情，明显改善了机构（尤其券商）的处境，中小投资者“幸福指数”亦有所提升，惜乎“好日子”在猝然而至的“折腾”中稍纵即逝，连机构也是伤痕累累，遑论股市中真正的弱势群体。尽管对始作俑者究竟是“庶出”还是“嫡出”颇有些争议，显而易见，不可逆转的“多米诺骨牌效应”，酿成了A股多输格局，并大大增加了继续推进股改以实现未竟之功的成本，谁都清楚，唯有发展才是降低改革成本费用的最好办法。

相信坊间一定认同华民教授在接受采访时所列出的大股改“四步曲”。第一步全流通；第二步改进发行批准制度，发审委退出，由交易所推荐；第三步是通过完善和发展资本市场，借助大牛市行情完成中国金融体系的结构性转变，从一个间接融资为主的金融体系转变为一个直接融资为主的金融体系；最后一步是对外开放，把中国的证券市场变成一个真正的国际市场。

倘若此言不差，则 2008 年就是一个大遗憾，全流通还“在路上”，第二、三、四步遥遥无期，政府就想去干预市场发展的方向，借助“挤泡沫”的政策取向，以控制股票市场的需求和运行区间，结果却匪夷所思地引致行情的一蹶不振，使股改后好不容易形成的各投资主体激励相容的弱平衡机制在短时间内被彻底打破，人心浇漓，争议再起，甚至不乏“二次股改”之呼声，其教训不可谓不深刻。从改革成本计，我们很难认同“推倒重来”，其实也大可不必，但讳疾忌医更不可取，毕竟“群众的眼睛是雪亮的”，多输的格局明摆着，“顾左右而言他”既无益亦无效，还不如痛定思痛，先自诉，后“会诊”，专群结合，将病根找出来，然后昭示天下遍求方家，何愁痼疾难医。

既如此，请恕拙作先以“自诉状”形式打个呼哨，知无不言，言无不尽，以引起疗救的注意，至于对症下药这等事嘛，容当后叙。

初醒篇

一个社会公众投资人对股市的观察

说是观察，莫如称之体验更确切，一朝入市，终生股民，泥足深陷久矣，铸成人生一段刻骨铭心的惨痛经历。笔者也算一介老股民了，1992 年入市，辗转购得二纺机、轮胎等 B 股，掘到第一桶金，并借一企业之名，随亲友买入新黄浦、水仙、双鹿（现为白猫）、联合化纤等一批法人股，有幸挤进小非行列。其后很长一段时间，因国家公职人员身份（级别不高）亦属“市场禁入”范围，加上工作繁忙，还不时听人说起炒股者“一赢二平七亏损”之通常结局，不免心生悚棘（也有疑惑），15 年不敢再碰，直至 2007 年 5.30 股市暴跌，因不满于太太总是“坐电梯”，愤而接管资金账户，重操旧业，居然就赶上 6.5 绝地反弹，前一日买入大众公用 8 000 股，当天停牌，翌日开盘即封涨停，于是踌躇满志，一发而不可收。2008 年初以来，在已经大面积亏损的情况下，连续大额度地加仓，将资金悉数投入，一波波地玩起过山车，快乐并痛着。

第一节　是谁把股市这头“猛牛”逼成了“疯熊”

一不小心坐上了“超级跳楼机”

笔者属于“掉书袋型”人物，爱琢磨，认死理，中等智商（不算愚钝），涉猎甚广（学以致用），且人脉极其深厚，在业界内便有担任沪上某著名证券公司部门负责人的老同学 J，率先入市以“三六九捞现钞”闻名身家早已过亿的原老部下 S，始终秉持价值投资理念重仓招商银行近百万股虽历“九死一生”终不悔的贤老弟 H，以及学富五车才高八斗时有证券类扛鼎之作问世的知青战友Z等一批旧识，隔三差五热线联络。自2007年5月30日以来，熟读了至少35本炒股专著，每天5份证券报纸和每周63元证券报刊组合雷打不动，适逢年初莫名其妙“淡”出文化圈，悠哉优哉逾半年之久，有充裕的时间操盘，信息＋智慧＋勤奋，使诸多友人深信笔者倘入“证”界必胜“券”在握。

孰料一年多股海征战恍若一梦，玩的不是过山车，而是近乎笔者领军举办的风靡全国“环球嘉年华”中另一款游戏——超级跳楼机，以两分半钟将坐椅推升至61.24米高度，然后用上1.62秒，垂直“跌”至地面，既惊且险，笑中有泪，现场一片错愕，是啊，嘉年华“卖的就是尖叫，玩的就是心跳”。惜乎炒股不是游戏，玩的是真金白银，尽管同样“自由落体”速度，趣味性可差远了，尤恨自己太晚才意识到中国股市果真是“赌场”，一次次设下羞辱股民智商连大概率都未必博得到的“赌局”。直至8月8日被“维稳”舆论召唤，倾囊中所有一搏奥运行情（半天足矣），拟挽回1/5损失，却遭迎头痛击，方知大势已去，至此全部资金损失过半，欲哭无泪，回天乏术。

说实话，笔者可能算是个贪婪心过剩而恐惧心犹嫌不足的人，因相信塞翁失马、焉知非福一类辩证法，总是重仓或满仓操作，并不惧怕股票下跌，尤其是在股指距峰值已有三尺之遥的情况下，以为只要个股选得好，较长时间阴跌也不必意，毕竟有内在价值支撑着嘛，但奥运后走势依然“底在底下”，令我真正害怕了，这可不是“温水煮青蛙”，而是先让你休克，再慢慢地煮，连高抛低吸摊薄成本都做不到，只能死顶硬扛，卧倒在地了。

2008年9月18日，在该年8月CPI大幅回落至4.9%和“双降”利好消息刺激下，大盘应声而落，沪指最低见1802点，收报1895.84点，下跌32.14点，跌幅1.72%；深成指收盘6563.07点，跌幅1.75%，个人所持有中国平安、锡业股份、中粮地产、鲁抗医药等4只股票跌幅均超过5%，账面资金再度缩水，浮亏已达67%，与S见面，发现他也是一脸菜色，说近期“做得不好”,“三次抄底抄在半山腰”,问及我的战况,半是安慰,半是调侃,称“不算太差,毕竟跑赢了大盘”,原来从 6124 点到 2008 年的 9 月 18 日,最低 1802.33 点,上证综指此轮最大跌幅已达到 70.06%,进一步统计,至收盘,沪深 A 股的总市值为 12.3 万亿元,较 2007 年最高 34 万亿元已缩水 21.7 万亿元,流通市值为 4.36 万亿元,较 2007 年末缩水 4.6 万亿元,2007 年底 A 股的加权平均股价约为 20 元,此时只有 6.67 元,2007 年底 A 股的平均市盈率接近 70 倍,此时沪市 A 股平均市盈率为 15.42 倍,深市 A 股平均市盈率仅为 7.49 倍,很可能是全球最低估值的投资品种,当然也有人笑道,“估值靠得住,母猪能上树”。

略感意外的是 S 根据我操作手法(逢低加仓),认为属左侧交易,是“价值投资者”,层次略高于右侧交易的“趋势投资者”。于是愈发糊涂,觉得自己既无大错,起码不该输得这么惨,保护投资者利益不从来就是监管层工作的“重中之重”吗?而 11 个月飞流直下 4200 点,这可不是什么风险不风险,而是股灾、是崩盘、是“绞肉机”,谁来保护中小散户们,若将时光倒推二三年,真正的“谨慎”,就是根本不“入市”,绝非任何其他选择。

我辈有幸,见证了百年证券史上难得一幕悲喜剧,由于锲而不舍的人为因素,在最短时间内,一头猛牛被活生生地扭捏成一只疯熊,隐隐约约,总感到有股力量在左右着大盘,你盼望的,它永远不来,你害怕的,每每不期而至,老是这么折腾,哪壶不开提哪壶,匆忙间,一直像堂吉诃德似地与一架风车作战,打一场毫无胜算的“货币战争”。究竟谁是风车?股灾,谁之过?有时借有形之手,更多地则像“无影脚”似的冷不丁就踹你一脚,将股市搅得周天寒彻,这正是笔者竭力想弄清楚的,赔钱买个明白,绝不一味地“莫名其糊涂”,尤其在逼近 1800 点关口依然不痛不痒不疾不徐地讨论“救还是不救”这类似是而非话题的非常时刻。好在《炒股手记》从未间断过,佐证着诸多惊魂一刻,八九不离十,某种程度上也是股友们喜怒哀乐闲言碎语之记录，窥一斑而知全豹，或许算得上笔者复出江湖一年“西装进去，T 恤（尚未三点式）出来；听着故事进去，做着噩梦出来”之后所惟一真正拥有的财富了。

凭什么“一赢二平七亏损”？

中国股市大起大落，暴涨暴跌，原因当然挺复杂，但分析文章看多了，核心理念（支撑点）无非那么几条，如同七巧板，各人拼法不同而已。诸多经济学家（远非全部）一谈到股市，从来“涨时说涨，跌时说跌”，同一只股票，暴涨时 100 条理由，暴跌时变 101 条，增加一“测不准”原理。有些股评几近忽悠，要么瞎说，要么说了等于没说，尤其当他们酷爱以技术模型求证精确点位时，这使笔者忽地想起当年一知青战友以纯正天津口音模仿“永远正确”的天气预报：“估计今天会下雨，今天不下明天保准下，明天不下后天一定下，假如后天也不下，那这三天就没有雨了。”

股市充满戏剧性、偶然性、不确定性，如同人生体验，变化全在一念间，“乐极生悲，否极泰来”、“祸兮福所倚，福兮祸所伏”，螺旋式上升，循环往复，以至无穷，这正是笔者被股市吸引感受无尽乐趣的地方。投资讲究辩证法，处处对立统一关系，所谓“人弃我取，人取我予”，“实则虚之，虚则实之”，“宁可错过，不可做错”，“别人贪婪时我恐惧，别人恐惧时我贪婪”，“反弹不是底，是底不反弹”，“量在价先，地量地价，久盘必跌，长星必转”等等。“强者恒强，弱者恒弱”与“跌久必涨，涨久必跌”，看似相反，其实都对，因为符合辩证法。相似的道理还有“君子不立危墙之下、富贵险中求”，“绚烂之极，归于平淡”等等。

投资总有“赌”的成分，尤其入市后，一分运气二分技术七分心态，“小赌怡情，大赌丧志”，乐趣尽在跌宕起伏中。之所以心态特别好，皆因相信

“小赌”讲运气，“大赌”搏概率，炒股多少有规律，再峰回路转，或柳暗花明，终有大致踪迹可循，何况投资并非赌博，即使包含投机成分。我们这些经历过十年浩劫的老股民，大多懂些人生辩证法，尤其知道常识常理常规常态之可贵，尽管常识中不乏谬误，但更多地包含着真理，且未必“掌握在少数人手里”，当年曾猜测“宁要社会主义的草，不要资本主义的苗”这类有悖常识的命题或许真有若干“真理因子”尚待发掘，最终发现它们除了荒谬还是荒谬。

上了年纪的老股民们近期聚首，免不了长吁短叹，一句问候“你亏了多少”之后，便是大摇其头，“真让人看不懂……”，说的正是股市中有太多罔顾常识、有违常理、不合常情、漠视常规、搅乱常态的事情，且不时借金融制度创新之名。投资涉及千百万人切身利益，其实很难（也无须）讲太多高深道理，皆逐利而来，也愿意承受波动和风险，只要市场大体秉持“三公”（公开公正公平）原则，最终又多少能赚些钱就行。150 年世界证券发展史表明，螺旋式上升乃基本趋势，平均收益率在投资领域稳居前一二位，远胜于黄金期货等，牛短熊长并无依据。凭什么“一赢二平七亏损”，你需要钱，我“借”给你（假二级市场之手），有的直接委托理财高手（如基金），通过资产优化配置，产生或大或小收益，将其中一部分回馈投资者，天经地义，岂能三五年乃至十几年无回报，最后竟连本金也稀释甚至掏空了?!

近日有专家披露一组数据：18 年来上证指数从第一年的年收盘 127 点上升到 2007 年的收盘指数 5261 点，共上涨了 40.42 倍，尽管股市有涨有跌，但直到 2007 年底，总体而言 A 股市场的收益率要比 GDP 增速高出约 3 倍；按 2008 年上证指数以 1700 点收盘（似不该再低），虽较 2007 年账面大幅度缩水，但 18 年投资 A 股平均收益率仍达到 12.38 倍，基本上与 GDP 的增长率保持了一致。只要股市真正秉持“三公”原则，即使不参与炒作，也不讲求选股与选时，从“大概率”角度，投资者照样能够分享改革开放成果，即获得超经济发展水平的收益率。更有权威统计证实，美国市场50年来的平均成长率是8%以上，任谁将钱长期投在股市，虽时有短期波动，但年平均回报率8%的累积，50年后总收益将为本金的66倍，丰厚得令人垂涎，而其中又能有多少“(炒股)技术含金量”?

股市中有人看多，有人看空，才会有交易，否则，K线图上永远一条直线，所以指数波动，“几家欢笑几家愁”，再平常不过，但怎可将股市弄成“狩猎场”，豕突狼奔，豺嗥狗吠，“人为刀俎，我为鱼肉”，一派肃杀之气，“将新手套死在山顶上，将老手套死在半山腰，将高手磨死在山底”，肥的拖瘦，瘦的拖垮，每日每时不可逆转地制造出大量“新生无产阶级”。

岂能将虚拟经济当成“虚无经济”

都说资本市场是世界经济发展“第三大板块”，是大国崛起的主要支撑点，一大批濒临破产的国有大中型企业正是借道资本市场才起死回生，这早就不是什么秘密，作为股市三大功能的企业融资、资源配置和回报投资者，第一功能无所不用其极，得益最多；第二功能比较可疑，效果次之；第三功能则几近废弃。中国绝大多数股民难以避免地承受着不对称的财产收益亏损率，一直不能有效享受中国经济高速增长所带来的财产性收入，此现象并非自今日始。广大中小投资者一边瞧着跌跌不休的K线图，一边听着喋喋不休的“风险教育”，心生反感久矣，认为其中隐含着强烈的轻侮意味，对功莫大焉的资本市场和广大中小投资者缺乏起码的尊重和敬意，有点“以其之昏昏，使人之昭昭”，估摸某些人也许真将股市当成“虚无经济”了，除了圈钱，不过是周而复始的筹码交换游戏场，与产业资本、实体经济几无干系，否则，绝不会有“喜跌不喜涨”、“管涨不管跌”的古怪心态；绝不会一反以往大盘暴跌25—30%就强力救市，转而坚守“治市重于救市”的暧昧立场；绝不会在指数跌破 4000 点时坚称是“慢牛”，跌破 3000 点时认为“所依据估值标准不正确”，逼近 2000 点时仍申明“拿国家的钱(?)去解少数人(?!)的套，不可能的”。

在这方面，中小投资者坚定地站在常识一边，认为另一类专家凭借并不高深的理论所作的诠释更接近真理：2245 点不是“牛熊分界线”，而是崩盘的概念；假如半年跌幅超过 50%仍可算“慢牛”，则世界证券史上从来没有过“熊出没”；跌破 10 年均线，意味着在 GDP 翻 1.5 倍的情况下，投资中国股市 10 年回报为零；将本轮下跌以来所蒸发的 22 万亿中流通盘的 8 万亿平摊到每个人身上，则人均亏损 13 万元，这 22 万亿元，相当于 2006 年全年的 GDP 总和，相当于建 18 条京沪高速铁路。作为经济发展的三驾马车——消费、投资和出口，互相依存度很高，内需消费应为“第一推动”，消费上升刺激经济增长，反之亦然，以单一的从紧货币政策应对输入型通胀，可能将通胀变通缩，即抑制消费需求导致产能过剩，挤压了企业盈利空间，最终必伤害到实体经济。目前包括股票在内的投资收益严重缩水，无疑会加剧这一负循环效应，CPI 快速回落隐含着另一信息，未必全是正面意义。顺便说一句，我国现有 A 股账户 12 085.87万个，B 股账户 673.26 万个，连同其家人，实际股民约 3.24 亿，并非少数人，且几乎囊括了拥有 20—100 万不等资产又基本集中在城市的中产阶层，构成与“三农”相对应同样疏忽不得的国计民生问题。所以发展才是硬道理，总体上涨比跌好，尽管涨有涨的“风险”，正如经济增长不等于社会发展，不能解决所有问题，但毕竟会给解决问题提供较大回旋空间；所以拯救股市就是拯救经济、拯救民生、拯救人心、拯救管理层信用，按照先救命后治病的顺序，理应救市在前，辅以治市，至少治与救并举，而眼下这种始乱终弃、集体失语、敷衍应景、自相抵牾、避实就虚等状况绝不该继续下去。

第二节　虚实两种经济就像“狗与主人”的关系

价值中枢是一条平均误差率不超过0.78%的曲线

中国证监会前主席周正庆先生近日的一个呼吁显然表达了普遍民意：“在新兴市场的发展过程中，政府往往同时扮演市场监管者与推动者的‘双重角色’，一个持续稳定上涨的股票市场对参与市场的各方都是有利的，广大投资者的投资能得到合理的回报，有利于经济发展中出现的各种矛盾得到缓解甚至解决。相反，一个持续下跌的市场，参与各方都会遭受损失，广大投资者会感到不满，上市公司的资产包括国有资产会大量缩水，各种矛盾随之出现甚至激化，社会也难以和谐稳定”。该讲话所提6点建议不故作高深，通篇朴实平易道理，但合乎常识和常理，故引起全社会积极反响，特别是对“政府从中国实际情况出发，运用经济的、法律的、行政的各种手段，出台相关政策和措施，以引导资本市场稳定发展”的强烈吁求，所有人心向往之。

笔者注意到和讯首席分析师文国庆先生对中国18年股市进行了长期分析，其结论揭示出虚实两种经济形态若即若离、忽隐忽显的对应关系，“如果不考虑瞬间波动，根据3 000多个交易日计算出的长期价值中枢，和中国名义GDP增长耦合度非常高，平均误差不超过0.78%，但瞬间偏离度极高。价值中枢是一条曲线，具体的股票走势波动特别剧烈，偏离度最高会高出300%，最低会低出50—60%，目前中国股市就处于这个时期，其价值中枢大致应在3980点附近，但市场可以远远超出这个价格，2007年的6124点甚至超出价值中枢75%，而此后市场连续下跌则肯定是低估了。但当各种情况缓解以后，股票市场总有一天会向着价值中枢附近靠拢，价值中枢就是一个长期的平均值，股票指数和名义GDP的关系长期来看就是这样的对应关系”。通过搜寻资料，可清晰地发现如下规律：股票市场再怎么波动，中长期总是沿着名义GDP增长率这条曲线作为上证指数的价值中枢来运行的，正负偏离40%以上已属比较极端的情况；最严重的时候是2005年，出现最大偏离是负的60%；而当沪指处于1800点上下，偏离度是51%，这是历史上最大的低估区间；正偏离最大的时候是2003年，高出正常估值300%，即那年的1300点(原因后面会提到)。

抑郁和狂躁病人常常丢失“牵引之绳”

正如证券分析的教父格雷厄姆先生曾把股市描述为一个抑郁和狂躁周期发作的病人，A股市场受兴奋与失望两种极端情绪驱使，经常在暴涨暴跌中演绎行情，使得我们有意无意地忽视虚拟经济与实体经济之间的辩证关系，以为少有关系或没有关系，其实大有关系，只是呈现方式各异，并非简单对应，存在一定时间差，形象的比喻是“狗与主人”的关系，狗要么欢跑在前，要么尾随于后，很少与主人走在一条平行线上，但也不会相距太远，这就是那根“牵引之绳(无形或有形之手)”的作用。在笔者看来，此“绳”即内在逻辑关系或曰规律规则，硬说虚拟经济与实体经济“不搭界”，或仅仅是前者被动地反映后者，而非互补互动关系，等于是说两者在同向或逆向运行中无规律可循，这既不符合辩证法，也不是事实，“晴雨表”作用是客观存在的，有时还远远不止于此。从长期看，股市与经济总体上是同向而行，但由于资本在虚拟市场中流动的速度要远快于在实体经济中流动的速度，所以反应群体贪婪和群体恐惧最敏感的虚拟市场总是会领先经济主体一步。某些正统经济学家潜意识中蔑视资本市场的积极意义，认为不过是“多了一条直接融资渠道”，有时还不无“睿智”地提醒，“黎明时公鸡会报晓，但旭日绝不是公鸡叫醒的”，看似“真理”的比喻抹煞了虚拟经济巨大的反作用。18 年前沪深两市证券交易所相继建立那阵儿，要不是广大中小投资者这只“公鸡”铆着劲儿地叫，积重难返的国有大中型企业这枚“太阳”还能照常升起么，待到“雄鸡一唱天下白”，“报晓”已成人们司空见惯的普通活儿，“公鸡”便不再受宠，隔三差五杀“鸡”儆猴不以为忤，更有甚者，时不时来个“半夜鸡叫”，变着法儿搅乱正常的“报晓”时点，制造“不可预期”，使虚拟经济渐成“水中月，镜中花”，虽形态酷肖，毕竟神韵不再。

第三节　博弈场上怎么有个“第三者”

最大的不确定因素，就是政策取向的不确定

笔者深以证监会前主席讲话为然，在新兴＋转轨的中国股市，相关管理机构就该充当监管＋推动(注意：不是打压)的双重角色，起码今后 10 年，A 股仍离不开政策的支持和引导，现在就要摆脱“政策市”，纯属笑谈，不是股民不愿意，而是政府做不到。股民们当然“非理性”，熊市放大一切利空，牛市一切当成利好，上帝欲使其灭亡，必先令其疯狂(或迷茫或恐慌)，但趋利避害，以小搏大，随波逐流(所谓“羊群效应”)，不正是人的天性(或理性)使然么，这也是辩证法。当笔者一次次嘲笑中小散户非理性(“地板割肉”)、感叹“可怜之人必有可恨之处”时，总能发现“恐慌时更恐慌”是对的，割掉的“肉”总可以在“地下室”捡回来，此时不捡，仍可能正确，因为还有“地库三层”，大熊市任何时候卖出股票都是对的，而左侧交易(逢低吸纳)理念正确，操作上大错，基本上属于“非理性”。怪不得手上那三四种股票数量见长，均价虽摊薄，市值照样缩水六成，不过勉强“跑赢大盘”(跌 66.3%)而已，股票

原来“长个不长肉”，一直以来所秉持“不恐惧”之心其实依旧“太贪婪”。

曾虔诚求教个中高手，可否改弦易辙，从此“不贪不惧不炒作”，就搞个中长期投资，搏个“平均收益(概率)”，答曰“很难，不确定因素太多”，你将基本面、技术面、政策面、宏观面、心理面等“面面俱到”地研究透了，仍可能“万宝全书缺只角”，还有个“不确定面”呢，何况根本就不可能“都研究透”，何况有的根本不是“面”而是“点”，稍纵即逝，惊鸿一瞥，连九牛一毛都抓不住，所以还是多研究研究“消息面”吧，这才是制胜之道！

不研究不知道，一研究吓一跳，消息面其实就是政策面，最大的“不确定因素”就是政策的不确定性，而几亿股民“搏消息”，其实就是在搏政策利好(上市公司消息反在其次)，包括笔者这等“理性投资者”骨子里也摆脱不了对管理层的强烈依赖，“成也萧何，败也萧何”，赔得最多的“奥运行情”正缘于以往大盘跌25—30％相关管理机构必出手救市并且已开始救市(降调印花税)和救市力度必逐步加大的经验主义而作出的孤注一掷决定，如今忽听得管理层将“归去来兮”，去“政策市”，归“市场经济本质”，来一番“治市不救市(略好于管涨不管跌)”的暧昧表态，亿万股民怎能不为之战栗呢?!

调控指数——勉为其难的第三重角色

说实在话，对周正庆前主席将证监会角色定位于“双重”包括“推动资本市场发展”，笔者小有异议，以为其职责就是建章立制＋监管，让参与市场的投资各方在“三公”环境下平等地博弈，以有形之手直接“推动”或有不妥，涨跌浮沉乃寻常事，“推”的时机不当或力度有失，很可能将自己变成“博弈一方”。资本市场挺折腾的，尤其“新兴＋转轨”的A股市场，在特定时期，证监会“双重角色”亦无妨，只要是正向推动(而非反向)就好，正如郎咸平教授在牛转熊端倪初露时说过的一段话(笔者以为迄今最精准)：管理层承担着国民信托责任，是中小投资者惟一保护人，应该对操纵股价、欺诈股民、虚假信息、内幕交易等一类违法违规行为严加监管，而不是将调控股指作为自己主要职责；何况全世界没有一个机构、一个人、一位专家学者知道，该如何判定股市有无泡沫有多少泡沫，而证监会等机构往往把监管简单地理解为打压泡沫，5.30 突如其来地调高印花税至千分之三，不准新基金入市，都是在以行政手段打压过热的股市。

窃以为，要不要政策市是个假话题，能够选择的仅仅是“好的政策市”还是“坏的政策市”：好的政策市能提振市场信心，也能及时对不良交易模式发出监管信号和举措，从而加强管理层在市场上的信赖性和政策有效性；而坏的政策市却会助长道德风险，强化社会财富从多数人向少数人转移的逆向再分配效应，因损害公平而积聚矛盾破坏和谐最终丧失效率，总之管理层绝不可给自己加诸也胜任不了“第三重角色”——调控指数。有意无意间，监管层不仅成为“博弈一方”，甚至成为最强势最具主导作用也最不确定性的一方。可以说从跌破 3000 点起，A 股已由股东与股东、上市公司与股东、机构与游资、大小非与中小散户之间形形色色的博弈，转变为整个市场与管理层之间的博弈，8 月 20 日摩根大通龚方雄预测报告，引发沪深指数暴涨 7%以上行情，发生在证监会周末出台“利好”股市却依然大跌 3.2%之后两天，再明显不过地反映出市场对管理层既爱且惧、似嗔似喜、失望中交织着希望的博弈关系。

何来此言，君不见 A 股满目仓夷，濒临崩盘(按任何国家标准)，危机愈演愈烈，问题已不在于跌多少，而是能否不以“自由落体”速度跌，表面看来是股市供求关系逆转了、估值体系摧毁了、发展预期紊乱了，实际上均可归结为中国资本市场究竟依循什么“游戏规则”来运作这样一个大问题，游戏规则从来由管理层制定，至少市场博弈各方一直这么以为。这世界什么都能“游戏”，就是规则本身不能游戏，何况规则制定者乎？并且大家一直相信规则制定者天生就是公正的，因为他不参加博弈，无利益诉求，毋须“驱动”，窃以为，这才是导致A股（有时祸及B股和H股）颓靡之症结所在——信心危机背后的管理层信用危机。

少数人的馅饼，多数人的陷阱

众所周知，股市不仅是资源配置的高级手段，也是各种信息的汇聚之地，对芜杂纷呈的各路信息及时搜集并作出判断，是投资者必须具备的基本功，更应是管理层始终不渝的监管重点。经由不同渠道抵达投资者的信息，在监管层面理应首先得到过滤（不仅是“第一时间”的必要澄清，也包括对虚假信息的事后责任追究），更不用说直接源于行政管理部门的信息发布。政策应是可预期和充满善意的，这是股市规则的立足之基，如果政策根本不考虑市场的承受能力，甚至忽悠投资者，对肆虐横行的虚假信息又缺乏强有力的约束，在资讯渠道发达的今天，必然助长市场的内幕交易和恶意操纵，始作俑者劫取巨大利益，中小投资者则不可避免地一次又一次为之埋单，长此以往，股市生态环境逐步恶化，“劣币驱逐良币”，繁荣终成泡影，届时恐怕连泡沫也“可遇而不可求”了。

尽管不乏平民英雄，但一赢二平七亏损中的“七”，中小投资者无疑占了绝大多数，根源不在于他们“无能”，而是对手“太狡猾”，更准确地说是“太强悍”，谁不知道股市从来就是一个博弈场，搏的不仅是资金、技术和心态，更在随时搏消息，早就洞悉普通投资者贪婪、恐惧、不服输和侥幸心理的“大投机家们”，不断地利用彼此间资金实力的不对等和信息渠道的不对称，为自己谋求最大的话语权和最高的收益率，其手法不外乎将陷阱做成馅饼状，或将馅饼砸成陷阱样，即股市中的“空头陷阱”和“多头陷阱”，使得弱势一方难以识破，或即使识破也无法应对。只要不抱偏见，谁都晓得A股市场上翻云覆雨的"信息战"大多与政策有关，很少例外，而政策的不确定性所导致的信息时间差，总是大大有利于"阵地"（不断）前移每每先知先觉的少数"强人"，而大大不利于后知后觉（有时木知木觉）做着"小本买卖"的弱势群体们。

根据辩证法，变是绝对的，不变是相对的，迄今为止惟一不变的就是变化。由此看来，政策的不确定性恰恰应是一种常态，不变反倒是令人奇怪的。那投资者是否不该对政策有所预期，或股市作为信心经济（实为盈利预期）的定义本来就不成立，这其实涉及一个更严肃的话题，即股市政策的不确定性应建立在"扶弱限强"的基点上，其选择性调控在时机把握和方法设计上应有利于绝大多数人，而不是相反。笔者一直注意到，中国证监会网站首页"保护投资者利益，是我们工作的重中之重"之昭示，与纽约证交所"保护中小投资者的利益，就是保护华尔街"之箴言，其差别恐怕不仅在语义上，相对后者，前者甚至可算语焉不详，大家都是"投资者"，都在"保护"之列，那还搞什么"选择性调控"，当"现金为王"的认购方式人为割裂了一二级市场，明显损害了绝大多数中小股民们的利益，又该让谁（或如何）去"保护"他们，这种所谓"一视同仁"的姿态，凸显了管理层信用的"空洞化"，事实上也根本做不到。

在股市博弈场，扶弱限强的规则才是公平的

有意无意陷入博弈角色的管理层其实也有难言之隐，在与利益集团的"对弈"中，未必总能占上风。现代经济学上有个名词叫做"时间不一致现象"，其含义是，针对某一问题出台某项经济政策，都会改变相关利益集团的预期，并由此改变这些利益集团的行为选择，以尽可能削弱甚至抵消政策带给他们的损失，而政府也完全可能因为政策本身已受到干扰或原先政策与

变化了的形势不太适应而不得已改变原先政策，其结果，不仅使相关管理机构出台的该项政策失效，更严重的是使管理层因公信力下降导致此后政策调控效果进一步衰减，这就是政策的“时间不一致”问题。解决这一问题的关键在于提高公信力，如果政策制定者能够通过某种制度安排或者制定某种规则使得公众相信，无论哪个利益集团采取怎样的自利行为，当事情进入下一阶段后，管理层在前一阶段的承诺仍然是自己的最佳选择，那么管理层所期望的结果就能实现，也就是说，最好的政策就是“以不变应万变”。

公众并非抽象概念，绝大多数人的利益所系才能体现公众意志。在A股市场中，广大中小投资者就是“沉默的大多数”，其基本权益应被重点关照，监管层理当坚定地站在中小投资者一边，把中小投资者利益作为股市发展的主要着力点，首先从他们的立场考虑问题和制定政策，打破既有利益阶层的垄断，减少这批人的政治影响力，巩固市场经济的政治基础，建立平等博弈的股市氛围，以真正体现“三公”之精义，而非笼而统之地讲“保护所有投资者利益”。在眼下这种倚强凌弱、以大欺小现象有增无减的低迷股市，强势利益集团的“自我保护”能力依然无虞，即使不被“一视同仁”，也丝毫不用担心会因“保护”不力而招致损害。金融文化的内核之一是博弈，在与政策的博弈中，民间智慧灵光乍现，“水能载舟，亦能覆舟”，政策设计须慎之又慎。

第四节 “数学盲”都能看懂的一堆数据

股市暴跌背后有玄机

笔者天生喜好形象思维，先发散后聚焦，“辩证”得不亦乐乎，反之也就不太喜欢（甚至有些讨厌）冷冰冰干巴巴硬邦邦的数字，以为枯燥乏味。1979年以28岁“高龄”最后一次参加高考，囿于实际上仅初一学历，几近“数学盲”，还得将仅剩50天时间全部投入文科备考，在家父点拨下，采取“丢卒保车”战术，放弃很难在短时间内突飞猛进的数学复习，转而强攻多半靠死记硬背取胜的文科科目，以“毕其功于一役”，最终面对无一认得的16道数学试题，按形式逻辑指引奋力推导出ABC等式，腾挪数字游戏，一题不拉地答满全卷，或许感动了考官，竟懵到2分“安慰分”（百分制），圆满完成“文科各卷均80分以上，数学卷力争5分、确保2分、避免0分”的预定目标，昂首走进大学校园，但也就此落下了“数字恐惧”的病根。然而实际操盘之后，愈来愈觉得数字之难能可贵，代表的是真金白银，绝非“虚拟”，岂可等闲视之，数字本身往往就能说明太多问题，无须饶舌，所谓事实胜于雄辩，大半讲的正是“用数据说话”。所以，当看到一组组鲜活到触目乃至违背常理常识的数据不时涌动眼前，仍然阻止不了口水仗，照样有一批贤达名士乐此不疲地高唱“不宜救，不必救，不能救，救了也白救（这条最滑稽）”时，心底总不免升腾起一股悲凉感，以下便是笔者认为值得高度关注的若干重要数据。

截止2008年9月11日，沪深指数从6124点跌去4046点，最大跌幅66.3%，A股总市值13.43万亿元，较2007年末缩水19.13万亿元；流通市值4.56万亿元，较2007年末缩水4.43万亿元；该损失相当于13亿中国人2007年创造的GDP中的80%打了水漂，或相当于250次汶川地震损失、居民存款总额的1.3倍以及在中国爆发2.5次美国次贷危机的损失。据《上海证券报》和证券之星最新调查显示，仅有23%的投资者空仓，11%投资者仓位在50%以下，20%的投资者重仓持股，而满仓的投资者占比多达45%，多数属于笔者之类5.30前后入市的新股民（注：经查询，现时活跃账户约6 000多万，且涉及沪深两市，其中超过1 500万户为3000点以上陆续入市的新股民，占到活跃交易者的1/4强)，在一个散户主导的市场，“羊群效应”最易放大，一旦下跌成为共识，“多杀多”行情会将资本嗜血本性演绎得甚为惨烈。A股平均股价由20元的峰值降至8元的下跌过程中，仅有21%的投资者损失控制在50%以下，约48%投资者跑输大盘，亏损幅度大于70%，投资者资金卡上打1.5—2折比比皆是；沪深A股2001年平均股价13.87元，平均市盈率57.67倍，平均市净率5.42倍，而截止2008年9月3日，A股的平均股价为7.63元，平均市盈率18.56倍，平均市净率2.82倍，沪深300市盈率全面低于美股。然而，相对于总股本4 100亿股、流通股本1 400亿股的2001年，2008年股市却蕴含着更大风险，因此时总股本已达2万亿股，流通股本达到7 100亿股，较七年前扩大了4倍多；如今140多只股票平均市盈率仅10倍以下，已低于2005年大盘998点时水平，1元股9只，2元股超百只，5元以下股超600只，10元以下股近1 400只，占到85%以上，两年来新股一半以上破发，破市净率的股票达到51只，最便宜个股的市盈率仅0.6倍；A/H股大面积、大幅度倒挂，考虑到汇率因素，截止9月11日，A/H股溢价为1.26倍左右，已低于2005年7月创下的A/H股溢价历史最低1.4倍左右，56家公司中12家公司的A/H股价格出现倒挂，5只股票A/H股倒挂率超过10%，以市值计算，一涨一跌，10年投资收益率复归于零，真是“从哪里来，回哪里去”。

让人瞠目结舌的反比数据

尽管上述数据仍属动态，可上可下，吉凶难卜，但它所揭示的一系列反比关系当为“铁案”：我国经济增速GDP每年10%左右稳居世界第一，A股融资总量、证券税收总量世界第一，2008年上半年跌幅自然也是世界第一(“跳水”金牌)，惟股民投资回报率世界倒数第一。还有更反比的，据和讯网披露，59家基金公司旗下364只基金上半年净亏损1.08万亿元，创历史最高亏损纪录，而基金的管理费、托管费和券商佣金三项费用额却创出历史新高，据统计，59家基金公司旗下的361只基金上半年共支付三项费用248.66亿元，约为2007年同期的2倍。究其原因，主要是基金管理模式设计、制定和监管上一开始就存在巨大漏洞，造成基金分红愈少则基金管理人报酬反而愈高等一系列“怪胎”。谁都知道，基金公司利润的最大来源为管理费，而直接影响管理费多少的是资产管理规模，也就是说，规模愈大的公司利润愈高，从中看不出利润与投资者业绩的必然关系。比如，长信基金管理公司由于规模大，2008年已实现营业收入34 705.92万元，净利润9 655.29万元，同比增长27.97%，而长信基金管理公司旗下的长信金利基金，今年二季度还沦为当季度表现最差基金；更有甚者，诺德基金管理公司在公司2007年取得近千万元的收益之时，却有旗下基金三年未分红。这种反哺现象其实很有些年头了，只是兵不血刃，进行得悄无声息罢了。仍来自同一权威网站的披露：2004年开放式基金的平均收益率为－0.69%，而基金业的管理费收入的增长率为83.89%；2005年开放式基金的平均收益率为3.49%，基金业的管理费收入增长率为17.76%；2006年开放式基金的平均收益率为95.8%，基金业的管理费收入增长率为37.1%；2007年开放式基金的平均收益率为109%，而基金业的管理费收入增长率达到399.43%。尽管从形式上来看，基金的投资风格有平衡型、价值型与成长型之分，但由于股票市场可投资品种的限制，最后导致它们投资风格趋同，资产配置结构雷同，监管部门对基金持仓比例不少于70%的硬性规定，加剧了大盘下跌时基金负收益率的风险。长期以来我国证券市场单边市特征，做空机制以及股票指数期货的缺位，决定了要盈利只能做多，而基金评价体系也是以相对回报率为基础的，所以机构散户化就成了证券投资基金的必然选择，其本质上的单一化正是资本市场缺乏丰富的投资工具的结果。

数据一说话，上帝也犯傻

早有人道破天机，中国股市没有长期投资价值，只能"搏差价"，而且赔多赚少，因其本质上是"负和游戏"。何以见得，仍用数据说话：新兴A股市场拥有其他国家股市不曾见过的两大特色，转轨时愈演愈烈，一是超常规扩容，2006年股改前总市值约2.3万亿元，2008年1月就骤增至34.47万亿元，两年扩容15倍，相对于我国2006年21.2009万亿的国内生产总值，我国的资产证券化率已经接近150%，比照美国、韩国分别用7年和4年时间将证券化率从50%左右提升至100%，中国仅用了不到1年时间就完成了这一过程，其速度可谓令人咋舌，假如此等"神速"可持续的话，则10年内"赶英超美"不在话下。据专家预测，到2020年，我国沪深总市值折合人民币180万亿元，将超过美国成为全球第一。据分析，2007年沪深市值能够爆发增长，主要"得益"于大盘股的发行，特别是红筹股的集中回归开始启动，中国石油、中国神华、中国建设银行、中国平安等9家公司的募集资金均超过100亿元，而中国石油发行冻结资金3.3万亿元，募集资金达668亿元，更是创历史单只新股募集资金的最高纪录，前后两年不到，沪深两市上市的新股"贡献"的市值即达到15万亿元以上，占据A股全部总市值的半壁江山。这种"抽血式"的融资模式，直到2008年初仍在延续，此时距沪指最高点已跌去32%。2008年头两个月，A股市场21个IPO项目融资总额达40亿美元，同比增长14.9%，中国IPO规模占世界份额的比例高达34%，再次居全球首位。而同期美国资本市场的IPO规模仅有6个项目，融资8亿美元，如此扩容模式无异竭泽而渔，投资者回报自然变成缘木求鱼，最终必损害中国资本市场健康发展的基础，先是透支继而葬送资本市场的未来。

另有一比，美国股市扩容到800只股票，整整用了100年时间，平均每年8只；香港股市扩容到800只股票，也用了33年，平均每年24只；而A股扩容到800只和1 200只股票，分别只用了8年和10年，平均每年120只，其中2007年A股IPO创历史纪录，沪深两市共募集资金4 771亿元，比美国总和还多130亿美金，荣膺全球第一。据资料显示，从1991年到1998年间，我国股市流通市值占GDP比例大致保持了年均一个百分点的增长速度，而到1999年，在一系列政策的刺激下，我国股票市场开始出现不切实际的超常规增长，2000年和2001年流通市值占GDP比例迅速提高到10%和18%左右，而2007年底，沪深流通市值占GDP总值的比例曾高达50%，总市值占GDP的比例则超过120%，这必然带来极端的市场调整。

二是巨量大小非，根据Wind统计数据，全流通刚刚拉开序幕，未来几年大小非解禁压力大得多，2009年、2010年合计解禁股总市值分别为3.72万亿元和3.80万亿元，远远高于2008年解禁股市值总量的2.17万亿元，目前正经历的第一波解禁潮将延续到2010年1月，总量约4.97万亿，占总市值的34.03%，流通市值的100.8%。第二波将从2009年底持续到2010年底，总量约3.28万亿，占总市值的22.44%，流通市值的66.49%。到2009年10月，仅工商银行一家，其控股股东汇金公司和财政部持有的解禁股就达2 360亿股。最令人震惊者，首发限售股压力远大于股改限售股，同样由Wind数据显示，2009年，股改限售股解禁市值为17 287亿元，而首发限售股解禁市值更高达20 988亿元，比前者多出3 701亿元；到2010年，股改限售股解禁市值锐减至4 080亿元，而首发限售股解禁市值却突破30 000亿元，高达36 369亿元，是前者的8.9倍，它们都曾叫“大小非”，却同祖不同宗。

第五节　是是非非大小非

大小非普遍具有四大秉性

笔者也是费了好大劲儿才弄清它们各自出身，本以为区别只在大非与小非，未曾想大小非本身也有区别，一个生于股改前，亦叫“解禁股”，一个诞在股改后，又称“限售股”，以新老划断为界线，大小非累积一般占到总股本结构的80%以上，高时可达92%，蛰伏数年，大器晚成，待到秋天降临时，分批进入二级市场“收割”，牛市熊市倒无所谓，反正持股成本极低，许多近乎零成本，丰年灾年都有得赚。须特别说明，其实限售股最终都会解禁，解禁了就叫解禁股，并无质的区别，使的都是“以时间换空间”招术，至于新老划断之后为何还有巨量大小非，循环往复，以至无穷，笔者亦百思不解，只能与中小散户一起嗟叹：再好的市场也不堪如此重负呵！

有了这么明显的理由还要千辛万苦地为A股暴跌寻找原因，从货币紧缩政策、雪灾、美国次贷危机、地震灾害、国际原油价格飙升、CPI、PPI高企等等，永远“见仁见智，莫衷一是”。资本市场波诡云谲，纷繁复杂，国际金融运作间千丝万缕联系，阴差阳错，在一场场没有硝烟的战争中，胜负无定数，成败常在转瞬间，尤其在“外部环境相当严峻，我国经济发展面临从未遇到过的复杂局面”的2008年，要提起发生在其中的一连串故事或“事故”，真可谓六月天冻死绵羊——说来话长，但也不是没有规律性线索可以追寻，有些缘由简单得要命，坊间众口一词，几成共识，比如股市供求平衡被打破、估值体系被摧毁主要就是大小非们惹的祸，对“同股不同权，同股不同价”有着切肤之痛的中小投资者，谈起这一切，当属孩子看爹妈——太清楚了。

据专家叶国英考证，大小非们普遍具有四大"秉性"：① 数量巨大，在未来两年内将有 1.2 万亿股(注意：是万亿，不是亿)解禁，具有摧毁性的攻击力；② 成本低廉，大多数为零成本，即使股价跌去 90%，抛售仍可获利，而首发限售解禁股当仁不让地成为坚定的"空头司令"；③ 不确定性，减不减持随心所欲，牛市顶顶好，熊市亦可抛，形同活期储蓄；④ 再生性，前仆后继，绵绵无绝期。这四大秉性完全打破了市场的供求平衡，并瓦解了市场的估值体系和价格体系，使市场不知道有多少资金可以承接，不知道如何取得供求平衡，无法从估值角度去把握投资策略，无法从价格变化中挖掘和发现价值，任何专家、学者都难以避开大小非而进行基本面和技术面的分析，这种巨大的不确定性便是一切麻烦的可怕之源。

似是而非大小非

于是又回到游戏规则及其制定者那里，说规则本身不能"游戏"，就是指必须减少乃至消除这种"不确定性"。首先管理层心中得有个度，投资者出手才能有个数；联系到规则制定者以及监管层出台各项政策，也应尽可能少一些不确定性，多一些透明度，以便市场有个相对准确的预期，好在刚性规则的制约下进行柔性的充满机智和想象力的博弈；如今以收缩流动性为指归的从紧货币政策，意在阻遏国际热钱流入，以掌握金融战争主导权，却捎带着赋予股市政策(实为规则)最大不确定性，将"灵活性"变成"突发性"，与整个市场玩起"捉迷藏"游戏，其效果实在令人忧虑，坊间相信，证券市场目前运行系统严重失灵，与管理层那种"伤敌一千，自损八百"的不智战法不无关系，莫测深浅的大小非则是其中一名身份可疑的悍将。

说来大小非也是"苦出身"，当年摸着石头过河，半遮半掩地开创股票市场，最怕遭遇"国有资产流失"这个坎，于是"一看二慢三通过"，来了"二八分账”，大小非应运而生。资深学者陆一先生对此曾有过精准描述：“为避免私有化的意识形态罪名，我国证券市场在制度设计和上市股份结构安排中，一开始就回避了国有股和法人股流通的问题，为避免国有股和法人股流通带来国有和集体资产流失以及私有化的罪名，从国有企业股份制改革试点开始就只能保持国有股和法人股存量锁定，而仅仅允许对公众募集的增量个人股进行市场流通，从而埋下了十几年以后有关股权分置的是是非非的伏笔。”历史数据显示，在股权分置时代，整个A股的市盈率大体围绕20—40倍上下波动，因这时A股市场流通股数量大约只占总股份的1/3，被视为一个小“游泳池”，而随着股权分置改革的结束，大小非将逐渐解禁上市，意味着市场将增加2/3流通股，加上大小非持股成本大多数只有1元，如果算上每年分红，甚至可能是负状态，一旦上市流通，必大大降低整个市场的平均成本，考虑到新增流通市值高达10多万亿元，而最大的机构投资者所拥有资金规模也不过几万亿元，A股估值中心的下移将不可避免，这也预示着，A股的整体市盈率将长期在十几倍区域摆动，与国际成熟市场差距愈缩愈短，对本应享受高溢价的新兴市场来说，是喜是忧尚难逆料，反正不经意间就“与国际接轨”了。虽满腹狐疑，笔者仍相信股改打破了坚冰，朝全流通迈出关键一步，以历史眼光评判，终究功大于过，绝不赞成“推倒重来”，借一句上海方言，叫“伸头一刀，缩头一刀”，这事儿总得有人来做，起码勇气可嘉，16年都没整明白的活儿还需要“想清楚了再干”么。《每日经济新闻》首席评论员叶檀女士对股改急功近利、设计粗糙以及巨大后遗症洞若观火，批评起来疾声厉色，但对股改促使股市正常功能恢复所发挥的历史性作用仍给予相当热情的评价：“回顾股改之前的中国股市，是地方国企解决融资难的场所，流通股与非流通股区隔，大股东没有做好公司的动力，国有股减持雪上加霜，直到股市崩溃型下挫，失去投资、融资、优化配置资源的所有功能。这些难题不破解，中国资本市场无法向前推进。股改给中国资本市场带来了意想不到的收获，通过对价方式，中小投资者破天荒地从上市公司获得了补偿，股改实行了类别表决制，给予从来只能用脚投票的投资者用手投票的权利。中国资本市场向公平、向投资而非圈钱、向股市的正常功能迈出了微小但极其重要的一步。"从2006年中发端，到2007年初兴起的那股波澜壮阔的大牛市行情，正是股改"意外收获"的一个折射，虽非简单的"种瓜得瓜，种豆得豆"，但两者的正相关关系毋庸置疑，所以，当股改微启的"公平"之门渐又合上，圈钱依旧，类别表决制束之高阁，粗糙设计所酿成的一连串隐患慢慢浮上水面时，一大批曾经的股改支持者便"爱之弥深，责之愈切"了。

无事生非大小非

谁都知道大小非是一道难解的题，管理层殚精竭虑，社会各方亦动足脑筋，奉献了无数"解药"，其中不乏妙计良策，且允许有一个循序渐进徐缓图之的过程。大小非难题并非无解，关键是要正视，正视其严重性及症结所在，政策才具针对性和有效性。很长一段时间，股民们最不满意的，就是管理层对大小非问题轻描淡写，敷衍塞责，不断地"澄清"有关大小非减持数量的"虚假信息"，例如对《二十一世纪经济报道》的批评，不过是该报有可能将当月减持数量多说了几个百分点(当时统计数据尚未出炉)，而对公众真正关注的股市中一些可能存在猫腻的重大"悬案"，反应则往往慢0.8—2.24拍，只听楼梯响，不见人下来，直至不了了之。

即使像我等数学盲不用周密计算也晓得巨量大小非搁哪儿都是"炸弹"，不定时反而更可怕，与其"澄"而不清，莫如好好研究，是主动"限爆"，适时"引爆"，还是任其自然，"想爆就爆"，丝毫不念伤及无辜，这才是正事。否则，脑袋掉了，哭头发有什么用？根据著名的摩菲定律："假如事情存在一个以上不利因素，则其一定朝着最坏的那个预期发展"，被市场误读为利空的管理层诸项“利好”，早被大小非解读为“大利空”，于是慌不择路怎一个“逃”字了得，论速度自然是小非们快得多，资料显示，从 2005 年 6 月 17 日到 2008 年 9 月 8 日，共有 188 家上市公司的国有大非减持解禁股，累计减持 26.1 亿股，总市值约 407.4 亿元，小非减持力度远远高于大非，截止 2008 年 8 月，小非减持比例达到 43.90%，而大非仅为 11.92%，小非减持占所有非流通股减持的 69.94%，这还是在大盘月跌 17%的极度低迷期，究其原因，似乎跟该年中小企业资金紧张不无关系。

“无可厚非”大小非?

笔者注意到，中小散们最反感的，当数“证监会有关人士”在祭起虚实参半的制度性建设和虚大于实的“舆论维稳”(50 天中表态 8 次)大旗时，每每在第一时间以迅雷不及掩耳盗铃之势将人们期盼中的“实质性利好”一举击个粉碎，撇清关系，使信息不灵的追涨散户“两边吃耳光”，而当利空弥漫时，有关人士却迟钝多了。且不说对龚方雄“刺激经济计划”的驳诘，最典型者，当发改委研究人员李琨建议“对大小非征收暴利税”，第二天“有关人士”便急吼吼地表态“我们不会这样做”，理由是“大小非持有时间长，也承担了企业能否上市能否盈利的风险，和其他流通股东一样是平等的，而且，国有大股东和其他大股东都向流通股股东支付了对价”，甚至威胁道：“要征税就该一视同仁，所有流通股东都得交税”，否则，“搞出两个分裂的市场，重新进行‘二次股改’，这等于颠覆股改成果。”

中小散们不免愕然愤然悻悻然：股市暴跌损害上亿股民利益，哪个不是“有关人士”，凭什么你一言九鼎，我就人微言轻，连平等讨论都不允许，立马说“不”；对零成本减持的大小非们与亏损累累的二级市场投资者同征“暴利税”，还美其名曰“一视同仁”，是在搞笑吧！更有叶檀女士一针见血：证监会一直在呵护大小非股东利益(同时呵护本部门成绩),呵护的办法是将所有大小非混同于风险投资,将大小非收益混淆于风险投资收益,实际上,大小非既有风险投资形成的部分,也有利益输出的部分,在有充分竞争的市场,风险投资不可能有厚利,美国风险投资的平均回报率为17%,是股票投资的两倍,是长期风险投资的5倍,仍难逃利益输送和肥猫之诮,而大小非所获得的溢价远远超过国际风险投资的平均利润,低则五六倍,高达十余倍,即使在"慢牛"阶段,诚哉斯言!理解这些无须专业知识!笔者亲友所持新黄浦法人股1992年以每股6.08元购入1.6万股,15年间3次增配,5次送股,累计每股变5.6股,6次派发红利,累计每股得0.63元,截至2007年11月12日解禁上市,原先1.6万股扩容至8.96万股,每股均价约2.27元,三周后分批抛出(均价22.83元),较买入时获利620%(扣除所得税和交易费等),该股票现已跌至11.25元左右,按持股成本仍有250%的获利空间。

此次整理书稿,斟酌再三,宁可辜负"历史原貌",也要将最近偶然读到的一篇"流水账"追加其中,它细数了中粮地产这只股票的大小非持股成本,"曲径通幽",耐人寻味,说服力远胜笔者上述"新黄浦",对我等数学功底薄弱又爱钻牛角尖的非经济学人,颇有一语点醒之功效。9.18搁笔之后,读了一些有关大小非(限)的文章,最初困惑有所加深,盖因这些文章中不乏为大小非鸣冤叫屈者,认为"持股成本不一说"犯了"常识性错误",是"将国有股东和法人股东(大小非)前期的资本投入与流通股东在二级市场的货币(通货)投入混淆了"。从货币到资本有一个转化的过程,"从这个角度说,上市公司给流通股股东带来的是巨大收益而并未损害其利益。现在还要暂不流通股东去买什么流通权,再向个人股东支付对价,与公平之说显然相去甚远",更有甚者,"所有上市公司本来就都是普通股,谈不上分置,部分普通股暂不流通,是国有股东对自己股权的一种约束,它可以约束也可以解除约束,与股权分置扯不上"。同是以"公平"之名,结论却别若云泥,推演过程严丝合缝，容不得半点怀疑，洋洋千言就将话语权争夺到了股改前，怎不让我这高考数学仅 2 分且喜欢“跟着感觉走”的流通小股东如坠云里雾中。

面目全非大小非

感觉每与常识相伴，明显有悖常识的话和事必不合情理，就像印花税不过是“拔最多鹅毛听最少鹅叫”，5.30 将印花税由千分之一直接调高到千分之三(双向征收)，致使该年度印花税收入达到 2 005 亿元，比上年度增长 10.2 倍，几乎是前 16 年的总和，而全年 52 万亿的交易额，理论上又给券商拿走服务费将近 3 000 亿元，两者相加高达 5 000 亿元；但在 2007 年，全部上市公司可分配利润只有 2 000 亿元，其中大股东分得 56%，红利税还要取走 2 000 亿元中的 15—20%不等，对中小投资者来说，A 股市场玩的不是“负和游戏”，难道还是“非零和游戏”？事实胜于雄辩，有人偏要从无理中“掰”出几分理来，除了浇得人一头雾水，只会让人哈欠连连。手机上有一则“损友”刚刚发来的短信，诙谐却不失准确，说的正是“如何将简单的事情复杂化”，似可拿来博各位一笑，也稀释一下太过沉重的大小非(限)话题，可别当真哦：“把简单事情搞复杂是文化，把复杂事情搞简单是科学，把明白事搞糊涂是哲学，把糊涂事搞明白是法律，把糊涂人搞明白是老师，能把聪明人搞糊涂的就是领导了。”除最后一句，笔者基本都同意，看来大小非(限)问题介于文化与哲学之间，属于 A 股特有的一种金融文化，能以简单的办法解决这一复杂问题，必定是首屈一指的“金融科学家”，凡事难在开头，既然已经破题，为了资本市场长治久安，我们只能义无反顾地走下去。以下便是笔者叹服信服佩服的那笔“流水账”，摘自《看不懂的中国股市》一书：

我们可以举一个具体的仓，看看随着时间的推移，小非的持股成本到底有多少。这只股票的原名叫深宝恒，后来改名为中粮地产，股票代码为 000031。

假设某小非总投资 10 000 元，以一元成本拥有 10 000 股深宝恒原始股。

1993 年 10 月 8 日，公司股票上市，首日开盘价是 12 元，普通股民的成本是该小非的 12 倍。

1993 年末期，公司 10 送 1 派 1.5 元，该小非股票数变成 10 000+1 000=11 000 股，总投资变成 10 000－1 500＝8 500 元，每股成本变成 8 500/11 000=0.773 元。

1994 年末期，公司 10 送 2 派 0.8 元，该小非股票数变成 11 000＋2 200=13 200 股，总投资变成 8 500－880＝7 620 元，每股成本变成 7 620/13 200=0.577 元。

1995 年末期，公司 10 送 2.5 派 1.2 元，该小非股票数变成 13 200＋3 300=16 500 股，总投资变成 7 620－1 584＝6 036 元，每股成本变成 6 036/16 500=0.366 元。

1996 年末期，公司 10 送 2 转增 0.5 派 0.8 元，该小非股票数变成 16 500＋4 125=20 625 股，总投资变成 6 036－1 320=4 716 元，每股成本变成4 716/20 625=0.229 元。

1997 年 4 月 22 日，公司 10 配 2.4 股，配股价 3.8 元，为该小非成本的 3.8/0.229=17 倍，于是该小非行使“神圣”的投票权不参与此次配股。

1998 年末期，公司 10 派 0.8 元，该小非股票数还是 20 625 股，总投资变成 4 716－1 650=3 066 元，每股成本变成 3 066/20 625=0.149 元。

2002 年末期，公司 10 派 0.6 元，该小非股票数还是 20 625 股，总投资变成 3 066－1 237.5＝1 828.5 元，每股成本变成 1 825.5/20 625＝0.089 元。

2003 年末期，公司 10 派 2 元，该小非股票数还是 20 625 股，总投资变成1 825.5－4 125＝－2 296.5元，每股成本变成－2 296.5/20 625＝－0.111元，成本变成了负数！

2005年末期，公司10转增5股，该小非股票数变成20 625＋10 318＝30 954股，总投资还是－2 296.5元，每股成本变成－2 296.5/30 954＝－0.074 2元。

2006年2月14日，公司股改，股改对价方法是大小非向每10股流通股送2.6股和2.7元（含税0.1元）。该小非应支付股票为（30 954×20 582.15－163 489.99）÷46 630.24＝2 810股，股票数变成30 954－2 810＝28 144股。该小非应支付现金为0.27×30 954×16 348.99÷46 630.24＝2 930.24元，总投资变成－2 296.5＋2 930.24＝633.74元，每股成本变成633.74/288 144＝0.022 5元。

2007年4月16日，该股第一次大小非可以解禁，当天该股开盘价是15.31元，此价格是小非成本15.31/0.022 5＝680倍！

看到这里，如果您是一个小非，你会卖掉股票吗？我们也就不难理解为什么大小非的套现冲动如此强烈了。

"对价"先该论是非

以个人经历，虽认同证监会有关人士"风险"一说，毕竟"捂"了16年，上不上市天知道，也有解禁股早躺在了"三板市场"（比如水仙法人股），但涉及其他因素，即知真理（或常识）究竟在何处，小非持股成本几无"风险"，遑论大非，也绝不是谁都可以"持有"的，其中有无"利益输送"，天知地知我知！笔者观察大小非，时有"不看还清楚，愈看愈糊涂"之慨，心底忽冒出一个带有几分促狭的绕口令，知会诸股友，都说传神：大小非是"剪不断，理还乱"，当初为了"剪断"，便"乱理"，以10送3的主流方案"一刀切"，谁知散户欲

"断"不忍"断"(对价太低),大户能"断"不愿"断"(新老划断后仍有大小非),于是大户说"断"了便不能再"理",而散户说"乱理"就该"再断",既然"公说公有理,婆说婆有理",大家都有理,那就只能"再理",而在"剪不断"的情况下,很可能是"理还乱",尤其考虑到"婆理"大多属于"河东狮吼",论振聋发聩效应,"婆理"通常会压倒"公理",所以还得"乱理"。

几位股友说我的绕口令"好是好,就是太拗",于是推荐《大众证券报》上著名作家周梅森的文章,赞其对大小非因流通股东同意"对价契约"故而不能"反悔"的反驳痛快淋漓,丝丝入扣,找来仔细一读,果然醍醐灌顶。文中写道:"股改博弈原本就是一场虚假的游戏,因为国资部门就对价底线的狙击,市场最终以 10 送 3 的主流方案完成了'钦办'股改,流通股东当初所谓认可,并非真正意愿的体现,而是在行政权力和强势利益集团的压迫下,对自身利益的无奈放弃,更谈不上平等地博弈。"在另一篇访谈中,周梅森进一步揭示,最早的一批上市公司大多是马上要破产、负债累累的、混不下去的,坦率地讲,都是一堆堆垃圾,为国企脱贫解困找资金嘛,而中石化、中石油这样的好企业就暂不上市,这与国际证券市场的操作惯例正好相反;大小非持有的股权按产业资本定价,却让你在仅 10%流通股的二级市场上花 10 倍、20 倍甚至 50 倍的价格买回来,等到全流通了,他以 10 送 3 的对价,就实现了同股同权,同股同价,持股成本如此不平衡,怎能不摧毁市场的估值系统?! 周先生形容"股民是草,机构是羊,产业资本是狼",后股改时代的中国资本市场,由于管理层的缺位、政策的失误,已经被产业资本所主导,形成了一种从没有过的新的生态圈,故大声疾呼,"要全流通可以,你高价发行、高价增发的上市公司,就该以 10 送 20、10 送 50 的对价换取"。尽管比喻都是跛脚的,小散们未必听得懂产业资本与金融资本间这种"狼和小羊"的故事,但凭借操盘中屡战屡败的痛苦经验,他们相信确有一条"食物链"正在吞噬自己的财产性收入,使正确估值成为不可能,大小非以 10 送 3 的小代价即换来锁一(第一年流通5%)、爬二(第二年流通10%)、放三(第三年全流通)的大便宜，是股改实行中冒进、仓促、草率加上行政强制性导致的结果，很难说是“公平的契约”。

最是“强悍”数大非

股民心中始终有个阴影拂之不去，相对小非，大非们可强悍多了，据统计，国资委旗下858家上市公司，在总股本中虽占比仅45.5%，未臻控股之境，但已绝对的股市主力，倘若“该出手时不出手，不该出手时乱出手”，股市则难有半日安宁。记得2007年底A股动荡时，国资委负责人明确表态，“权重股(央企上市公司)应当成为股市超级稳定器”，涨得高时“多卖一些”，跌得深时“多买一些”，直把自个儿当成了“风险对冲工具”，当时就有人批评如此“高抛低吸”实乃大散户所为，只会加剧股市动荡，而且将从根本上剥夺市场自主定价权，显然弊大利小，考虑到动机还算积极，便无人计较，但在这一轮自由落体式暴跌行情中，央企上市公司又起过多少“维稳”作用，与证监会一样，口惠而实不至。

最令人不解者，在A股已跌60%以上的9月11日，两家不约而同地加强“制度化建设”，一个会同商务部发文改变ST股利润计算方式，一个则警告“如投资不当造成央企资产损失将追究领导者责任”，再明白不过地发出“继续大幅减持”的信号，于是大盘只好继续下行，双双跌幅超过3.34%，创出阶段新低，南辕北辙莫此为甚。困惑难解时，再次捧读著名经济学家郎咸平先生的一篇博文，忽然有些释怀了：“什么是信托责任？就是每一个人内心深处，对国家、对民族、对百姓，以及我们所在公司的股东——也就是中小股民，要存有一份责任感。这种责任感是很难说清楚的，是一种软约束，无法定量分析，他就是你的良心。股改的公司必须由具有信托责任的职业经理人领导才可以进行，而我们的股改没有对此提出要求，我们的上市公司普遍缺乏信托责任。以2008年上半年为例，股价从5000多点开始跌的时候，我们上市公司的职业经理人竟然不顾我们中小股民的利益，大量抛售股票。英国强调只有好公司才可以股改，而我们呢，谁都可以股改。”

第六节 一场中小投资者打不赢的“货币战争”

裁判员，还是运动员？

管理层本非博弈一方，居然也有“利益驱动”，这个发现非同小可，更吃惊者，越来愈多的迹象表明一行一委三会（央行、国资委、证监会、银监会、保监会）在大方向一致的前提下，似乎各有价值取向及工作目标，口径不尽统一，步骤不太协调，有时还貌合神离，证监会多谋少断，进退维谷，希望平衡各方利益（比如对大小非处置），却两头不讨好，不作为中似乎隐藏着诸般无奈，这些民间的“哥德巴赫猜想”仅算一说，不足为凭。曾有业内权威人士评价，前三任证监会主席为国有企业扶贫脱困功不可没，这是历史要求使然，他们别无选择。2006年中，央行出台5号令，对危情中的券商无异釜底抽薪，尽管后来不了了之，但市场第一次看到了监管部门的无奈和弱势，在正常情况下“无为而治”或许是好策略，但面对股市无序崩跌的糟糕局面，必须有所作为，一味“无为”可能使这个市场“终告不治”。

有哲人说，“一句话说出口之前你是它的主人，说出口之后你便成了它的奴隶”，做一件事情更是如此，忽然觉得，兜了恁大一个圈儿，这才触及问题的实质：证券市场建立之初在定位上就已发生偏差。中国股市从一开始就是为国企解困、融资和重组服务的，作为手段和工具，权宜色彩浓厚，总希望将其控制在想象中的一个理想运行区间。潜意识中，视股市为“坏孩子”，利用、限制、改造而已，对股市自身运行规律研究不够，更缺乏应有尊重，简单地认定上涨必产生泡沫，下跌则泡沫减少，而泡沫愈多愈危险，于是喜跌怕涨，指数便成了最直接最有效的调控对象。更严重的是，由于国企本身拥有特殊的资源优势，以及与政府之间千丝万缕的关系，国企通过股市进行资源配置，往往使政府难以摆脱“裁判员”、“运动员”双重角色，受内在利益驱动，这种扭曲总是朝着愈来愈强化而非弱化的方向演变，使股市须臾不可离弃的公平性蒙上愈来愈浓厚的阴影。比如，利用监管漏洞和信息不对称而反复进行非公平的利益输送行为，从根本上损害了股市游戏规则，加上这一切往往笼罩在“为国资保值增值”的神圣光环中，使查处殊为不易，但本质上仍是通过对“公共金融资源”的占有而满足个别人或群体的私利，相当于从中小投资者手中“窃取”财富，必然导致股市竞争秩序的混乱，使多数人沦为替少数人“埋单”的利益受损者。这无疑是一种制度性缺陷（或障碍），笔者更愿称之为“制度之殇”，所有违反常识常理常规常态的现象变得容易理解，无非是歪脖子树上开出了若干“恶之花”，最大的一朵，即“重融资轻回报”，轻重之反差，足以让人瞠目结舌。

中石油一回到 A 股就性情大变

据 Wind 统计显示，在过去 10 年中，有 512 家人称“铁公鸡”的上市公司从未实施分红，占沪深两市上市公司总量的 32.06%。此类公司中，有 189 家上市公司股价在过去 10 年的累计涨幅低于 50%，83 家上市公司股价累计涨幅出现负增长。另有 188 家上市公司在过去 10 年从未进行现金分红，其中包括 ST 博信、东北电气、天山纺织、英特集团、国兴地产等。最遭人诟病的，莫过于“问君能有几多愁，恰似满仓买入……”的中石油以及笔者重仓持有的中国平安，一个从 48.46 元的高峰跌去 80%，套牢了所有投资者，“定海神针”变“砸盘怪锤”；一个恶意圈钱 1 600 亿未遂，撬动大盘最后一块基石，亦令自己股价三度腰斩，说到对投资者回报，连两位董事长迟来的“道歉”都被舆论视作“毫无意义”。

坊间一直热议“中石油为何回到 A 股就大变性”，这家先 H 股后 A 股的“亚洲最赚钱公司”，2000 年 4 月以每股 1.27 港元价格在海外发行，融资不过 29 亿美元，此后每年拿出公司净利润的 45%来分红，上市 4 年海外累计分红高达 119 亿美元；而 2007 年 10 月中石油发行 A 股时，其发行价为 16.70 元，是 H 股发行价的 12 倍，融资额高达 500 亿元人民币，为美国融资额的 2.43 倍。当“让利于民”的话音未落，回报期待很快变成巨亏现实，迄今分红不足 6 亿元人民币，只有在美国的 2.84%，该公司 2007 年末每股 0.156 86 元的红利，对 A 股投资者，连安慰都谈不上，2008 年 7 月 31 日，却又在临时股东大会上毫无悬念地通过了 600 亿元公司债券的发行计划。尽管中石油的分红是稳定的，上市之初，即承诺每年以净利润的 45%分红，但由于在境内外同时上市所引发的天然价格缺陷（境外折价而境内溢价），使得红利被摊薄，境外投资者获得先期红利，而境内投资者依靠红利还本尚须 100 年左右时间。中石油的 H/A 股之旅，几乎是场大闹剧，将 A 股“竭泽而渔，杀鸡取卵”的劣根性演绎得触目惊心，对中小投资者不啻“一场游戏一场梦”，说“掠夺”亦不为过，难怪一批中小散们无限崇拜巴菲特，惟提及在中石油上的“价值投资”颇有些腻歪，1.27 港元的持股成本，其价值还用得着您巴老发现?!

“从一只羊身上剥下两张皮来”

持论公道者对中小投资者在缺少“三公”环境下的生存状况深表忧虑，

认为他们既受到股权分置的伤害又受到解决股权分置的伤害，是“从一只羊身上剥下两张皮来”。按政治学原理，程序公正优先于实质正义，中国股市的程序设计（或称“制度安排”）从一开始就有所偏失。如前所述，“保护投资者”与“保护中小投资者”是大有区别的，按照股票市场的本质，首先是保护全体中小股民，任何投资工具的推出，必须符合这一本质。在欧美一些成熟股市，甚至以高市盈率价格让大家族公司和平退出，以确保大众持股的公司占绝对多数，体现了政府对“扶弱限强”还是“倚强凌弱”这一维系利益平衡之道的取舍。有专家说，资本是需要被控制的，资本是需要依靠国家的力量、政府的力量来让它归于正途。A股市场发展定位的偏差，带来监管工作的缺失，在衡量效率与公平时，过于注重前者，导致股市运行往往以满足“政策性”、“战略性”功能需要为先，带有明显向机构倾斜的特征，容易给机构间利益输送提供条件，中小投资者利益则一次次被漠视，以至大受损害。比如，通过网下配售，就是对资金为王者的利益倾斜，形成了机构对份额的垄断，导致常年2、3万亿资金囤积一级市场，专靠打新股为生，垄断行为必产生垄断价格，这些“投资者”中签后通过二级市场疯狂地拉抬定价，使新股上市首日涨幅大盘股一般在50—250%，小盘股大多在100—400%，有的甚至达到500—600%，然后逢高派发，像中石油上市首日就有一家保险公司抛出了8 000万股股票，赚得满脑袋流油（不仅冒汗），而无缘凭借资金打新获利的中小投资者纷纷惨套二级市场，使投机气氛益发浓重。如此千疮百孔的新股发行制度，竟数年一贯制，包括市值申购、以现有二级市场股票参与摇号等诸多好建议皆付之阙如，还一再声称“新股发行并未分流二级市场资金”，激起大批股民借道主流媒体愤然抗议，“管理层别总把我们当傻子”。

高价扩容折射出“制度之殇”的另一面，新老划断后上市的265只新股发行价平均市盈率达到28.8倍，最高为97—98倍，例如中国远洋、中国人寿等，从而推高了二级市场的平均市盈率，然后再以四五十倍的市盈率大比例地增发，过度抽血，雁过拔毛，令市场疲惫不堪，平均市盈率无奈地由近70倍下调至17.9倍，并开始反噬起融资者自身。截止2008年9月5日，年内73只上市新股已有40只破发，其中威化股份较发行价跌去50%，以7.13元发行的紫金矿业相对于发行价跌去45.82%，忆及当年“融资即利好，增发好上好”之盛况，如今被蒙上“圈钱”之恶谥的融资，声名狼藉，风光不再，让人有恍若隔世之感。一篇《直击基金销售七宗罪》的短文，揭示出曾被当作救市“利器”一发而不可收的基金是如何由当年异常火爆、发行规模动辄上百亿、频出“限额发行”、“末日申购”、“拆分转换”之怪招（有的近乎圈套）一步步走到今日“忽喇喇似大厦倾，昏惨惨似灯将尽”之窘境，甚至有发行半月募集额不足三亿元的。

相对“圈钱场”一说，笔者更赞赏叶檀女士的生动界定，她写道：“股市相当于一块无主荒地，所有的马、所有的猎人也就是所有的机构、所有的上市公司、所有的投资者都到公地上坐享其成，直到啃完最后一棵草，吸走投资者最后一分钱，而后开始进行大面积的改革，开始休养生息，股市的下挫期相当于休猎期与休渔期。”

第七节　险象环生的“平安”之旅

走笔至此，“股灾，谁之过”，结论不言自明。股民的切肤之痛，源于管理层的选择性调控，这是定位偏差必然导致的结果。“有所为，有所不为”，本来是理智之选，不经意间竟悄悄演变为“不作为、乱作为、慢作为”，甚至“反向作为”，加上“政出多门，政策多变”无不加剧着监管工作的混乱性，这一切除了导致资本市场游戏规则被彻底颠覆，不可能再有别的结果。笔者以为，这种颠覆是一个由量变到质变的渐进过程，似可概括为“无规则可依、有规则不依、任意修改规则”这三种现象，与上述“选择性调控(政策)”相对应，构成一个完整的逻辑链，例子不胜枚举。痛定思痛，仅以笔者损失最为惨重的中国平安(601318)为线索，勾勒出一条苦涩又荒唐但清晰无比的运行轨迹，以汲取缘何输掉这场“货币战争”的教训。

一家“吝啬到了贪婪程度”的上市公司

中国平安作为金融保险类企业，乃世界500强之一，名列沪深300前三甲，十足绩优权重大盘股。该股首发H股，2007年2月2日荣归故里，以33.80元在沪市发行，随后一路攀升，最高摸149.28元，然后追随中石油，亦性情大变，在喋喋不休中跌跌不休，一度成为名副其实的“撬盘手”，率领A股直捣黄龙，截止2008年9月18日，该股较最高点已跌去78%，收报30.20元，终告“破发”。

笔者秉持价值投资理念，且年迈轻狂，入市未深，即主动与之结缘，从一而终，悔亦无奈，盖因最初听朋友说“中国平安”四个字就值200元，念及奥运也冠以“平安”(以为是大赞助商)，一举杀入，从137.22元起步，连续四次加仓，将1 250股扩容至5 200股才歇手，算是封仓，一周后，股价跌至112.42元，市值缩水一成半，不由一阵惊骇，孰料万事才开头。

忽一日凌晨，平安董事会突然宣布将公开增发A股，累计16亿股融资1 500亿元，相当于2007年整个A股市场融资额的20%，仓促间不知该消息利耶弊耶(牛市增发皆算利好)，立刻致电在证券公司任职的老同学J，答曰：“重大利空”，1 600亿元倘以百元面值捆扎约6 124.0立方米，可装16节车皮(以每节百亿计)，这哪是将股市当作“提款机”，整个儿“私家印钞厂”。J还告知，平安发行11.5亿A股(折合388亿元)不足一年，迄今尚未分红，真正是"吝啬到了贪婪程度"，于是第一次听到"恶意圈钱"这一新名词。败象初露的沪深股市在平安的恫吓下一路狂泄，当天上证综指即暴跌5.14%，尚未学会"设止损点"的笔者，方寸大乱，总想待反弹时再减仓，"物极必反，否极泰来"嘛，怎会一意孤行，况且"恶意"之事管理层首先就"饶不过"，何虑之有？故坐视股价两周内由 97 元跌至 58 元，足足缩水 42%，这才隐约记起中国平安增发消息发布前几日股价曾在 103 元上下区间有过剧烈波动，放量拉高，忽又收低，好不热闹，遂叹服果然有"先知先觉"者。值火烧连营之际，舆论沸腾，管理层却从容淡定，一副"坐怀不乱"之气度，大致半月后，才由某副主席表态"我们不赞成恶意圈钱行为"，重音却落在"企业融资是股市基本功能之一，是正常的市场行为，在正式上报之前，证监会不会干预"上，或许意犹未尽，副主席倒也快人快语，"中小投资者如不赞成上司公司融资，可以用脚投票嘛"，态度如此暧昧，使得坊间纷纷猜测或许平安集团已在预沟通阶段与管理层达成默契。

至今未弄明白"融资"与"圈钱"区别何在?

笔者至今也未弄明白"融资"与"圈钱"究竟区别何在，正如平安到现在也不承认他们是在"圈钱"，遑论"恶意"，这世上有"善意圈钱"么，倘若坐实是"恶意"且高达 1 500 亿元便与"拦路打劫"(一点儿技术含量也没有)无异。动辄让弱势群体"用脚投票"，除了激化矛盾，信托责任又该由谁来担当？窃以为，"无规则可依＋不作为"才是问题症结。

好不容易熬到股东大会(3 月 5 日)召开前夕，有关融资方案到底是"通过好"、还是"否决了好"，抑或"降低融资额度再通过了最好"，朋友间争执不已，好坏标准自然是能否推升股价，反正缩水过半，正迈向第二波"腰斩"，只能认命，懒得再动，听凭股价在悬疑气氛中再下一城。与坊间猜测相反，平安增发方案在股东大会上竟以高达 85.3%的赞成票获得通过，中小股东毫无还手之力，据传是基金经理们在最后一刻“倒戈”所致，大东家（平安）乃基金“衣食父母”，“打工仔们”岂敢造次，何况借此“利好”还可再玩一把反弹行情，诳进几多中小散（包括笔者）。复牌首日，无形之手配合“铁布衫”，将股价一路拉高，直逼涨停，边拉边将整金碎银揽入怀中，却引得小散们七魂丢了三魄，笔者亦平生第一次追涨，将重仓补在高位，希冀一战定胜负，以部分挽回前期损失，无奈假利好撑不过一天，翌日抛盘狂至，疲态尽显，收尾时反跌去 6.54%，事后有人揭露这是机构在做“局”，利用信息的极不对称套利，投赞成票与砸盘实为同一伙人，他们从来就不看好平安融资。

“讳莫如深”与“谈虎色变”

令人大跌眼镜的是，股东大会上仍不说明融资用途，董事长三缄其口，说是“商业机密”，不便提前泄露，以防对方伺机抬高收购价，这真是旷古奇闻！天量融资（咱不说“圈钱”）的理由竟瞒住投资人、合不合适全凭董事长一人判断，这难道还不算上市公司必须披露的“重大信息”？闪烁其词背后果有隐情，为的是掩护一桩极富争议未必过得了关的投资决策，真相渐渐浮出水面，“圈钱”只为增持比利时富通股权。据报载，截止 6 月 30 日，中国平安共计持有富通集团股票 1.21 亿股，初始投资成本为 238.38 亿元，2008 年中报披露只剩下 133.14 亿元，累计亏损已达 105 亿元，平安声称拟长期持有，故不需对该投资计提减持准备，但有财务人士质疑：不计提减值准备有违会计准则中的谨慎性原则（注：截至 2008 年 11 月 28 日，按富通股价每股 0.73 欧元计，其市值已缩减 95%，平安不得已一次性计提了约 157 亿元的减值准备，导致公司第三季度账面亏损 78 亿元，也意味着该项 238 亿元投资仅剩 10 亿元，真乃血本无归）。仅因圈钱未果，中小投资者才侥幸逃过一劫。钻的仍是监管漏洞，A 股投资风险之大令人谈虎色变。

A 股“三岔口”——平安之旅与防热钱之役

6 月 10 日，国家统计局将公布当月经济数据，坊间猜测随着 CPI 回落，从紧货币政策可能有所松动，借此利好，股市有望企稳。孰料央行捷足先登，提前于周六宣布上调存款准备金率 1 个百分点，一改以往在 CPI 公布后酌情宣布政策之惯例，使两天后的利好（CPI 为 6.9%，较上月下降 1.4 个百分点）变成一场空欢喜。受此打击，周一开盘即狂跌，当天下行 7.25%，延续三日，弱不禁风的 A 股重挫 19%。一边大讲次贷危机正在蔓延，一边继续实行从紧货币政策，“各自为政＋政出多门”，且不按常理出牌，又无可指摘，犯了晕的股市只能选择下行，个人资金账户再缩减二成半。

仓惶之间，不敏却好学的笔者赶紧搜寻报章，试图弄清“利好变利空”玄机何在，究竟有无道理，这才发现除了抵御通胀，央行还有防热钱的考虑，加上人民币持续升值，都是为“解决当前主要矛盾”，而此类“组合拳”到底效果如何，在业内一直颇受争议，按照《第一财经日报》副总编张庭宾先生的看法，这叫“货币政策错配”，在 6 月 5 日“庭宾透市”专栏中，他这样写道：“如果重蹈越南覆辙，中国货币政策同样继续错配——在热钱已经预期在不远的将来做空人民币的情况下，仍然加速人民币升值；在国内商业银行和本土资金链已经极为紧张的情况下，反而更加紧缩货币，让本土金融和企业因资金链断裂而被迫停产休克；如果在热钱已经准备大规模撤离的情况下，反而加大力度推进资本‘严进宽出’的政策，那将正中热钱下怀。”这一判断与笔者朦朦胧胧感觉多有契合，事实也证明了谁更接近真理，至少货币政策没扣准“主要矛盾”，同为货币市场的 A 股置身“覆巢之下”，难免跟着“吃了冤枉家什”，此乃后话，不提也罢。

在“维稳”舆论下演绎悲壮诉说悲情

其后将近一个月，整个市场“对阵”管理层，博弈白热化。此阶段最大特点是，政策面虚则实之，实则虚之，胡萝卜＋棍棒（以治市之名），与股民周旋，使人备尝“被捉弄”滋味，股市渐传“天灾不可挡，人祸犹可憎”一类“腹诽”，中小散们逆向思维，“半利好”常被误读为“利空”，再逐步放大至“全日空”，恐慌情绪迅速蔓延。所谓奥运行情终成泡影，竟连一天也不可得，8 月 8 日开幕式当天，沪指暴跌 4.47％以上，翌日再跌 5.21％，直至闭幕日依然跌跌不休，称之“宣泄式砸盘”亦不为过。管理层铁石心肠“不作为”，股民 100 个鸡蛋碰不过管理层一块石头，只能以悲壮演绎悲惨诉说悲情，也算是一种“心理补偿”。怅惘之际，忽读到一阕《水调歌头》，戏仿苏东坡风格，说的却是 A 股苦恼事，填词大俗而惟妙惟肖，不禁抚掌一笑，郁结纾缓不少，词曰：“涨停几时有，把酒看大盘。不知大盘走势，还能牛几年？我欲清仓归去，又恐明年万点，割肉不胜寒。与其储蓄负利，何必混其间？少追涨，勿杀跌，夜安眠。不应有恨，获利总在无意间。月有阴晴圆缺，股有涨跌横盘，此事古难全。但愿牛市久，千里共财源。”

奥运后，沪指逼近“牛熊分界线”2245 点，市场相信管理层终将加盟“保卫战”，机构正大幅建仓，意欲“抄诺曼底”，但猝不及防两大“利空”突袭股市，令 2245 点不堪一击，脆弱程度远胜“马奇诺防线”。利空一，将大小非锁定期由 36 个月缩短至 12 个月；利空二，招商证券 IPO 上发审会。被市场解读为高度“非理性”的两大举措，如此不合时宜，以至当日开盘即破十年平均线。尤其招商证券 IPO 过会，虽证监会负责人反复解释，“上发审会与真正发行还有距离，两者不是一回事，更不意味着新股发行加速”，但股民们反唇相讥，既然暂不发行又何必匆匆过会，这是在玩“文字游戏”，难道已过会还未发行的30多家IPO竟不足以打发2008年剩余日子吗？更严重的是，从财务报表即将过期，到深陷“博时门”，再到“自盈收益”导致盈利下降，招商证券其实不具备上市资格，因其持有博时基金73％股权，明显违反《证券基金管理公司管理办法》关于“主要股东出资比例不得超过全部出资49％”的规定，对此“网开一面”意味着对招商证券IPO资格的拯救，如同中国建设、中国铁路、中国南车、太平洋证券(均未实现三年盈利)等一批企业作为特例顺利“过会”，也意味着对“游戏规则”的“原则性修改”，如同紫金矿业上市时以0.10元而非以通常的1.00元作为面值，使本已混乱的A股估值系统再添迷障，任凭专家大声疾呼也阻止不了，根源尽在“融资高于一切”的股市发展定位。

顺便说一句，管理层劝慰投资者“不用担心新股发行节奏会因此而加快”，这又是对舆情的误读，大家当然相信管理层对新股发行节奏控制得挺不错，上半年共发新股59家，平均每个月10家，而7月份只发了9家，8月份发行数更降到5家，但股民们心中期盼的是，在极弱市管理层应果断宣布暂停大小非减持，暂停一切新股发行，就像1994年大盘跌至325点国务院三大政策救市一样，果断宣布当市场平均市盈率处于25倍以下时停止所有新股发行，而不是如今一个“达摩克利斯剑”(大小非)、一个“第二只靴子”(已过会IPO)统统“悬在头顶”，搅得整个市场心神不宁，这才是投资者担心所在，管理层显然对股民“心理节奏”把握得不怎么样，结果是“鸡同鸭讲”。

2008年9月18日，有着150多年历史的美国第四大投资银行雷曼兄弟申请破产，而美国第三大投行美林公司则被美国银行收购，美国国际集团(AIG)也向美联储求救，次贷危机终于演变为金融海啸，三则消息共同引发了全球股市的“黑色星期一”。法国和英国主要股指半个交易日急挫5％，美国股市开盘后暴跌近3％，亚太地区主要股市16日全线下跌。“覆巢之下，焉有完卵”，尽管央行推出“双率大降”利好，上证综指仍一路狂泻，“斯大林格勒保卫战”根本没能打响，2000 点、1900 点相继告破，1800 点岌岌可危，金融保险股首当其冲，连续跌停，平安股价最低下探至 30.20 元，较 149.28 元峰值，整整跌去 119.08 元，跌幅近 80%。

本场比赛轮到小股民执哨：暴跌 VS 暴酬

面对一片“环保色”以及渐成“稀缺资源”(已非羞涩)的囊中，笔者彻底明白了“股市有风险，入市须谨慎”的真谛，不知怎的还想起由平安董事长马明哲以及他那份不论咋说也有点偏高的“暴酬”——相当于贫困地区 20 万个中小学教师一年工资的 6 000.16 万年薪，12 名高管中有 5 人的税后薪酬在 1 000 万人民币以上。高也就罢了，得个便宜卖个乖，竟说什么“对得起这份薪酬”、“将平安带进世界 500 强是我的自豪”云云，搞得我等小散似有“仇富心理”，谁不晓得平安能有今天离不开国家政策支持(包括垄断收益)，普通员工不懈努力，以及无数在地板割肉的中小投资者(比如笔者均价 102 元的那 5 200 股)，并非全靠您一人“带”进世界 500 强，“军功章”上绝对有大家一半还多；再说，连笔者也看出海外投资风险很大(已有中投黑石项目巨额浮亏在前)，您马董何以看不出，或看出了仍想追仓摊薄成本，如此决策眼光和风险控制能力实在令人不敢恭维，享受“暴酬”难言“对得起”。最近，听说平安政策转向，不得已进行坏账计提之后，宣布不再以收购海外资产为主打，而将业务重点放在国内，“明哲保身”无疑一大进步，奇怪的是，仍不见马董一声“道歉”，这犯事儿(咱不说“罪过”)成本也忒低了，难怪上市公司如此热衷再融资，不仅因为股权融资成本远低于债券融资成本，即使失败也可以满不在乎，而且能自始至终进行“暗箱操作”，投资者既无缘听到他的解释，当然更无法问责，整个一“冤大头”，这桩买卖成与不成，马董都赢定了。

当欧美金融海啸猝然袭来，不慎卷入漩涡中心的平安、中投等大可感叹“生不逢时”，继续文过饰非，却从未触及过问题要害——利用监管漏洞和信息不对称，少数拥有圈钱特权的低效公司，与A股市场互为因果地引发资金错配倾向，以致劣胜优汰，逆向运作，周而复始，这才是一切风险的可怕之源。与成熟市场相比，A股制度性缺陷一目了然，中国平安在全无分红的情况下，罔顾市场承受力，融资额为前一年3倍多，且不解释用途，明摆着是“圈钱”，管理层却一直“不置可否”，虚与委蛇，言不及义，甚至以“恶意还是善意”这类伪命题混淆视听，态度如此暧昧，引得跟风者不绝如缕，很快便有浦发银行的巨额融资，此其一；远未建立健全的投资决策体系和相应自律监督机制的上市公司，在海外投资已现浮亏的情况下，一意孤行地“挖肉补疮”，且数额巨大，股改中争得的分类表决权早已付之阙如，貌似规范的表决程序掩藏着极大不公，拒不披露资金用途明显有违上市公司必须公开企业重大信息的规定，对这一切的监管之责究竟应由谁来承担，此其二；按国际惯例，股票增发价应等于(或接近)董事会宣布再融资之前该公司股价，倘宣布后该股票价格下滑(更别说大幅度)，则表明市场并不欢迎再融资，上市公司理应收回成命，而中国平安在自己股价已被腰斩之后，仍不依不饶地以“调整融资额度”和“暂停半年”等方式继续纠缠，这方面有无约束，中小股东利益又由谁来保护，此其三，诸如此类。概言之，市场效率和商业信誉的同时丧失，是“平安之旅”带给我们的深刻教训，上市公司和整个A股可谓两败俱伤，凸显出制度缺失和管理缺位的中国资本市场的确险象环生，连科学评估标准和透明有效的契约关系及执法体系都未能建立起来的股市，很难让投资者放心，进而怀疑制度、机构、管理层能否善待自己，真正维护自己的起码权益。经历一次次深刻失望，以及不断用脚投票的无奈，赖以支撑股市的信心基础将被侵蚀，回天乏术的中小投资者仍可作出最后选择，他们完全有理由毫不“悋惜”地转身离去，而失去根基的大国崛起之“路漫漫其修远兮”，将不再是危言耸听。

第八节　人人都该学点政治经济学

还不如跟着世界一块儿跌呢——

城门失火，殃及池鱼，席卷而来的全球金融海啸相当于“不可抗力”，中国股民跟着倒霉本在意料之中，谁让中美之间经济贸易依存度乃至资本市场关联度这么高呢？但这“殃及”之深之重，又完全出乎情理，使一个滋生已久的疑窦在笔者心中弥散开来：此前长达 10 个月跌幅超过 63%的大调整（实为“股灾”）果真是必要和合理的吗？记得央行首席经济顾问樊纲先生在沪指处于 3028 点（已跌 45%）时曾说过（大意），“调整应该差不多了，面对动荡不安的国际金融局势，早调整比晚调整好，主动调整比被动调整好，我们采取主动出击（指实行从紧货币政策）就是为了防止泡沫，释放风险，使中国经济免于遭受美国日本那样的衰退风险”，话语中多次使用“幸亏”二字，让人颇有些困惑：即使能扛过国际金融危机，一定首先得益于改革经济体制提升了劳动生产率，使国民财富和外汇储备持续大幅度地积累，怎么会是“挤泡沫”的功劳？而后来发生的一系列事情更是表明，巨大代价并未换来“免疫力”，美国因次贷危机股市跌 20%左右，我们却跌 60%，大难袭来，照样跟着再跌 10%，有股民戏言，“一跤跌回股改前”，“吃了二遍苦，受了二茬罪”，更有尖刻者直指，所谓“主动出击”，不过是“先试（错）先（下）行”、将深幅调整提前演示一遍而已，早知如此，还不如跟着世界一块儿跌，也不过如此如此，又能怎么样?！说到国际热钱，一直是从紧货币政策“第一打击”对象，所谓“兵来将挡，水来土淹”，只是不知最终战局如何。两年多来，央行先后 13 次上调存款准备金率、6 次上调存贷款基准利率，对笔者这类“三脚猫”来说，直觉上这一针对流动性所做的宏观调控，首先打击的似乎是已经恶化的投资经商环境而非热钱，银行放款利率长期处于 6%以上高位，临近年关又大量抽紧银根，一“涨”一“抽”，民营企业家们又该如何过日子，而热钱“截”住没有、流入方式如何、数量究竟有多大，恐怕只有天晓得，数据披露各个不同，至今也没见到有哪个权威部门给出大体可信的版本。不妨透露点“阴暗心理”，当时许多股友凑在一起，都翘盼着国际热钱能充当个“解放军”，解中小股民们于倒悬，按通常规律汇率与股市之间的那种关系“本币升值—热钱流入—股市上涨—吸引更多热钱流入—进一步加大升值压力”，惜乎 2008 年始终无缘碰到。

防热钱政策的得失之辩

以下这段文字于 2008 年底追记：差不多 3 个月后，笔者细读张庭宾先生力作《反热钱战争》，才知道国际热钱是大敌，绝对当不了“解放军”，而反热钱也并非是捕风捉影(如堂吉诃德所大战的风车)，的确是一场不见硝烟的严酷的金融战争。据中国社会科学院世界经济与政治研究所张明博士和《第一财经日报》评论部主任徐以升共同完成的《全口径测算中国热钱规模》所分析，2003 年至 2008 年第一季度流入中国内地的热钱合计约 1.20 万亿美元，热钱利润合计以约 0.55 万亿美元计，二者之和为 1.75 万亿美元，为 2008 年 3 月底官方发布的中国外汇储备总量的 104%。如将该数额乘以 1 美元兑 7.5 元人民币的汇率，再乘以 4 倍的货币乘数，热钱在国内的流动性大约为 30 万亿元人民币，即使考虑到被央行超过 4 万亿央票和 17.5%的存款准备金率锁进“水库”的资金，也可以说，现在中国内地资金流的版图中，国际热钱已经与中国资本平分天下了。对热钱严防死守加上从严处罚以最大限度地减轻其危害无疑十分正确，但央行所采取的“严进宽出”政策，在特定环境下，却导致了南辕北辙效果。关键的是，中国的货币主导权仍然在握——资本项目没有完全放开，“港股直通车”被否；央行可决定第二天的人民币汇率中间价，仍拥有一次性重估货币的权力；股指期货没有推出，热钱无法借力打力做空中国；如果热钱大撤退，央行有能力向市场和金融机构释放无限量的流动性，足以和热钱打一场势均力敌的消耗战。

为了跑过 CPI，股市“虽败犹荣”

宏观调控乃国家大事，“大有大的难处”，贸然置喙者不明就里，十之八九会说错，只是凡事皆有两面性，利弊得失，互为因果，互相转化，“一味”之事总不见得好，起码缺少“灵活性”，就像人民币对美元汇率单边持续地升值，效果如何，坊间就颇有些议论。汇率上升会打击出口制造业，使得相关企业利润下降，而利率一上升，又会引得热钱大量流入中国，购买人民币以套取利息，反过来推动汇率继续上升，这似乎是个必然结果，内外政策无疑在“对冲”。那通过降息将热钱引导到美国去行不行，有资深经济学家认为“更不行”，因为中国储备了大量外汇——目前已超过 1.4 万亿美元，连一个粗知国际货币战争“潜规则”的普通百姓也知道，人民币升值将在所难免，利率再上升呢？热钱流入更快，这才是利率跟汇率之间的一种悖论关系。宏观调控确实不易，“伤敌一千，自损八百”也许不是最坏的战法。这个“中国结”真的无解么，想想未必，只是一介草民解不了，该由高级智囊们殚精竭虑，对付时间差的最好办法就是“提前量”，也就是预见性，再加上抓主要矛盾，牵一发动全身，令次要矛盾迎刃而解，可惜迄今咱们见到最多的却是政策层面的错配和时滞。比如，在全球放松信贷救经济之际，作为拥有全球经济总量 6%的大国，竟一再强调未来通胀之危险，即使 CPI 在下降，因“通胀仍有可能出现交替和反复”，利率反而上调，更要“坚持从紧货币政策不放松，一直到……”，央行过于“灵活审慎”的货币政策，释放出含混信号，让人们百思不解亦无所适从。再比如，年初目标是防止经济过热，将全年CPI控制在4.8%，股市则主要是“收缩流动性”，所以制订庞大的扩容计划，虽有两会期间“一号提案”，印花税坚持暂不下调，甚至以2007年疯牛为参照，将1 945亿元印花税收入纳入年度财政预算等等，民间早传为笑谈，说这是“将动态当静态，以不变应万变”，比“救市”还要“不可能的”。

如今发现滞胀风险明显加剧，CPI虽下降1—3个百分点，但经济下滑速度更快，物价便宜了，消费也萎缩了，尤其财产“流动性”被股市“吸收”大半，一进一出，代价太高，显得有些得不偿失，最令人沮丧者，“地震有个范跑跑，奥运有个刘不跑”，惟“股市暴跌无处跑”，只能“独孤求败”。联想起年初满街广告语“你可以跑不过刘翔，但你必须跑过CPI”，所有人一脸坏笑，“哎，总算都跑过了，可一个是因为人家根本没跑，另一个是付了多少学费才跑过的呀，虽胜犹败嗷。”

谁是A股“难兄难弟”?

偏见比无知离真理更远，只要不戴有色眼镜，尊重客观事物发展规律（有时也就是尊重常识），无须艰深枯涩的专业理论，也能够对某种社会现象作出大致准确的认知和判断。笔者通过思索相信，CPI被抑制是信贷紧缩、价格管制、经济景气下行联合作用的结果，并非央行“从紧货币政策”一家之“功”，且有利有弊，可能弊大于利，过度紧缩，加上不当价格管制，从来是通胀、资源错配及股市下挫之源，使中国经济不能软着陆。为应对通胀所实行的过度紧缩政策在抑制前者的同时，也抑制了投资率的增长，投资从来是助推经济快速成长的重要变量，而人民币快速持续的升值，又使得对外出口业雪上加霜，固有的推动经济增长的两大动力都在弱化。猜都能猜到，信贷紧缩，受伤最重的肯定是民营中小企业，中国股市的资源配置效率不高，原因是我国金融存在逆向激励，政府信用为政府项目、国企托底，而中小企业信用低、成本高，大金融机构不愿费力不讨好地拆这个鱼头，与中小企业匹配的民间信贷机构则根本不成气候，结果将怎样，这不能靠猜，得用心想一想，真正能给A股市场投资者以回报的难道会是那些超级航母巨无霸？还不是体量适中、稳扎稳打、张弛有度的一批优质中小企业，它们才是"源头活水"。垄断企业愈强大，民营企业只能愈弱势，相比前者的左右逢源，后者往往"两头不着杠"，多年来所奉行的政策多是一紧一松，要么是从紧的货币政策与积极的财政政策，要么是宽松的货币政策与谨慎的财政政策，难得有一回"双宽"，即使来迟姗姗，亦为之晚矣，难得有几家中小企业(遑论民营)等得到"皇恩浩荡"那天。

就说这"流动性"，过没过剩有标准么，一"过剩"便立马转化成股市"泡沫"了？即使真有"泡沫"，能否"变废为宝"，好好利用，而不是急欲刺破，一逞"冰清玉洁"之快？有人说，投资者的信心是资本流动性的灵魂，而资本流动性是金融体系的命脉，如今投资者信心近乎崩溃，除了"注入"流动性，难道还有拯救金融生命之忧的其他法宝？记得1987年美国发生金融危机，时任美联储主席的格林斯潘就说过，"对于当前危机，我们惟一可以做的就是让市场充满流动性"，这不也正是A股恢复短期市场活力应该使用的利器，我们拥有庞大的外汇储备，拥有强大的财政实力，甚至拥有底气十足的国家投资公司，应该有能力随机应变地建立更为强势的救市机制，通过注入流动性一举扭转颓势，只要我们"迷途知返"。

上述认识暗合了笔者心中由来已久的许多隐约感觉，与诸股友闲聊，亦极有同感，只是表达方式不同而已。老百姓基于长期生活体验，并不缺少智慧，也懂一些朴素辩证法，许多常识直接通向真理，恰如伽利略所说，"一旦被发现，真理都很容易理解，重点是要发现它们”。比如，“藏富于国不如藏富于民”，“盛世薄赋”，“与其抄底国际投行，不如抄底中国 A 股”，“可以不救市，不能不纠偏”，“股市暴跌最终将伤害实体经济”，“救股市是刺激经济最直接途径”等等，既是常识，也接近真理，据此他们反对将 2245 点当作“牛熊分界线”，认为正是这种思维定势，导致对 A 股潜在危险的淡化和漠视，盲目乐观，死搬教条，影响到对股市积弊顽症的修正，以至发展到今天的积弱难返，面对国际金融海啸更无抗御能力。痛定思痛，光学习插图版《大众经济学》看来确实不够，还真得好好钻研一番政治经济学。

第九节 时光在“救市还是治市”的争论中流逝

“股民已经很愤怒了”

包括笔者在内的一批中小散户时常在心中发问：制造业下滑会影响经济增速和就业，楼市下滑会让地方政府着急，但股市下跌却常常被看作挤泡沫的过程，甚至受推倒重来论的影响，视股市持续下跌为市场化的题中应有之义，这有道理吗？虚拟经济真的这么无足轻重吗？最关键者，“推倒”可以，还能“重来”么?！尤其不能接受的是，一边承受财产性收入的缩水之痛，一边承受被人看低智商的轻慢之辱，以不着边际的“风险教育”输出“非理性”，文过饰非，指鹿为马，这滋味真的不好受，比如眼下资本市场就不是“全力促进健康稳定发展”的问题，而是要“拨乱反正”、“重新定位”等等。

笔者注意到，随着股市持续下滑，网上骂声渐多，“分贝”提高，不时夹杂“噪音”，或失之偏激，表达的却是普遍情绪，蕴含着相当真实性，发自民间的这些声音，每每令笔者这类受共产党教育多年且得益于改革开放的“准政府官员”心情沉重，犹值得管理层深长思之。

不论“救命”还是“治病”，时间都须抓紧

综合上述分析，管理层救市便顺理成章，2008 年 6 月间读到叶檀女士散见于各处的几段精彩文字，可谓微言大义，经笔者捏合后呈奉各位，窃以为，对“救市”利耶弊耶再作争论显属多余。关系到几亿投资者的切身利益，关系到国民经济的增长，关系到国企与民企的融资和资产优化，更关系到国家金融体系的安全，万万不可低估股市崩盘可能产生的危险及危害性。股市暴跌终将严重伤害实体经济，凭借国家源源不断输送的垄断红利，集一国之力捧出的世界几百强大公司，现在是什么价，济钢、鞍钢、中国远洋等一大批股票的中报静态市盈率也就 6 倍，民生银行、北京银行也就 7 倍，深发展、建设银行、华夏银行 8 倍，听任股市继续自主探底，A 股市场将享受不到新兴市场的溢价，估值不仅会在 H 股之下，还会在成熟市场之下。所以管理层应该以坚决的态度，拒绝限售股超过国际惯例两倍以上的公司上市发行，拒绝现金流紧张、不愿分红的公司再融资，让圈钱公司丧失生存空间，以此重塑政府信用，告慰中国殚精竭虑的改革者和为股市、企业的成长奉献忠诚、心血和金钱的所有投资者。

字里行间不难读出救市与治市的辩证关系，救市中包含着治市，治市则以救市为前提，救市措施固定下来，形成制度，便是最好的治市。救市乃当务之急，必自纠错始，否则，救得了命治不了病，不过“救一把”(9.18)而已。《大众证券报》与新浪网联合开辟的“投资者给股市暴跌开药方”专栏，是笔者迄今读到的质量最高成色最足的栏目，有的放矢，三言五语即说透大小非是是非非，所开“药方”虽五花八门，无一不体现出理性、务实和可行，效果至

上，稳健第一，远胜于管理层所出“利好”的隔靴搔痒、隔山打牛，有时读罢，不由击节赞叹，亏你们想得出，平衡各方利益，力求“鱼与熊掌”兼得，为创造共赢局面，可谓煞费苦心。比如，刘纪鹏教授建议：用价格锁定代替时间锁定，以5000点—6000点为基准，点位之上可减持（不论幅度），价格一破，自动锁住，就形成了流通底价，最终也有利于高价位减持及随后增发扩容；再比如，某化工学院陈老师建议：将A股国有大非纳入平准基金，假使国有大非有1 000亿，那么财政部也出1 000亿（主要源于印花税），共同成立平准基金，该基金与大非签订保值协议，以当前股价为标准，以该股价的1.5倍为减持目标价格，减持收益的20%归入平准基金，30%归还给大非。该方案一是扩充平准基金权重，二是缓解减持压力，三是可极大地提振投资者信心。窃以为，最具价值的还是著名市场人士黄湘源先生的主张，“增兵减灶不如釜底抽薪，比如以‘二次发售’为平台，把央行和国资委包括分别投入的增持资金集中起来作为平准资金，足以建立一个与大小非大宗交易旗鼓相当的买方市场。而在买断包括国有重点金融机构和央企在内的那些大股东持股比例过高的股改限售股之后，或者模仿香港的盈富资金，或者干脆划拨给社保基金，不就一则可以取之于民，换之于民，二则也可以一劳永逸地解决大小非问题了吗?”随着时间推移，黄湘源先生对目前大小非纾解方案隐含“定位不当，制度不公”一类弊端的揭示愈见深刻，在一则时评中如此写道：“刻意回避大小非问题是消极维稳政策最致命的要害，从大宗交易平台到可交换公司债券，包括将来可能采取的二次发售等等，这些措施最多使得大小非减持过程更加合理，并没有任何限制减持大小非的意思，至于增持与回购，由于其买入的都只是目前流通在外的流通股份而并没有买断任何已解禁或待解禁的股改限售股即大小非，所以非但谈不上缓解大小非减持的压力，反而进一步增加了市场的置后流通风险。不难看出，以不改变原先的市场定位和利益分配倾向为前提的维稳政策，以市场化的名义所强化的行政监管和行政调控的权利，本质上所维护的不是市场的长远利益和广大投资者的根本利益，而只是大小非及其相关利益团体的利益。与其说不能违背股权分置改革形成的契约，不如说是拒不改变政策层面在市场定位、资源配置利益分配上与大小非形成的某种生死契约，那么融资再融资卷土重来之际，也就是投资者为消极维稳政策买单之时，而这必然导致市场功能扭曲、停滞以致逐步丧失，这就根本谈不上稳定，也谈不上‘晴雨表’，更谈不上对主体经济的恢复性增长作出什么贡献。”

常言道，“办法总比困难多”，关键是要有个解决问题的积极态度，不能敷衍应景；可行与不可行也是相对的，即使可行，也需要逐步完善，若有更好方案则取而代之；改革是利益结构的调整，有“舍”才有“得”，有“弃”才有“取”，两害相权取其轻，两利相衡择其重，一切以大局为先，完全的各方满意根本做不到。这里还有一个“试错机制”的问题，年轻人犯错误，上帝也会原谅，况乎股市这个正在成长中的“孩子”(刚届“弱冠”之年)。因为怕出错所以不敢“试”，恐怕是管理层“错”得最离谱的事儿，这些年他们犯了多少错，惟股民与上帝知道，比如轰轰烈烈的权证创设，连“数学概率论”都推翻了，设的就是一个“局”，入彀者除少数大机构又能有什么“权”；可作为金融衍生品的风险对冲工具如股指期货、融资融券等，“犹抱琵琶半遮面，千呼万唤不出来”。有人统计，自中金公司2006年9月8日应运而生，证监会负责人就此发表谈话不下16次，从“一切准备就绪，尚待择机推出”，到两年后的“尚无确切时间表”，或许就是怕出错才错过了无数好时点——5000点、4000点、3000点、2000点，究竟哪“点”不合适——其间错失何止一点点，既然错了，如今“说推就推”，再“错”一“点”又何妨？需要的不过是当初国家外管局连证监会都没沟通便突然宣布试行“港股直通车”(也是始乱终弃)的一半勇气而已。股民们在乱象丛生的A股市场中连“活着”都不怕，还怕你(金融创新)“越改越死”吗?!

第十节　听听“不救市论者”究竟说了些什么

“神仙打架，我能听谁的”

入市之初，夫人便提醒“别太相信专家的话”，我笑答：“那当然，尽信书不如无书嘛，专家太多了，动不动‘神仙打架’，我能听谁的？”赫胥黎曾说，“人与人之间的差别，有时竟比人与猿猴之间的差别还要大”，专家也是鱼龙混杂良莠不齐的。掩卷沉思，笔者不时对一些秉笔直书愿为中小投资者们鼓与呼的专家油然产生敬意，例如主流证券报刊知名撰稿人刘纪鹏、韩志国、黄湘源、时寒冰、李志林、谢百三、阿琪（陆水旗）、刘耀荣、水皮、顾铭德、皮海州等，特别是叶檀女士，行文风格令人沉醉，犀利而不失公允，平和却蕴含深意。在坚持学术性的同时一直在用平民百姓听得懂的符合常识常理尊重规律规则守护良知良心的“普通话”发声，在不乏虚骄迂阔的学界，尤其显得难能可贵，借用叶女士在其博客首页的话，即“谴责任何以牺牲个人充当某种崇高理想祭品的行为，以及脱离生活常识的高深理论，赞赏尊重常识的理论”，这种深得安·兰德理论精髓的立场，也正是笔者这篇冗文不嫌赘复所致力恪守的。

笔者敬意源自这些有识之士常怀忧国忧民之心，紧扣中国证券市场“死穴”，知其不可为而为之，力求“解药”一剂，衣带渐宽终不悔，为伊消得人憔悴，只是不知那明白人是否真“在灯火阑珊处”？相对一群志在“搅局”的著名学者，以上存在已算是“庶民的胜利”了，泥沙俱下，砥柱中流殊为不易，唱空还是唱多倒在其次，起码别背离常识常理（俗称“大多数人感觉”）太远，语不惊人死不休，只为证明“世人皆醉我独醒”。

笔者头一个不屑某些“独立经济学家”，唱空之后必跟着“唱衰”，不仅对股市还捎带着对中国经济一并唱衰，且“有幸”得到管理层下意识配合（主要通过不作为），竟屡屡扮演起“不幸而言中”角色，令1800、1700、1600点皆“噩梦成真”，于是愈来愈“著名”，嫉熬笔者几次欲以全部仓位与之“对赌”：倘管理层依然“不作为”，则沪指绝不会跌到其人所云1735点，而一定止步于1325.678点（可参见所有K线蜡烛阴阳图），倘管理层即刻出手，实质性救市，则“上有所好，下必甚焉”，一根长阳拔地而起，在救市政策持续推动下，迅速反转都不一定，因为，中期底部可以砸出来，也可以由政策救出来。至于北大某教授，连人大“一号提案”都不屑，非要等到股民“心态平静了”（?!）之后才“原则上不反对”降调印花税，不久前又语出惊人，说“从经济角度看不必救市，考虑到社会稳定可以救市”，与某学者总喜欢双眉紧锁目光如炬满脸惊诧地发问，“为什么救市？中国发生金融危机了？银行倒闭了？经济崩溃了？……”堪称绝配，只不过对世人而言，其“学术逻辑”不免让人深陷“雾迷山道”中。

凭啥“美国债券可抄底，中国股市不该救”

本来人各有志，不可强勉，“巫术”也罢，“神算”也好，于众说纷纭中，立一家之言，作个参照，或博人一笑，信不信皆无碍大局，犯不着“三子”（辫子、帽子、棍子）齐上，难道还想重返“万马齐喑”的荒诞年代不成？然一俟某君在2600点仍斩钉截铁：“美国可以救，中国不该救；美股大底可抄，A股抄不得”，才觉得事情有些严重，虽仍不赞成“无良”之说，但硬要称之“有良”心已戚戚焉，盖因有此前此后一连串惊人数据为证！

据权威信息，中投先以30亿美金投资美国私人股份公司百仕通（前译黑石）10%无投票权的IPO股票，浮亏高达42%，继又斥资56亿美金投资摩根士丹利9.9%的股权，浮亏已达19%，两项累计亏损已逾60亿美金，而被媒体曝光用50亿美金参与美国老牌私募基金Primary Fund，因该基金持有已宣布破产的雷曼的巨额债券而被暂停赎回，能否全身而退早就是糨糊一团；还有国开行对巴克莱银行的投资浮亏已超过50%；中国平安保险对富通集团的投资更是缩水大半；工商银行购入的南非标准银行20%股权也已接近一半亏损；中信证券则因为监管部门迟迟未批准(注：慢作为也有好处)其以10亿美元收购贝尔斯登约60%的股权计划而逃过一劫，最终破产了的贝尔斯登已被摩根大通收购。事情走到这个份上仍不算完，据叶檀女士考证，综合多方统计，国债、中资金融机构与投资者浮亏在1 600亿美元左右，如果以9月17日美元兑人民币询价交易系统盘6.837元计，总共10 939亿人民币，约相当于2007年GDP总量的1/20，最后实亏如何，尚有待于最后的市场定价和清产进展。另一位资深专家黄湘源跟着佐证：热衷于增持海外资产的中国银行业不仅2007年尴尬，2008年将更为尴尬，据上半年一项统计，中国持有的美国长期债权已经达到5 000多亿美元，金融类上市公司沦为"公允价值"大忽悠的重灾区。

三个诸葛亮，未必顶得了一个臭皮匠

饱读连篇累牍的"策论奏章"，令笔者发现，持续一年的管理层滥用(透支)政府信用和不作为、乱作为，与学界媒体间或推波助澜不无关系，"噪音"有时竟压倒理智声音，似是而非观点经过"学术包装"(主要藉市场化之名)登堂入室，一定程度上影响和左右了管理层决策，阻塞了舆情民意"上达天听"之通道。这真有些反讽意味。笔者不敢说"救不救市"到底算不算"学术"问题，大概是可以学术又不宜"太学术"吧，毕竟关系到亿万国民财富缩水这样一个重大民生问题，一味"学术自由"，总是这么见仁见智、各执一词、莫衷一是、“一边是海水，一边是火焰”、将官方与民间话语权完全“分置”两个系统地纠缠下去终究不是办法，都快弄到“中国社会最有消费能力的一个群体对国家的认同发生动摇（新华社语）”的严重地步了，还能继续“学术”么？！再说，天晓得某些“不救市论者”究竟有多少“学术”，不过祭起“将简单事情复杂化，将复杂事情简单化”战术，运用相反理论，放大“小概率事件”，挑战常识和公理，以归谬法“矮化”对手立场，借助不恰当比喻，推销“新潮”概念，以售其“惊世之论”，即叶檀女士所指“脱离生活常识的高谈阔论”。仅此而已！说穿了，就是“有哗众取宠之心，无实事求是之意”，与鲁迅先生一再告诫的“去粉饰，少做作，勿卖弄”九字真言正好对着干！

谓予不信，笔者随手从本周（9.11—9.18）主流报刊上抽取三个样本，稍加点评，即知个中玄机。其一为中国理财××委员会秘书长《访谈录》；其二为中国投资者××倡导者和实践者，姑名老法师《每期一论》；其三为某国际金融学院副教授《名家栏目》，三位专家“不救市”立场接近，但立论各有千秋。

“这个世上哪来的熊市”

其一，秘书长开谈即挑战“牛熊市”定义，认为“牛与熊是两种不同动物，根本不能互相转换”，主张“股市只有牛市，但可分成健康牛和病牛，病牛又有疯牛和瘟牛之分”，认为大盘目前暴跌“很正常”，“疯涨之后就应该狂跌”，是“不以人的意志为转移的自身规律”；秘书长明确反对“救市”，认为这会鼓励投机，政府也“救不起”，因为“市场总是对的”。怎么个对法？秘书长言之凿凿：“大盘平均市盈率的底线应该在10倍左右，目前市盈率是17倍，也就是说大盘还有40%下跌空间，大概还要跌700多点……对应2006年5月8日上证指数，应该是1446.99点。”笔者赞曰：秘书长属纯正的“市场派”，尊重“客观规律”，绝不相信市场也可能“失灵”，以为在“总是对的”市场面前，政府不作为也“总是对的”；另外，像所有“市场派”一样，秘书长也喜欢预测点位，精确到小数点后两位数，以示“专业”，却似乎对牛熊市定义仅仅是借喻一个“上挑”（涨）一个“下扑”（跌）的动作特征而与动物学属、种、类、科、目等概念“风马牛不相及”不甚了了。

说着说着火气就上来了

其二，老法师对周梅森等关于“大小非与流通股东持股成本不一”这个说法大动肝火，在不足 1 200 字文章中，连用了“蛊惑人心、无稽之谈、不学无术、虚伪无知、兜售谬论、一窍不通、流毒未尽、甚嚣尘上、别有用心、鼓噪、鼓吹”等 10 多个成语羞辱之，还郑重建议周某、张某以及最近疾呼暴利税的李某“应好好接受股票基本知识教育”。老法师的核心观点（原文）是“试想，一家股份公司从设立到上市及之后，会经历多少次股份的发行？无论是新增发行（包括增发和配股乃至 IPO），还是送股和转增。难道这历次的发行，都得按照同一价格吗？由此可见，‘成本不一’论者的‘同股同价’之说，何等荒谬绝伦（对不起，统计时漏了一成语）”。笔者赞曰：对“流通股东与大小非持股成本不一”这个早已被视作“金科玉律”的常识，竟然如此“荒谬绝伦”，实在大出意外，又隔漠于老法师所列举《公司法》第几条第几款等专业知识，便向“业内人士”讨教，方知老法师“所言极是”：持股成本是动态的，同股不一定同价，不同股更是情况不一，有的限售股东（尤其大非）只拿分红和送股，根本不参与增配，所以才有“零成本”一说，一旦解禁，持股成本早搅成一笔糊涂账，流通股东喊“吃亏”，限售股东还不服气呢，人家可是“风险投资”，才“溢”了这点价，于是乎……最值得注意的，还是字里行间掩藏不住的火气，可能是利益所系，也可能是别的原因，反正彼此意见对峙，如井水与河水，钉头碰铁头，可见“二次股改”启动难乎其难，“动”了亦举步维艰。

假如霍利菲尔德有信心……

其三，副教授乃三位中最具“学术分量”者，一周内连发 6 篇“酷评”。所有文章一脉贯通，旗帜鲜明，即：反对“救市”、反对推出平准基金、反对将大小非减持视作股市暴跌原因之一、反对 A 股价值低估说，甚至反对将市盈率作为估值标准之一、反对将股市暴跌归咎于信心崩溃等等，而立论过程则“佶屈聱牙”，堆砌枯涩生硬概念，颇有“卖弄”之嫌，加上滥用“归谬法”，将对手描摹成浅薄得几近弱智的“孩儿状”，以支持一己武断结论，学风上颇有浮躁之嫌。试举几例，在《信心永远来自实力》的正确标题下，将社会上关于“及时推出平准基金有助于提振投资者信心”一说无限放大到“惟一目的”，然后笔锋一转，大加鞑伐（原文）：“当前中国学术圈中那些信心派学者是将投资者心理与实体检验割裂开来的，他们所说的心理是不需要任何实体支撑的‘暗示过程’，而非理性信念。不是吗？影响股市的根本问题不解决，却要用平准基金这样的政策手段来树立市场信心，这不是暗示又是什么呢？按照这样的逻辑，即使一个人手无缚鸡之力，只要你给他信心（实际上是心理暗示），他就敢和泰森比拳击，而不需要任何体能和技术上的支持，这能成立吗？”笔者赞曰：当然不成立，因为根本就是无的放矢，连“靶子”都不成立，居然还扯上了泰森，还说什么“手无缚鸡之力”，笔者从未见到过如此归纳平准基金作用且将股市博弈与竞技体育捆绑于同一门类的奇文，即使硬要拿拳击说事儿，起码也该以霍利菲尔德与泰森对阵，“两强相争勇者胜”嘛，有无信心便非同小可，怎可扯上“手无缚鸡之力”者，连形式逻辑的“同一律”都颠覆了，笔者甚至怀疑连“信心学派”一词也是副教授杜撰的。这一切究竟为了什么，大概正是为了“烘托”后面的结论：“不要总是拿投资者的不理性来判断市场,更不要以此来影响决策者的形势判断,一个运行基本理性的市场是不会接受所谓的心理暗示的!""盲目夸大市场信心的作用危害很大,(为提振信心而推出平准基金)将对股市资源配置效率产生破坏作用,不但不利于股市长期利好,反而会加重下跌行情……",荒诞的"学术逻辑"就这样悄然完成了向"政策建议"的转换。

与山姆大叔比"节约",估值成了"世界级难题"

在《"低估"查无实据》一文中,副教授进一步发挥(实为卖弄),演绎程序极其复杂,用意却简单,不过为证明以平均市盈率已降至15.9倍来证明A股价值低估其实是无法证明的,最醒目的便是这段话:"我听说最常用的方法是以市盈率为评判依据,恕我直言,一个连小学生都会算的指标如果能够准确估计股票价值的话,从事资产定价和投资研究的金融学家们可以退休了,而且股市也不会存在那么多恩恩怨怨和意见分歧了,而这是不可能的!"市盈率"不可能",那怎么估值呢?对不起,无可奉告,这是"世界级难题","我奉劝那些盲信'估值已低'的人,在没有足够的科学依据证明之前,切忌盲目(抄底)以免变成另一次冲动的翻版"。既反对"救市",又不赞成"价值低估",股指当然只能继续暴跌,当1800点也告破时,副教授仍在"撒盐",愿以绵薄之力,打消政府救市念头。

接下来的《救市别看美国脸色》堪称"散文"极品,形散神也散,东一榔头西一棒子,大半时间处在"梦游"状态,不知所云,形式逻辑几大定律被一一破解,但依然维持着一副严肃的学术面孔,"生词"连连,笔者已察觉到若许破绽(似是而非),囿于才疏学浅,无法辩驳,只能求助于"有关人士"。比如这段话,"有一点是可以肯定的,那就是股市的运行与资金和资产的供求是没有关系的;股票市场不是商品市场,因此那些凭借经济学供求原理得出的结论对于股市根本就是无效的；然而总有那么一些人……把资金面作为呼吁政府救市的支点，并以此向决策层施压，岂不知这样做的结果非但救不了股市，反而会使股市陷入更大的危机”。此君“跳跃式”论证方式令人印象深刻，半文半白，忽雅忽俗，左一个“规律”，右一个“原理”，无非是强调（不是证明）“救市错误”，接着便拐着弯儿地“歌德”，顺便以酸涩语气狠狠地涮了山姆大叔一把，“美国人确实做了个姿态（救市），因为他做得起，我们也能做得起吗？除非有足够的把握，否则美国人的这种玩法中国人学不得。2 000 亿美元对美国来说也许不算什么，救不好也救不坏，但对于中国来说，别说 2 000 亿美元，就是 2 000 亿人民币，我们也浪费不起，因为资源对于我们来说稀缺程度大于美国，投入有限的资源不能产生足够的效果，可就不是救不坏的问题了，而是对经济价值的破坏……”。这些话怎么听都太别扭了，谁不知道“资源稀缺”的中国有时也是“资源浪费”大国呵，每年公款吃喝都不止 2 000 亿这个数（据央视 1+1 新闻栏目给出的数据：公款吃喝、公费出国和公车消费这财政支出的“三公”连年居高不下，一年累计可能接近9 000 亿元，相当于整个国家财政支出的 30%；2007 年两会期间，一位政协委员算了细账，从 1986 年到 2005 年，我国人均负担的年度行政管理费用增长了 23 倍，而同期 GDP 仅增长了 14.6 倍），而一说到“救市”，便“浪费不起”了，非得有“足够的把握”才能“救”，否则就是“对经济价值的破坏”。这种矫情+武断的战术与作者前一篇文章中“推平准基金是拿全体纳税人的钱解少数人的套，有‘道德风险’，万万使不得”之说如出一辙。早有专家直指这才是“蛊惑人心”，难道股市暴跌所损失的就不是国家财富和纳税人的钱，一旦股市融资功能、市场资源配置功能和社会财富分配功能彻底丧失，势必对国民经济发展产生无可挽回的灾难性影响，那时，还有什么国家的利益和纳税人的利益可言?! 据最新统计，8 月份全国税收总收入 3 551 亿元，比 7 月份 5 323 亿减少 1 770 亿元，比遭遇雪灾且有春节长假的 2 月份总税收3 844亿还要少 300 亿，只相当于今年 1 月 6 773 亿的一半多，而 9 月份的财税收入很可能连往常半个月都不到，惨烈的股灾终于危害到国民经济的各个部门。

不救市论背后的优势——“政治正确”

这才是虚拟经济与实体经济的正相关关系，而非副教授虚拟的“反比关系”，故同一文章中的呼吁就显得尤其蛮横无理，针对所谓“某某知名人士说连美国都救市了我们有什么理由不救”，“我只想提醒大家一句：美国也好，某某人也好，都不是上帝，更不是真理的化身，用不着仗势欺人，这不是科学态度，有能耐以道理服众，以事实说话，那才是科学精神……左右我们最终决策的只有市场经济的客观规律”。笔者孤陋，一年来还从未读到过一篇仅拿“美国救我们也得救”的简单逻辑而不是以充分的必要的事实＋道理来论证“救市”必要性的文章，至于能不能说服得了包括副教授和某财经杂志胡主编等在内的一干众人，那是鬼才晓得，但千万别扯什么“客观规律”、“科学精神”了，列宁在 1918 年就尖锐指出，“一个傻瓜提出的问题 10 个聪明人都回答不了”，因为双方不在一个话语体系里，酷评写到如此“赢家通吃”的份上也算一绝，令笔者忽然想到鲁迅先生对当年某些捉刀代笔者“令别的无刀无笔者不得喘息”状况的愤懑。

须特别申明，笔者绝对赞成“用纳税人的钱务必慎之又慎”，对山姆大叔亦素无太多好感，察其言，观其行，老美实在“瑜不掩瑕”（包括对待中国）。曾听“老一辈”说过：11 年前东南亚发生金融危机时，东亚各国在欧美发达国家政府要求下，被迫大幅度提高利率，并被强制承担稳定本币汇率的义务，使得危机后果延宕了 7、8 年都“吃不了，兜着走”，而当欧美发达国家发生次贷危机时，用的却是“反向操作”，美联储不断降息，短短数月，便从 5.25％直落至 2％，下降 325 个基点，并放任美元大幅度贬值，甚至可能动用印钞机，明摆着要将一部分危机转嫁给发展中国家，如此损人利己，谁还会将其当成上帝(遑论真理化身)？但人家毕竟是成熟市场经济国家，也在“一保(增长)一控(通胀)”呵，并非“凡是敌人拥护的，我们就要……”，抑或“非我族类，其心必异”，照搬当然不妥，借鉴些成功经验总可以吧，再说，不光美国，又有哪个负责任的国家政府不在奋力救市呢？以上申明似非多余，否则面对拥有“政治正确”优势的副教授一方，恐怕还没等你开口就该鸣金收兵了。

不知“MM 第一定理”能否解决大小非问题

笔者特别注意到，几乎所有“不救市”论者似乎都不太愿意(或轻描淡写地)触及“过度扩容”和“大小非减持”这两个敏感话题，却同时大喊“制度救市”，副教授亦然。在《可交换债新政为何不见喝彩》一文中，作者断言：“新政的逻辑起点是‘大小非解禁造成股市暴跌’，所以要对其约束，现在约束的信号出现了，市场照跌如故，这只能说明另一个问题，就是股市暴跌在本质上与大小非解禁没有必然联系。”怎么竟会这样？喜欢玩弄辞藻的副教授此番未及细言便一下子“跳”到结论，原来“说理”部分后移了，“我认为，大小非解禁只是在结构上改变了上市公司的资产构成，并没有改变公司的价值，就好比一张大饼，解禁只是把饼切得份数更多了，饼的大小并没有变……暴跌反映的永远是市场对整个经济价值的悲观，只要宏观经济不贬值，解禁就绝不可能是暴跌的罪魁，而充其量只能算‘帮凶’。”太莫名其糊涂了，且不论“充其量算帮凶”根本不足以支撑“(两者)没有必然联系”的结论，“帮凶”也是“联系”，而且“必然”，“罪魁”之一不是“大小非解禁”难道还是“中国宏观经济”、难道坏到需要股市暴跌 70.06％来当一回“晴雨表”，抑或仅仅是投资者“非理性”、“信心缺失”所致，那作者前文《信心永远来自实力》以及“股市运行基本理性”的论证还算不算数？要么是股市一点儿也不“晴雨表”，也不理性(确需提振信心),要么是宏观经济真的“崩溃”了,二者必居其一,否则任何理论均不能自圆其说,这就是辩证法的厉害,绕来绕去绕成了悖论——自己主张的遭到反诘,不赞成的却有无数论据支撑——终于将自己“套”了个结结实实。

有趣的是,三天之后,副教授果真抛出可取代“市盈率”的估值标准,叫作“MM第一定理”(笔者正在攻读),据称“东南亚一些国家的央行行长正因为不懂MM理论精髓,才会在金融危机中犯下大错”,足见学术圈的“鸟枪换炮”早就不可以道里计。然百密一疏,副教授有所不知的事情,笔者恰好知道一些,比如可交换公司债券之所以“不见喝彩”,另有原因,它什么都能证明,就是不能证明“股市暴跌与大小非解禁没有必然联系”。业界曾诟病证监会在“二次交易”尚未有配套细则出台前,又匆匆推出可转换公司债券征求意见稿,次序颠倒,似乱了章法,但这还不是关键,问题主要出在该“新政”本身,有专家概括为“三不窘境”:不能发,小非减持无限制;不必发,无强制性,成本高;不愿买,因利率低,风险高。具体地说,就是这些方法并没有改变大小非扩容的事实,只是多了若干减持的程序和平台,增加了减持成本而已。不管采取股权发售还是债权发售,大小非终归要有人接盘,现在问题恰恰是没有人愿意接,在支付较高利息后,债券持有人只能在打9折情况下“换股”,而市场普遍预期的下跌幅度可能远大于10%,加上该方案对大非不具强制性,完全听凭自愿,按规定小非又基本不能进入交易系统,由买卖双方积极性都不高所导致的新政“不被喝彩”便一点儿也不难理解,激烈者甚至认为“新政”实质上还是为了掩盖股改失误和股市下跌原因,尽管监管层“用心良苦”,社会各界亦积极评价,但新政仍须大力完善和强化才能“被喝彩”。

重返副教授文章结尾“我要逆流呼吁,中国还不是一个富有的国家,把稀缺资源浪费在无效的救市政策上非但不会提升股市,反而会因资源的无谓流失而打压股市,还是先拯救经济吧”。笔者几近晕眩,不仅诧异其“粉饰、做作、卖弄”何以如此，将“爱国矫情”表演到一个吓人高度，更痛感“清谈误国”绝非虚言，对坊间热议的“为什么跌到这个份上才救市”话题有了心得，多少开始体谅管理层迟迟不作为背后的苦衷了。有时不免恨恨地想：与其如此，还不如“不争论”的好，即使“舆论一律”，在执行中慢慢修正，又能错到哪里去；都说言为心声，人人皆受到利益驱动，“假作真时真亦假，道其无时却还有”，岂能一概当真，比如副教授，笔者相信他并非“巫术经济学家”，更不是“无良文人”，但如此天马行空，有可能仅仅因为此君头衔暂且还挂着一个“副”字，需要有若干惊世之语和煌煌之论来引起关注；而上欲从善如流，必先仔细甄别，否则，一不小心弄反了，博采或许是“短”，兼听未必就“明”，学杂费可就交重复喽！

第十一节　结束的开始，还是——

将欲搁笔之际，忽闻三大救市利好政策重磅出台，泪眼婆娑，知道股民们的苦日子有可能熬出头了。其实下午第一时间读到《瞭望东方周刊》所载《解决股市问题必须重建政府信用》一文时，心情已莫名地愉快起来，预感到变化在即，且朝着一个充满希望的方向。该文第一次选准了“教育对象”，直击问题核心，用语掷地有声，为中小投资者代言，体现着一种难得的清醒，文章写道：“股市长期的恶性暴跌，不但对企业融资、投资和实体经济产生影响，而且关系到政府的信用问题。保持股市的平稳发展不但是资本市场的问题，还是一个政治问题，漠视不得。目前中国股市的症结所在：管理层滥用政府信用和缺乏政府信用并存。前者表现在，不仅让一大批居市场垄断地位的国有企业上市融资，还用政府信用和国家优惠政策支持让他们获得高额市盈率。后者表现在当股市出现自由落体式的暴跌，管理层却迟迟不愿出台实质性的措施来提振股民的信心。股市本是信心经济。股市的信心来自投资者稳定的预期，而预期很大程度上又来自政府的信用。所以，要稳定暴跌不断的股市，管理层要为自己的信用失误买单，重塑政府信用。”文章最后写道：“股市问题要彻底解决，必须对股市进行重新定位方有可能。股市的定位要适应中国社会经济发展的需要，不应也不能再把股市作为国企解困、重组和融资的手段，而应有更高目标。从国家发展大局出发，股市应为产业结构升级和构建自主创新经济体系，为中国的和平发展、促进中国经济的全球竞争力以及构建和谐社会服务。这也呼应了十七大提出的让群众拥有财产性收入的要求”，此文堪称笔者近年来所读到的最振聋发聩之作，中国股市倘能站立于如此高度，幸莫大焉！

以一介平民之体验、观察和思考，历浮沉不坠理性，追根溯源，触类旁通，在许多关键问题上达到或接近新华社认识水平，或异曲同工，或殊途同归，令笔者小有窃喜，果然平民亦能掌握真理，虽吾非英雄。转念再想，天下道理原本就是相通的，笔者何德何能又有何发现，不免汗颜，聊胜于无，谈不上任何贡献，文中精彩语录（不仅数据）大半出自名家手笔，经笔者咀嚼过滤，添点私货，再烩于一勺，于众人饥渴时捧出，仅此而已。

证券营业部正在恢复昔日繁忙景象，早已习惯这一切的中小散们兴奋莫名，断言“暴跌之后必有暴涨”，掐指算着点位，祈盼着“涨也涨到看不懂”，似乎忘了这不过是“结束的开始”（丘吉尔语），更准确地说，恐怕什么还都没开始呢！中国股市太神奇了，“乱哄哄你方唱罢我登场，反认他乡是故乡”，总是这么“意料之中，情理之外”，三五年一个轮回，“炒”的你一点儿脾气也没有，全然不知自己始终置身于“巅峰时刻”。笔者亲历过一个幽默场景，年轻女教师为使一小男孩儿明白什么叫“奇迹”，举例说“有人从 8 楼摔下，居然毫发无损，这叫什么”，小男孩儿一脸茫然，老师又举例：“那人第二次从 8

楼摔下，也只是擦破点儿皮，这叫什么”，小男孩儿一脸愕然，于是再举例：“那人第三次从 8 楼摔下，这次轻微骨折，这叫什么”，小男孩儿顿悟，一脸发现真理的兴奋：“他习惯了。”

笔者不相信沪深股指会在短时间内企稳走高，甚至内心也绝不希望再来一波大起大落，宁可在静静的等待中迎接转势的喜悦，就像笔者从来就是一个习惯在寂静中枯坐感受生命流淌并经历内心风暴的人，毕竟炒股不是生活的全部，毕竟急风暴雨式的大行情不可能属于笔者这样有着太多人性弱点又不懂无规则博弈技巧的初级投资者。在经历太多煎熬之后，笔者心境渐渐归于平淡，“涨跌不惊，看庭前花开花落，上下无意，望天上云卷云舒”，一种期冀中的儒雅之气正在升起。赫拉克利特说：“人不可能两次踏进同一条河流”；莎士比亚说：“只有傻瓜才会在同一个地方跌倒两次”；苏格拉底说：“未经验证的生活是不值得去过的”；投资大师彼得·林奇说：“别指望跌去的股价还会再涨回来”；笔者说：历史永远不会简单地重复，股市如棋局局新，“炒还是不炒”，这是个问题，下一步该怎么走，让我再好好想一想……。

寻根篇

凭山远眺，将 A 股市场栏杆拍遍

承蒙各位错爱，居然就读完了《初醒篇》，那5万字现炒现卖，硬拽着大伙儿陪伴不才走上一条荆棘丛生的“A股市场博弈学”的启蒙之旅，本想就此“歇角”，走入深水区，摸不着石头，难免欲辩忘言，毕竟非经济学人，生吞活剥，日子一久，指不定忽然露怯，别人一阵窃笑，惟自己浑然不知晓。最怕一直在拾人牙慧，要么正确而不新鲜，要么新鲜而不正确，围着车轱辘转，尽说些“正确的废话”，与其如此，还不如“见好(或不好)就收”，好歹也算是全身而退吧。可临近岁末，两则新出炉的数据却激发出笔者继续“操练”的冲动。一是截止2008年10月28日，上证指数终于跌到了1664.93点，相对2007年10月16日的6124.04点，正好一年间，绝对跌幅达到惊人的73.28%，最近两年以来上市的所有金融类股票几乎全部“破发”，1664这个在三年前还算过得去的点位，当A股流通总量已经扩张了6倍有余、总市值由年初的34.47万亿元跌至12.59万亿元、缩水达21.88万亿元之际，显得是那么突兀；另一则是截止2008年10月中，我国规模以上工业企业增加值同比增长仅为8.2%，比2007年同期狂跌9.7个百分点，仅仅为过去5年平均增幅的一半，而到了11月份，这个数据更是跌落到5.4%，创2001年末以来的新低；在被认为最能够反映经济增长的发电量方面，全国统调电厂发电量同比急剧下降7%，是1989年以来的最大跌幅。与此同时，11月份中国制造业采购经理指数(PMI)也从10月份的44.6%大幅跌至38.8%，比上月再降5.8个百分点，反映了经济正在进一步收缩，作为综合指标，PMI前瞻性地揭示了工业企业整体经营活力状况，显露出通货紧缩苗头开始出现，我国经济实体正加速下滑，9月初启动的“适度宽松货币政策”并不能阻止这一下滑趋势，正如1997—1998年我国也曾大幅度放松银根，之后经济仍然经历了长达两年半的紧缩。更令人忧虑者，据多位资深专家证实，最坏的时刻还未来临，在通缩环境下，将会按照以下链条来影响企业：物价下跌—企业亏损—企业裁员降低成本—社会需求减少—产品供应过剩—企业投资减少—物价再度下跌，这就使得企业和社会需求进入一个恶性循环，估计未来一段时间PPI（生产者物价指数）仍将快速下滑，不排除在2009年初出现负值的可能，这也预示着大小非（限）减持冲动会进一步加剧，股指震荡下行压力不容小觑。两相比照，印证了虚拟经济与实体经济或许真的是“主人与狗”的关系，“牵狗绳（规律）”确实存在，再深刻的东西终究也要回归常识，那些莫测高深的宏观经济分析预测未必都准，有的就是“昏话”，而愚者千虑，必有一得，《初醒篇》歪打正着，虽非每言必中，到底灵光乍现，不时有隐伏在“直觉”背后的理性之手，引导笔者扮演起“乌鸦嘴”角色，说得好听些，叫洞察力和预见性，说得不好听，是“瞎猫碰上死耗子”，但终究好过“盲人骑瞎马，夜半临深池”吧。

篇首说过，笔者属中等智商，当然不算“愚钝”，故千虑总有二三得，惟一武器也就“有感而发吐真言”这七个字，像是正巧降落在“皇帝的新衣”现场的“童言无忌”。《初醒篇》登录博客后仅18天，等级便由0蹿升至8，积分126，并由《上海证券报》、《大众证券报》、《证券投资研究》等摘登12篇计3.2万字，这一切，都令笔者胆气渐壮，欲再续前“弦”，添一把火，将“一篇文章主义”升温至“一本书主义”，索性干完这半拉子工程。《寻根篇》取追根溯源之义，从时鲜话题切入，仍以资本市场制度建设为旨归，边寻章摘句，边释疑解惑，边自我教育，“知迷途其未远，觉今是而昨非（陶诗）”，为的是一浇心中块垒，同时也为咱中小投资者继续代言，并知会诸看官含笑跟进，挥斥方遒，痛陈利害，切磋时弊，砥砺股海，笑看眼底波涛，一吐昨日不快，以沫相濡，彼此关照，不仅能在险象环生的A股市场好好“活着”，最好能经由风吹雨打在现代金融学方面真正“自学成才”。除努力保持《初醒篇》犀利活泼秉笔直书的既有风格外，两个后续篇章，还试图拉近“知”与“行”的距离，适当注入“高科技含量"，说些笔者操盘心得，尽量把这份余兴活儿做出专业色彩，推动"非经济学人"向"准证券分析师"的改头换面。续篇得从汹涌袭来的欧美金融海啸写起，如欲"寻根"，这绝对是股市之痛 2008 少不得的一个后缀，当然还得加上笔者自己的心有灵犀——

第一节　哎，差点儿咱们就能独善其身了

"震中"的抗风险能力似乎更强

2008 年夏末，美国五大投资银行或破产，或被收购，或被迫转变为银行控股公司接受更为严厉的监管。信贷市场几近凝固，金融机构不敢放贷，股市大幅下跌，实体经济危如累卵。资料显示，金融危机爆发前，美联储资产负债表上负债为 9 000 亿美元，目前已达 1.8 万亿，实施购买国债和企业债之后，负债将达到 3 万亿美元。据初步测算，自美国次贷危机以来，全球金融市场已蒸发掉约 27 万多亿美元资产，而 2007 年美国 GDP 是 13.98 万亿，日本 5.29 万亿，德国 3.28 万亿，中国 3.01 万亿，英国 2.56 万亿，法国 2.52 万亿，也就是说，该损失相当于这六大国一年 GDP 的总和，被认为是二战结束后，美国所经历的 11 次衰退中最严重的一次，延续时间可能达到 16 个月，堪称"百年一遇"。反观我国，金融资产近年来增长迅猛，估计目前总量已达 70 万亿人民币左右，约占世界金融总量 5—6%，其中居民储蓄超 20 万亿，相当于中国政府 3 年的财政收入，总储蓄额接近 50 万亿，为 2008 年中国 GDP 的 1.5 倍以上，而外汇储备也达到 2 万亿美元，成为世界第一。如此充沛的流动性，令人遐想无限，以致流传起一句话，在这多事之秋，"唯有中国能救资本主义"。当机会来临，"从未发生过金融危机"的东方大国本

可以在英雄救“美”的同时，乘势抄一把列强的大底，不仅增强话语权，或可争得若干主导权，但我们却明显力有不逮，“非不愿也，是不能也”，因为我们也正“遭遇着经济最困难时期”。

有专家说，此次金融危机本质上就是流动性枯竭危机，以资本融通为生命线的实体经济一旦血流不畅，自然会跟着有生命之忧，可见作为晴雨表的资本市场并非一无用处。而蹊跷恰恰在于，A 股市场不到一年超过 72%的跌幅，其惨烈程度远甚于成熟市场经济国家，如美国最近一年下跌 15%，最近两年下跌 26%，即使在危机总爆发的 2008 年 9 月上半月，根据摩根斯士丹利统计，全球股票指数跌幅也仅 6.08%，全欧股指跌幅 9.57%，而 A 股却跌了 14.71%，这一资金流向的“梯度”跌幅，在很大程度上表明作为“震中”的欧美股市，抗风险能力确实更佳，而新兴加转轨的中国证券市场，则有意无意地早早放弃了在未来金融风暴中可能拥有的主导权。联想起某经济学家曾经发出的预警，“国际金融炒家发动货币战争的最高战略思想就是夺取定价权，而我们通常所信奉的供需关系原理在国际金融炒家的扭曲下将变得不堪一击”，笔者似乎朦胧意识到咱们究竟失去了什么，又错在哪里?!

将信心撕碎给人们看就成了悲剧

人们都说虚拟经济是“预期经济”、“信心经济”，说白了，就是对“投资能够盈利”这一预期的信心，比较专业的表述是，“预期是导致股价变动的最重要因素，甚至比真实情况还重要，市场的波动总是在预期下进行的，当预期与真实数据有偏差时，市场再进行修正(陶冬语)。”更有分析人士极而言之，在某种程度上，信心与价格是同一种东西，价格就是信心，价格涨有信心，价格跌没信心，“因为下跌，所以下跌”，为此我们关注 CPI、PPI 和 PMI 走势，防范通缩倾向，同理，我们也关注资本市场的走势，防止信心危机。将近一年的A股持续下跌，原因千条万条，最核心一条便是投资者对中国宏观经济预期发生了重大改变，由担心“过热”转而忧虑“下滑”，政策也由“双防”变成“一保一控”，悲观情绪日渐浓厚，焦虑催生更大的焦虑，恰如罗斯福总统当年所说，“最值得恐惧的乃是恐惧本身”，尽管这种预期并非“完全建立在真正实力的基础上”。中国连续多年GDP都在10%以上的增长率素居全球之首，即使滑落至最悲观的7—8%，排序依然不变，名义上为全球第四大经济体，如按国际公认的多项经济指标，有可能属于“榜眼”(第二名)，这是欧美一些权威人士相当认真的看法，特别是当欧美深陷百年一遇金融危机而日本仍未走出衰退泥沼的2008年。

信心本是最可珍贵的东西，按温家宝总理的说法，“信心比货币和黄金还要珍贵”，而“将珍贵的东西(一次次)撕碎了给人们看，便成了悲剧(鲁迅语)”。再怎么说，救市良机一次次错失，政府信用不断透支，导致股民信心在“等待是一生苍老”中慢慢耗尽，都算得上是A股悲剧之源，并且怎么看都带有反讽意味。君不见，如今席卷美欧的金融海啸本质上是流动性短缺所致，因信贷紧缩导致流动资金严重不足，加剧了金融机构间互不信任，谁也不肯借钱给对方，推动借贷成本持续走高，信贷数量和规模益渐萎缩，一言蔽之，全世界都在闹“钱荒”，可惟有咱中国并“不差钱”呵?!

从2007年疯牛时的流动性泛滥，到2008年初以“防过热”为要务，坚持以从紧货币政策不间断地“吸收”过剩流动性，再以稳居全球“第一大户”约1.808 8万亿美元巨量外汇储备的相当一部分(约1.2万亿美元)去购买海外(主要是美国)债券，一进一出，渐渐地A股市场也“流动性不足”了，供求关系随之逆转(还有高价扩容和大小非之害)，接着便跟着世界一块儿“差钱”，疲态竟比海啸中心还难看，并开始殃及实体经济。如此“殊途同归”恐怕连管理层也始料未及，但“种花”与“插柳”反向到这个地步，难道还不该问责么，起码该对“误判形势＋一意孤行”予以深刻反思吧。

恢复股市生机何须“大智慧”

有识者一直担心宏观调控所必需的预见性、针对性和灵活性很容易被某些体制因素所削弱，甚至“对冲”掉，比如各自为政、对外部环境的“误读”以及行政低效率等等，面对瞬息万变的国际社会，政策的制定大多刺激—反应式的防备型，而非主动进攻型（以“从紧”应对“热钱”看似主动进攻其实仍是被动防御），而经济发展表明，往往是那些进攻型的政策模式而不是被动防御型的政策模式，更能抓住不期而至的历史机遇。拙文所说“管理层慢作为”正是此类政策模式表征之一，已感觉到危机迫近，仍不愿“动真格”，总希望“四两拨千斤”，故救市也是羞羞答答，还揣着“放水大小非”的私心，唱多却不限空，令效果大打折扣。有专家刻薄地说，恢复股市生机何须“大智慧”，只要肯下血本，实实在在让利于民就行，比如暂停征收红利税、暂停新股 IPO 等；既然从紧货币政策应当松动，也作出了“双降”姿态，就不该顾左右而言他，硬说这是“微调”“不代表政策转向”，降个息还只降贷款不降存款，降个准备金率还只降小银行不降大银行，一点儿也不“爽”，9 月 15 日“双降利好”再次导致银行板块整体跌停，预示着往后救市只能支付愈来愈高的成本。

说起成本，不能不提及“政策底”与“市场底”孰先孰后的争论，笔者坚定地认为，以中国 A 股性质以及一段时间走势论，此轮调整“政策底”就是“市场底”，拿前两次“救市”无疾而终来证明“（市场）底在（政策）底之下”不足为据，盖因选择性调控已然选择“坚决做多”，不再欲进还退，犹抱琵琶半遮面，以免阈值提高的市场继续误读政策信号，而目前救市政策的含金量亦非前期所可比。当然，该“底”指底部，是“面”不是“点”，信心的恢复须要一个漫长周期，这是屡屡“错失”必须支付的代价，就像拥有158年历史的雷曼兄弟濒危之际拉不到美国政府援手（国家信用担保），成为第一块多米诺骨牌，遂使小布什后来不得不以政府担保全国所有银行的“矫枉过正”来挽救迅速坍塌的国民信心，辩证法真是无处不在。

危中有机，中国显然更胜一筹

还有更辩证的，一嗟三叹，一波三折，管理层率领芸芸众生，忽悲忽喜，亦庄亦谐，总算走到了必须连虚拟经济与实体经济一块儿救的“恰到好处”，尽管没有（也不可能）独善其身，但相对始作俑者欧美列强，我们几近大胜，且不乏先见之明。中国经济的相对封闭性，尤其资本市场逐步地有节制的开放，构筑起一道防火墙，延缓了国际金融危机的垂直打击，为我们“斩断”其向国内金融和实体经济迅速蔓延的通道赢得了宝贵的时间差。作为众多金融创新产品的发源地，美国过度自由的金融体系及运行模式，虽具有极强的创新能力和更高的效率，但次贷危机也充分揭示出它所隐含的巨大“道德风险”。有人疾呼，新自由主义死了，凯恩斯主义复活了，说的就是放任型的市场经济和货币政策造成自由有余，监管不足，借资产证券化之名，将次贷包装成令人眼花缭乱的复杂金融衍生产品，使金融杠杆效应放大到极致，埋下了无穷祸根，结果不得不由强势政府运用强势行政手段来施救。

这一切恰好反衬出我国金融资本市场监管体制的独特优势，以审慎稳妥为上，有时缺乏灵活性，或监管过度，但调控的有效性无与伦比，尤其是以商品和实体经济为根基的经济增长模式，大不同于以信用消费为主体的美欧模式，在抵御次贷风暴冲击的过程中凸显出巨大优越性。所以，大家都面临危机，含义却大不同，美国是信用崩塌的危机，欧洲和日本是经济衰退的危机，中国则是经济增速放缓的危机，“危”与“机”相倚，危中有机，中国显然更胜一筹。

面对进入经济高速增长周期以来的最严峻考验，中国不能独善其身，所谓“屋漏偏逢连夜雨，西风吹倒东边草”，不仅海外投资大幅度缩水，甚至血本无归，更意味着由发达制造业所形成的庞大产能，很可能因全球生产和消费需求的萎缩而遭受重创。但事情还有另一面，在全球视野的诸大国中，惟我国拥有转化危机的最有利条件：有限开放的资本市场，人民币尚不能自由兑换，巨量的外汇储备和国民储蓄，依旧健康的经济命脉，刚性需求远大于高端产品的低端产品的生产能力，以及潜力巨大的国内消费品市场等，都是博弈筹码，有助于“喊话”，并在危机后的全球经济与金融秩序规则再造中增加自己的权重。过度扩张的美国金融衍生品市场所引发的这场灾难，将无数经验教训带给处于经济转型期的中国，促使我们从自己和他人的失败中更快更好地学习，足堪难能可贵，反正绝不能再像美国那样，为解决一个问题而制造另一个更大的问题，纵然做不到“化干戈为玉帛”，起码也别“化干戈为肉搏”，善哉斯言！

管理层有望加入“死多头”

最值得期待的，当属中央决策层审时度势，冷静观察，沉着应对，在尽量避免为华尔街“埋单”的同时，向市场发出一个又一个有助于提振投资者信心的明确信号，堪称“摧锋于正锐，挽澜于极危”。数据显示，美国联邦政府所欠债务已接近10.2万亿美元，民间债务更是高达惊人的42万亿，伴随着美国经济衰退风险加剧，所谓“救市”不过是“举新债养旧债”，吉凶未卜，中国只能适度参与(毕竟有关联)，首先求自保，央行及时澄清“将再斥资2 000亿美元购买美国国债”的传言，反而可能施行“以债券换股权”借机回购美国企业在华投资企业股权的“双向救援”策略，都是殊为难得的清醒之举。有别于美式救市以大量注资增加流动性，中式救市（也救经济）的路径是以政策升级（或转变）为先导，推动产品经济向更高层次过渡，加快实现大面积的经济升级，这方面信号释放愈来愈强烈，而扩大内需势必成为新一轮经济发展的第一引擎。

有鉴于此，深信“祸兮福兮”、“利耶弊耶”、“多呵空呵”一类辩证法的笔者，对 A 股后市毫不迟疑地持谨慎乐观态度，“坏的政策市”正在向“好的政策市”迅速逆转，认知迷雾渐渐消散，管理层有望加入“死多头”。随着从紧货币政策逐步转向灵活货币政策和积极财政政策，连续两次调低存款准备金率后，可以增加市场流动性 6 000 亿元，过去两年中存款准备金率先后上调 10 多次，达到 17.5%的历史高位，故其下调空间比利率下调空间更大。而专家普遍预测，我国银行利率也已步入下降通道，今后一年可能持续下调 5、6 次直至 2.0—2.5%区间，促使食利者逐步退出银行，去寻找其他获利渠道，这对股市、实业投资、消费等不啻是一个大利好。管理层尚有足够的“好牌”可打，只要股市继续低迷，比如推出平准基金、实施 T+0 交易制度、取消股票红利税、停征交易印花税以及暂缓新股 IPO 和对大小非减持作出更严厉规定等等。

最令人欣慰的，还是将近一年自由落体式的暴跌给股市逐步回暖腾挪出巨大空间，较乐观估计，至少可回升 50%以上，梦魇之夜总会在早晨醒来。说及对宏观经济下滑的担忧，恕笔者直言，似乎没那么严重，“失之东隅，收之桑榆”，一俟政策趋暖，单楼市一项即可令局面蔚为改观，何况虚拟经济与实体经济虽不无关联，但提前或滞后反应乃常有之事，几曾彻底“晴雨表”过，说得跟真的似的，瞧瞧 20 世纪 90 年代末经济火热背景下的大熊市，就什么都明白了，关键还得看咱们自己能否善待资本市场。既然已明确将内需作为经济第一引擎，则 A 股不回暖也难，因刺激内需和拉动消费，必基于“居民财产性收入增加”，除了投资证券市场，笔者至今想不出（也不相信)对普通民众而言,还有比A股更加“看得见,摸得着”的创收渠道,一年间通胀变通缩,内需并未跟着CPI回落而提振,与A股23.6万亿市值灰飞烟灭一定有关联,这大概也是“常识公理”。

庞大的内需消费只存在于想象之中

据专家分析,作为全球第一人口大国,中国拥有巨大的人口红利,按个人消费支出高峰期一般在40—50岁左右的国际经验,从2008年开始中国进入消费黄金时代,并将持续10年以上,始终处于快速增长期,这与20世纪60年代生育高峰不无关系。很长一段时间,庞大的内需市场只存在于想象之中,缺乏购买力的内需市场对经济提振作用无异于杯水车薪,宏观政策上过度偏重于投资与出口,形成了出口导向的路径依赖,影响波及资源配置和分配机制,客观上是在压抑而非鼓励国内消费需求,比如对出口商品返还大部分增值税,对国内消费却征收17%的增值税,诸如此类。加上股市暴跌造成资产缩水,购买力进一步降低,还带来严重信心问题,据国家统计局最新调查数据,2008年第三季度我国消费者信心指数为93.8,比上季度和上年同期分别回落0.3个和3.2个百分点,反映消费者对未来经济前景看法的预期指数为96.2,比上季度和上年同期分别回落了0.5个和3.4个百分点。对大多数民众而言,高消费不是不愿,而是不能,加上经济预期悲观,更有谁敢“超前消费”?仍是简单算术,我国储蓄总额虽高达20万亿元,但平摊到13.4亿人口,人均不过1.53万元,要应付教育、医疗、住房改善、老人赡养以及退休后的生活等,这点钱又能干些啥?有权威数据表明,中国GDP增长速度大致上应先被除以2才能与私有制国家GDP增长速度直接作比较,中国老百姓所能感受到的GDP增长速度也差不多只有官方公布的一半左右,其重要原因之一,就是资产升值本来可以对民间消费产生影响的这个渠道被国有制给堵死了，而税收返还公共服务和保障机制建设（转移支付）的那个部分又从来十补九不足。以2007年为例，国家财政税收是5.1万亿，在医疗卫生、社会保障和就业福利这三大块跟民生有关的项目上则投入甚少，特别像医疗卫生，总的开支大约6 000亿人民币左右，相当于GDP的2.4%，分到13亿人身上，政府给每一个人做的转移支付大概是461块钱，相当于城镇居民年可支配收入的3%，而美国联邦政府在上述三项上的开支为1.5万亿美元，占GDP的11.5%，分到每个美国人身上，人均5 000美元，相当于美国人均年可支配收入的18%；另有同为私有制性质的发展中国家巴西，2007年在公共卫生支出上花了差不多相当于GDP的5.4%的钱。

必须战略性做大做强A股市场

从减轻税负（如继续提高个人所得税起征点）入手的一系列刺激经济拉动内需之举，既是政策优选，又是政策必选，面对国际金融危机，我们只能以增加政府投资扩大内需来对冲出口大幅下滑所造成的减损，在增值税转型为消费税之后，进一步降低消费税率将成不可逆转趋势，随着税基扩大，政府收入也会增加，这就叫“自助者天助之”。所有利好政策都意味着“救市”，直接的或间接的，且力度必逐步加大，只是须要一个累积过程，“病来如山倒，病去如抽丝”，量变到质变，N次利好之后效应放大，以井喷行情呈现，并不再“二次探底”。

笔者极赞成有关专家建议，必须战略性做大做强A股市场，这是化解当前国际金融危机的最有效途径之一，也是美国次贷风暴带给我们的另一个重要教训。尽管五大国际投行垮了三个，但美国的非金融企业在财务上依然是健全的，他们从上一次金融危机中吸取了教训，不再过度依赖银行信贷体系，而是借助资本市场开展直接融资，相对我国银行信贷体系占据国内企业外部融资近95%份额，这是美欧诸国不幸中之万幸，致使此次金融危机不会像1929年那样迅速蔓延至非金融体系，却也是我国万幸中之隐忧，集中而单一的国家信贷体系，真的能够抵御一次又一次国际金融危机的冲击，在资本市场远未健康稳定发展的大背景下，独领风骚地享有"独善其身"之荣耀吗？难乎其难。

还是回归本题，打铁先得本身硬，A股硬不起来，只因其有软肋（或曰内伤），即笔者所说制度之殇，集中体现在过度扩容和巨量大小非这两处"硬伤"上，提起这些事儿，遂不敢再谨慎乐观，而是黯然神伤了，此"伤"不愈，失去的可不仅是"居民财产性收入"，很有可能是从危中捉"机"（像1997年东南亚金融风暴那阵儿）、凭借负责任大国形象一举铺就"大国崛起"之路的历史性机遇。

第二节　挣扎在反周期调控中的中国股市

"反周期调控艺术"玩得有些过火

历史唯物主义认为，人类社会总在螺旋式上升，因为是螺旋式，一时超前或滞后很正常，中轴不变，感觉上停顿实际上仍有进步或退步亦不鲜见，150年世界证券发展史同样如此，虽跌宕起伏，总体向上趋势不变。新兴加转轨的中国股市，本质上是一个"政策市"，宏观调控政策对其影响特别大，时空节奏把握得娴熟，且常常出人意表，最令人印象深刻者，莫过于时间差的运用，所以A股行情的"超预期"与管理层作为反周期调控高手同样负有盛名，携手将资本市场惟一确定的不确定性演绎到极致。而时机的把握，对估值系统业已紊乱且投机气氛浓郁人人以"搏差价"为乐趣的A股市场，每每重要到近乎全部，比如有人对选股与选时关系作过精确统计，投资者在正确时间买错了股票的年平均收益率为5.23%，而在错误时间买对了股票的年平均收益率仅为2.42%，可见在“反周期(实为反预期)调控”倾向强烈的2008年，总也“买不对”时点的中小投资者，普遍跑输跌幅已达73.28%的大盘尽在情理之中。

地球人都知道，A股市场一年自由落体式狂泻，在3500点是挤泡沫，到2500点是受国际金融危机冲击，在2500点以下则是信心崩溃所致，其背后凸显的是监管缺位，虽表现各异，主要是“反周期调控艺术”玩得有些过火，令市场找不着北，颇有因误判形势而剑走偏锋之嫌。坊间公认，不到一年宏观调控基调三次转向，为改革开放30年所仅见，从年初的“两防”(防止经济增长由偏快转向过热，防止结构性物价上涨转向全面通货膨胀)，到年中“一保一控”(保持经济平稳较快发展，控制物价过快上涨)，再到岁末“积极的财政政策和适度宽松的货币政策”，宏观经济由“三伏”到“三九”，政策调控由“三九”到“三伏”，一曝十寒，矫枉过正，强拉着资本市场陪坐了一回“过山车”，起因只是2007年度的GDP比上年度高出1个多百分点，就认为经济过热，资产价格有泡沫，必欲借助计划经济色彩浓厚的“窗口指导”，通过央行罕见的“额度制”超紧缩货币政策，将人民币升值所带来的过剩流动性关进银行，在徘徊于防通胀还是保增长的两难选择中，天平明显朝着前者倾斜，故当美国“次贷危机”迅速蔓延而我国CPI有所回落的6月初，央行仍执意反市场预期地提前两天宣布将存款准备金率提高1个百分点，半年连续5次上调，终将该指标推至17.5%的历史高位，并于消息发布当天(7日)把沪综指下压6.37%，从此一骑绝尘而去不复回。

蹊跷的“时间差”和含混的政策信号

要知道，当欧美金融海啸狰狞初露、国内实体经济已现拐点的六、七月间，肇始于年初的十年来首次从紧货币政策已持续了半年以上，此前央行 5 次加息，9 次上调存款准备金率，信贷投放处于前所未有的严控之下，央票也密集发行，再加上特别国债，早就冻结了天量资金，对于跌幅已逾 40%的 A 股市场，政策预期被彻底打破，流动性枯竭，无异于雪上加霜。说来蹊跷，名动朝野的平安天量融资案，也恰好发生在冰雪地震两大灾害之间以及管理层一度提出“三防”（防经济过热，防全面通胀，再加上防资产泡沫）之敏感时刻，当平安股价由“百元族”摇摇欲坠，大盘正经历首轮重挫，1 500 亿“圈钱”计划，对公司不啻打了个漂亮“时间差”，而管理层出人意料的暧昧表态，使人们有理由怀疑该动作并非平安一时心血来潮，而是上下默契打压股指的“组合拳”之一，整个市场迅即由谨慎观望转向深刻悲观或许正萌动于该“滑铁卢”。

尤令坊间惊讶者，管理层的偏执取向一直延续到国务院 4 万亿投资计划出台前夕，不仅在“双降”初期仍以“微调”“不代表政策转向”等说词继续释放含混信号，甚至到 11 月 17 日公布宏观货币政策报告时，仍强调前三季度货币贷款平稳增长，增速仅比去年同期低了 2.7 个百分点，“表明货币调控效果明显显现”，以反衬 20 天前央行在全国人大汇报时坚称“现在金融形势变化正是按照宏观调控的预期目标而运行”的正确性，根本无视伴随着 CPI 回落、通胀正在变通缩、经济已大幅度下滑这一严峻现实。

事情发展愈来愈清楚地表明，胡锦涛总书记于年初即要求“增强宏观经济政策的灵活性、针对性和预见性”，以及南方雪灾特别是 5.12 汶川大地震发生后，诸多有识之士大声疾呼“放松从紧货币政策”，无不体现了难得的洞察力和清醒的责任意识，而另一批对管理层似更具影响力的所谓“主流经济学家”以危言耸听助推从紧货币政策，则纯属误判形势＋误导舆情，加上行政部门间协同秩序的混乱，使迟至 9 月底才爆发本可从容应对的国际金融海啸演变成快刀斩乱麻式的结局，迫使政策第三次 180 度转向。在众多专家看来，国务院4万亿投资计划和十项措施，既是对将近一年偏颇的、迟滞的、缺乏远见的宏调政策的强力修正，极具必要性和针对性，又多少隐含着仓促出台可能干扰我国经济转型和产业结构调整进程的忧虑。

滞后效应产生在"二律背反"中

有人形容，政策调控相当于演奏钢琴，也是一种"时间艺术"，轻重缓急，抑扬顿挫，全在节奏把握，先声夺人或大音希声都可能代表着一种智慧，惟一意孤行不可取，因其忽略了时间(机)因素，所谓"此一时彼一时"也。毋庸讳言，一年间货币政策最大失误正在于"时机策略运用不当"，将阶段性可能必要的矫枉过正弄成长时间的以不变应万变，未能应时而变，顺势而为，致使饱受资金链断裂之苦的实体经济和突遭供求关系严重失衡的证券市场双双坠落，下滑之疾速场面之难堪，甚至远超危机中心的欧美。与美国完全不同的经济运行结构(一个依赖进口过度消费一个依赖出口过度储蓄)及其此消彼长的关系，竟然未给我们带来明显好处，连"股灾滞后"也可望不可即。

究其根源，当然是对资本市场定位有偏，罔顾资本市场与实体经济的互为因果关系，对前者缺乏起码的尊重，故总是在"救经济还是救股市"的二律背反中，进退失据，左右为难，就像近一年以从紧货币政策抵御通货膨胀，却漠视该通胀部分缘于我国成品油价格管制且50%以上依赖进口、使得国际原油价格一路飙升导致原材料价格普遍上涨、再转化为输入型成本过高所推动的结构型通胀这一事实，以己之矛攻己之盾，其结果不难想象。管理层一再错失救市良机，使股灾愈演愈烈，被"冻结"的8 000万到一个亿最有消费能力的中产阶层不得不与全社会一起吞咽下苦果。股灾最大副作用之一，就是彻底改变了整个市场对国家宏观经济发展的预期，信心遭受重创，尽管11月以来政策利好迭出，据信仅央行3个月5次大幅下调"双率(存贷款利率和存款准备金率)”，就释放了近8万亿资金进入金融系统，流动性大为改善，接着还有第二批积极财政政策跟上，但在基本面恶化的情况下，市场就是“不买账”，半死不活地踟蹰于1800点上下，算是还管理层另一份“时间差”即滞后效应的颜色。

尴尬的“主流经济学家”们

不无遗憾的是，诸多经济学家未能胜任其角色，妄担了“主流”之名，或者“官方的就是主流的”，他们是在代人受过，反正先是普遍“看走眼”，继而集体失语，等到柳暗花明，依然面无愧色地为众生“指点迷津”，坊间早就流露出不屑之色。欣闻著名报人水皮先生近日有一妙喻，“所谓专家，是指这样一群人，大家不知道的事情，他知道一点，而大家都知道的事情，他往往不知道，这样在一些专业领域，专家的价值就比较突出，而一旦进入公共领域，专家价值马上就要大打折扣，如果进入投资领域，那么专家观点往往就会成为反向指标。”针对某些专家一再鼓噪“A股市场提前和主动地挤掉泡沫，有助于我国避免陷入像美国、日本那样的长期经济衰退”，水皮先生颇为不屑，反唇相讥，“泡沫是股市与生俱来的东西，就像啤酒一样，什么样的啤酒没有泡沫呢？答案只有一个，那就是当啤酒放坏了的时候，泡沫就没有了。上证指数跌到1664点的时候，泡沫是没有了，因为满地都是投资者的血水，这样的股市连管理层都不能忍受，又何况投资者呢?”

不难发现，以主动“挤泡沫”来赚取先发制人的“时间差”，正是长期以来主导股市管理路径的一种冥顽思维方式，2008年尤甚，或意在为政策失误辩护，是“揣着明白装糊涂”，所以听任股指“自由落体”，始终漠视、否认、甚至虚化经济环境和政策环境对市场的影响，其窒息股市基本功能以致“负泡沫”沉疴不起之终局，对一班自作聪明者不啻一巨大反讽。某些

"主流经济学家"们该为宏调部分失误勇敢地承担起责任，不一定是眼光不够，敏锐度不高，也许是脱离中国实际太久，"关进书斋成一统，管它……"，或干脆是早已习惯"揣摩着上司的意思做学问"，成了"长官意志的婢女"。如此看来，古人云"千人之(唯唯)诺诺，不如一士之谔谔(正直地说话)"，果然千真万确。

兴利除弊，固本培元，究竟何时才"适时"？

在笔者看来，治市与救市互为表里，纵然有短期或中长期之分，根本上都须讲究时效性，否则，必事倍功半，甚至南辕北辙。新兴市场亟须管理层有所作为(包括有针对性的快作为)，而因制度性障碍，这方面每每令人失望，比如"二次发售"操作细则，折腾4个月仍不见胎动；鼓励上市公司回购及大股东增持，"雷声大，雨点小"，充其量"死水微澜"；尤其大小非(限)减持规约，新瓶装旧酒，换汤不换药，愈往后拖，愈难跨越"前恭后倨"之不公平沟坎；遑论迟迟不见下文的新股发行制度改革。日久天长，人们难免更加担忧政策的执行力，动摇对未来的预期，从而陷入"利空立竿见影，利好波澜不兴"的怪圈，加上由大小非逆向激活的A股投机性，浪费了多少宝贵的政治优势和政策资源，此乃真正"两败俱伤"之格局。三大功能几近丧失的A股市场还有存在必要吗？资料显示，从2001年起，A股投资功能日渐萎缩，2005年全年IPO融资仅57亿，2006、2007年股市连续上涨，境内外投资达到1.4万亿，而2008年除上半年融资750亿外，下半年IPO几近停止。

日前有专家指出，实体经济需要资金注入，资本市场需要政策投入，在目前公众获得财产性收入渠道狭窄的情况下，提高资本市场的地位是成本最小、路径最直、经济和社会效益最显的措施之一，毕竟4万亿投资主体——政府部门收回利润后，只能以公共服务水平提升这一方式间接地分配给公众，只能间接地削减公众的支出成本，无法直接刺激公众消费需求，遑论提高消费水平，对此，笔者深信不疑。一段时间以来，股民们对“正在推进”、“准备就绪”、“适时推出”一类老生常谈很有些厌倦了，究竟“适时”为何时，见仁见智，莫衷一是，但大多数人认为就现在最合适，涉及“三公”制度的固本培元，宜早不宜迟，当断则断。比如尽快出台新股发行制度改革方案、建立大小非(限)解禁新规、正式推出股指期货一类避险工具等，那么，用不着汇金公司托什么底，股市就能掉头直上。可惜管理层似不太珍惜熊市末期、新一轮牛市曙光初现这一金融制度改革的最佳时机，仍在不紧不慢不痛不痒地寻找“适时”，有可能再次辜负“寒凝大地发春华”，违背胡锦涛总书记的深情召唤，“要放手让资本的活力竞相迸发，要让一切社会财富的源泉充分涌流”，从而将 2009 年可以预期的充裕流动性、3%以下 CPI、2%左右一年期存款利率、以及 8%以上 GDP 增速等一系列搁在任何国家都可能引起股市沸腾的利多因素付之阙如，想到这一切，难道我们真的能不“终日乾乾，夕惕若厉”吗?

第三节　政策游走在确定与不确定之间

不确定性乃市场博弈之源

近期纷纷出炉的券商策略报告，悲观预期明显占了上风，依然拿不确定性说事儿，但“熊眼测顶”的成分大增，看多一般不超过 3000 点，看空却直抵 1000 点，完全没有了 2008 年初动辄仰望 8000 点、10000 点的豪气，而且愈早披露者愈悲观。

不确定性乃市场博弈之源，造成了许多交易性机会，尤其风生水起的 A

股市场，永远是波段投机者乐园，但行情的反预期既超乎大多数人意料又恰恰是市场最确定之事，此一时彼一时，赢家和输家都是相对的，掌握规律殊为不易。从中长期看，紧跟政策脚步都会有较好收益，如专家所说，由股市定位所主导的选择性调控对大盘走势的影响带有根本性，政策利好总能造就一波大牛市，反之亦然。2008 年 A 股暴跌，除国际金融危机冲击等原因外，主要是一味从紧货币政策对股市“泡沫”和实体经济构成的双重挤压，逆向地互为因果，不仅中断了股改后资源或能有效配置的进程，还放大了新老划断后仍有源源不断大小非的制度性迷障，导致市场信心崩溃，政策底一再被击穿，也给了志在调控股指希冀大盘能够运行于不高不低理想区间的管理层一个教训：政策的“确定目标”终究敌不过市场的不确定性，规则本身“游戏”不得，难怪业已 180 度转弯的宏调政策不再能像以往那样“立竿见影”地拉动起新一波行情。

虚拟经济作为预期经济、信心经济，承载着诸多不确定因素，博弈贯穿其间，构成股市巨大风险和无限诱惑力，而在笔者看来，什么都可博弈，惟股市政策不仅应该积极，还须保持相当稳定性，不宜成为博弈内容，不可预期的政策无法激起投资者信心，遑论总是出乎多数人意料结果又被证实未必怎么高明的政策取向。对弥漫 A 股的“与政策博弈”习气及其后果，有识者深感忧虑，认为属于股市不健康表征之一，同一政策，投资者尽可见仁见智，否则，难有交易行为，但政策本身却不能将市场当作“博弈对象”，每以出其不意为至选；所谓“灵活性”，应是与时俱进，顺势而为，绝非随意性或多变性，灵活与稳定也并不矛盾，都以大方向正确为前提，坚持好的，匡扶偏的，剔除错的，防止一个倾向掩盖另一个倾向。

曾经一言九鼎的政策引导从奥运前“舆论维稳”开始，突然与市场一起“失灵”，连续出台的重磅利好，未能挽回 A 股下滑颓势，岁末以 1820.81 点报收，与年初开盘 5265 点（最高摸 5522 点）构成一根实体长达 3400 点十多年所罕见的K线大黑棒，除了股民习惯性的熊市思维外，主要折射出投资者对政府信用频失的怨气，其对象正是政策的随意性和不确定性。

太过确定的人民币升值预期

有些事说透了便无趣，管理层对股市政策的不确定性很可能与一个时期汇率政策的过于确定（或缺乏灵活性）有关，是内外失衡必须付出的代价之一，其逻辑关系经中央党校资深专家邓聿文教授梳理，沉重复无奈，纠结而清晰，令人感慨不已，大意是：国际资本显然在追求一种效果，即，先是由人民币的大幅升值带动国内要素价格的高涨，进而由价格的传导作用波及一般商品，加剧国内的通货膨胀，在此情况下，货币管理当局不得不为了抑制通胀而实行从紧的货币政策，紧缩政策又造成企业经营普遍不景气，利润下降，从而削弱中国企业的国际竞争力。随后，国际资本又借口企业的业绩下滑做空中国股市，以迫使中国最有竞争力的企业无法上市，或者即使上市也融不到足够多的资金，无法去收购目前因次贷危机而陷入困境的欧美企业。

如此"弯弯绕式"的韬略，有点超出笔者的理解力，但看上去言之有据，不像是纯粹的猜测。读到过许多分析文章，无不认为我国汇率政策过于"确定"了，持续快速升值到了"完全符合预期"的程度，结果必然是热钱大量涌入，推动人民币进一步升值，加上为抑制通胀不断加息，三下五除二，资本市场不滑落也难，这个代价付得没名堂，最终是虚实经济两败俱伤，难怪有分析人士疾呼，"汇率反映的不是货币价格，只是为了达到政治目的而使用的调节手段"，"必须打破国际社会对人民币升值的稳定预期，乃至果断停止升值，如同英美等国在发展高峰期，采取固定汇率而非浮动汇率。"

原先一直以为本币升值有助于资产价格上涨，现在看来并不尽然，其间充满对立统一关系，波诡云谲得很，就像大牛市遇上加息股指会跟着涨，大熊市逢降息也照跌不误，完全受非理性情绪支配，大小投资者都愿意与政策“赌一把”，乐此不疲，几乎成为一种“主流金融文化”，而管理层在与谁“赌”上，能否多几分从容的理性，这难道也是“非不愿也，是不能也”！

失败和挫折使投资者们变得比较聪明起来，尽管彼此间重新建立信任关系需要一个过程，但笔者隐约感觉到，倘因噎废食，过于漠视本次政策根本性转向所释放出的强烈信号，有可能令我们错失近在咫尺的危中之机。换句话说，虽基本面仍存重大不确定性，但原先最不确定的政策面却变得越来越可预期，加上A股一年暴跌73.28%的最大“利好”，未来数月似乎也只有震荡走高一条路。

历经一年疾风骤雨，决策层对市场经济的运动规律有了更深刻的把握，宏观调控水平显著提高，通过国务院10项拉动内需措施和金融改革发展8条建议，虚实两类经济体之间有望形成真正的良性互动格局。随着经济增长方式的转变和产业结构调整步伐的加快，资本市场作用凸显，股市功能将由纯粹的融资再融资转向丰富多彩的资源配置，就经济政策供应而论，必然以结构调整为目标，朝着促进产业升级、刺激内需消费方向演变，具体如何调整则将交由市场主体来完成，故经济转型乃股市“第一福音”。

事实上，初步完成了股权分置改革的A股市场，确已具备为宏观经济发展和产业结构调整提供资金支持和效果测试的基础平台条件。2008年下半年CPI急剧下滑与居民财富缩水大有关系，稳定向上的股票市场，无疑有助于消费原动力的积聚，而作为扩大内需实施主体的上市公司，当然更可以从稳定的股市中解决直接融资等难题，不断地做强做大做优自己。股市业已成为中国经济发展中不可或缺的重要一环，从品种来说，最开始仅有两家公司股票可交易，如今上市公司已近1 400多家，规模也越来越大，除了股票，还有权证、基金、可转换债等多样化品种，股指期货也将要推出，如今沪市每天成交额就动辄 8、9 百亿，与当初日均 8 万余元恍若隔朝换代，尤其中国几乎所有具代表性公司群体(包括大型垄断企业)都已经在资本市场上市，致使资本市场与中国经济的整体融合度愈来愈高，对中国经济未来走势的影响至深至巨。

确定的政策走向与充满变数的经济复苏过程

诚如著名经济学家韩志国所指出，政府投资拉动必须与体制模式和发展模式的全面转型有机配合，而不是相互掣肘，这才可能使中国经济走向良性循环，如果地方政府大幅举债，无节制投资，会导致中央和地方政府全面赤字格局，大大降低中国经济抵御风险能力，中国财政刚刚出现向公共财政转变的趋势和希望很可能在这过程中发生中断甚至逆转，进而危及整个国家经济的科学发展。从这个意义上说，以合理有效配置社会资源为己任的证券市场绝不是可有可无的环节。历史数据表明，信贷和货币环境的改善，是市场转暖的关键条件之一，A 股行情本质上取决于供求关系，目前每一波上升都只是反弹而非反转，反弹空间则由下跌深度决定，而非完全依托经济环境和公司业绩改善，其上升动力主要来自局部供求态势的逆转与政策助推，总的趋势是先于宏观经济 3 至 6 个月回暖，然后视宏观经济状况选择突破方向。

据有关专家测算，2009 年名义上供应的市值是 3.36 万亿，而目前沪深 A 股流通市值才 4.3 万亿，相当于再增加 78%的 A 股市场，估值压力可见一斑；但好消息是信贷政策大幅放松，进入降息周期，2009 年可望再下调 108 个基点(一年期存款利率)以及 4—5 个百分点的存款准备金率，最终将食利者逐出银行，部分资金转入投资领域，必使流动性进一步充沛。2009 年各大银行贷款增速将不低于 17%，以支持经济平稳较快发展，第一季度信贷总额已达历史上罕见的 4.58 万亿元。值得注意的是，利率大幅下调后股息回报率相应上升，2006 年、2007 年 A 股上市公司的分红率分别为 29%和 44%，长期维持在 30%是个大概率，意味着今明两年 A 股的股息收益率将分别达到 2.5%和 2%，明显高于降息周期中银行一年期定期存款(一年期国债回报)利息收益率，其中 1/3 以上公司 2008 年股息收益率估计可达到 4%，沪深 300 指数在 1600 点所蕴含的潜在股息收益率将与 10 期国债利率基本接轨，这种情形在 A 股 19 年历史上只有 2005 年出现过。

政策转向不一定能迅速改变股市运行周期，但可以影响其运行节奏和走势形态，在短期宏观经济状况尚难乐观的背景下，不妨捕捉稳定的政策因素，以静制动，立足长远，逆市布局，形成适合个人的投资策略。比如紧盯政府投资领域，寻找政策受益明显的行业板块，注重上市公司绝对价值的考量，特别留意那些在资产价格严重缩水之后，具有股权重置成本优势，可望并购重组的企业，以及正在向产业价值链和高附加值成功转型的上市公司。有分析师重点推荐 3G、医药、电力设备、信息软件、新能源等受惠扶持政策又具有明确成长预期的行业股票，笔者深以为然。

行百里半九十，资本市场建设任重道远，以股权分置改革为标志的金融制度创新迄今连一半成功都谈不上，何况还有漏洞百出的新股发行制度和沉疴日深的大小非(限)问题，始终是 A 股投资者心头拂之不去的阴影。目前直接针对股市的呵护政策少之又少，初步转暖的仅仅是宏观调控大环境，一二级市场间不公平的落差机制不改变，受到严密制度保护的利益输送管道不关闭，各类交易者在 A 股市场无平等博弈权，就难言资本市场的健康稳定发展，跛足巨人何以远行！考虑到大小非(限)作为 A 股“死结”，道路侧目，人尽怨之，管理层最终拍案而起，以快刀斩乱麻方式“犁庭扫穴”，也并非完全不可能，笔者对此曾抱以相当乐观的预期，相信 2009 年内会见分晓。但联想到许多本该在牛市氛围中一鼓作气(也易于)解决的监管体制问题，往往因利益纠葛而心存侥幸，不愿动真格，以致裹足不前，反弄成尾大不掉之势，便有些泄气，这大概也算是确定预期中的若干“不确定”吧。

第四节　尊重常识，资本市场才有希望

跌跌不休的K线图，喋喋不休的“风险教育”

历经一年“飞流直下四千点”的惨跌，无数股民“人比黄花瘦”，大户变中户，中户变散户，散户不得已撤销账户。按网络最新定义，这是一群很“囧”的人，欲罢不忍，欲干不成，欲说还休，总想就亏钱的事儿“讨个说法”，却不知该找谁论理，于是郁郁寡欢，直到碰上一个更沮丧的，那人额头上像刻着字“别理我，正烦着呢”，想必让他烦的主要不是“输钱”，而是股市里那层出不穷的罔顾常识违背常理不合常情打破常规搅乱常态的事情，是来自管理层唠唠叨叨的“风险教育”，尤其是那些个目光锐利眼神迷离的所谓经济学家们的“雷人雷语”。比如，将罕见股灾简单归咎于欧美金融危机冲击、实体经济下滑拖累等，或干脆用“股市有泡沫”、“暴涨之后就该暴跌”一言以蔽之。听烦了“风险教育”的中小投资者，一边承受着资产大幅缩水之痛，一边被不停地嘲笑为“非理性”，不是贪婪，就是恐惧，“一点儿正经模样都没有”，心犹不甘不服，知道相对成熟市场，A股有着太多不可理喻的东西，荒诞到超乎想象，且多半体制缺失使然，充满人工“斧凿”痕迹。在漠视“三公”的环境里，资源错配和利益输送成为常态，投资者一赢二平七亏损，实在怨不得自己“无能”，首先是庄家们“太狡猾”，钻了监管制度不严的漏洞，诸如最牛散户刘芳赚了ST金泰42个涨停板，人大教授任淮秀夫妇豪赌盐湖钾肥重组一夜暴富等等，哪一件有过令人信服的最后交代！

置身“人为刀俎，我为鱼肉”的股市，中小投资者别无选择，不炒时难炒亦难，做个价值投资者只怕输得更惨。相对强势投机者，信息闭塞、滞后、本钱又少的中小股民，整个“被动投机者”，每每起个大早，赶个晚集，等到人家盆满钵满了，能捞个“余荫(残汤剩饭)”就算上上大吉，多半情况下，只能如惊弓之鸟，要么往下栽，要么“逃为上”，想在喧嚣股市不“炒作”又谈何容易？据可靠统计，我国现有股票交易账户一亿两千多万个，基金账户两千八百多万个，股市建立 18 年以来，累计为企业融资 2.3 万亿元，先后贡献印花税 7 000 多亿元，资本市场可谓功莫大焉，而中流砥柱无疑是广大中小投资者——时常被称作“赌徒”的那群人。管理层当然有理由对充斥投机之风的 A 股市场缺乏起码的尊重和敬意，但“赌徒”们亦抑郁难平，觉得此乃最大不公，在规范性制度建立之前，不“赌”又将如何，所谓“风险教育”也不过说说而已，上有所好，下必甚焉，真正的“谨慎”，如笔者前面所说，就是根本不入市，绝非任何别的选择。

十教授建言书为股民摘去“赌徒”帽子

将林林总总股市怪象上升到理性高度，必然引发对我国建立资本市场究竟目的何在这一根本性问题的思考。不久前中国政法大学刘纪鹏等 10 位知名教授上书高层，直言“应把提振股市作为恢复市场信心和落实国务院十项措施的切入点”，对这一问题作出初步回应，文字通篇浅白，毫不诲涩，却言之有据，所有大道理均贴近中小投资者切身感受。文章写道：“2008 年以来，居民收入增长的下滑比 GDP 增幅下滑更快，上半年居民实际收入增长仅只有 6.3%，约相当于 2007 年 12.2%增幅的一半。中国最有消费能力的 8 000 万到一个亿的中产阶级群体事实上深陷股灾之中。股市暴跌对居民收入和消费的影响很大。”另有数据显示，2007 年底，中国登记存管证券总市值为 33.3 万亿元，而临近 2008 年末，该数值已降至约 11.6 万亿元，缩水近 2/3，有人据此测算，以我国目前约 4 500 万个 A 股活跃账户计，将 22 万亿蒸发的总市值中的1/3按流通盘平摊，平均每个账户蒸发超过 16 万元。就此十教授痛陈利害："股市既是一个国家经济、社会、政治状况的晴雨表，也是一个国家社会稳定状况最敏感的显示器。此次股市暴跌并低迷，对扩大内需的副作用不可低估。由于股市融资功能的丧失，启动内需拉动经济的全部重任将落在财政和商业银行身上，会产生对财政和银行金融的系统性风险，并将导致我国实体经济的主力——上市公司走入恶性循环。"广大股民心目中的虚拟经济与实体经济就是这么一种正相关关系，只要别把虚拟经济当成"虚无经济"，以为除了圈钱再圈钱，股市不过是周而复始的筹码交换游戏场，搞懂以上道理一点儿也不困难，当然想要"更深刻地感觉它"，还得返回十教授切中肯綮的理性立场，"振兴股市是中国实施经济崛起战略的必然选择。伴随着新的国际分工和秩序的出现，中国应从给发达国家在制造业低端打工上升到金融服务业的高端领域。通过提高金融核心竞争力，谋求新兴市场国家在国际金融新秩序中的主动地位。金融市场尤其是资本市场的振兴是中国经济全面崛起的伟大标志。"

从帮助一大批国企脱贫解困起步，证券市场作用有目共睹，18 年间 A 股总市值由 3 000 亿元扩大到 2.3 万亿元，2006 年股改后更是快速扩容 16 倍，总市值达到 34.47 万亿元，便是最好说明，但投诸真金白银和巨大热情支撑起这个市场的广大中小股民又得到了怎样的回报呢，恐怕是难以避免地承受着不对称的财产收益亏损率吧！A 股长熊病间歇性发作，每每陷入"负和游戏"不能自拔，这正常吗，倘本该如此，则股市就是赌场，股民更与赌徒无异，对此，刘纪鹏先生明确说"不"，他在一篇答疑文章中写道："我认为股票的增值功能是由两个变量决定的，其一是盈余公积金的提取，是股票增值功能的内生变量；其二是增发和配股，是导致股票净资产增值的外生变量。这两条也就将股市与赌场作了区分，股民也就摘掉了赌徒总被打压不被保护的帽子。”

中国需要现代金融和资本市场管理的智慧

笔者非常赞成这类在民间也被当作常识常理的观点，倘若“负和游戏”能够成立，则股市等于骗局，除了尽早关闭，政府别无选择，也不该犹犹豫豫。有些事情拍脑袋也能参透个中真谛，比如，听凭股市长期半死不活，则宏观经济一盘棋也很难搞活，当务之急，应该让股市尽快恢复理性，这样才会在第一时间拉动内需，扭转悲观预期，赢得“比货币和黄金还要宝贵”的信心，否则，很多市场化的手段会在传导过程中因市场失灵而阻滞。借用十教授之一赵晓先生的逆耳忠言：“4 万亿大单主要是实体经济方面的政策，缺乏现代金融与资本市场管理的思维，这是相当遗憾的。其实，信贷收缩才是导致经济收缩的关键，要真正让经济恢复健康增长，非要货币和金融产生作用不可。上一轮扩大内需中，我国经济走出通货紧缩的主要动力并非积极的财政政策，而是消费信贷所带来的信贷扩张，民间活力的复苏就是明证，而本轮中国经济要复苏也不例外”，所以，“启动资本市场应成经济复苏第一步。”谁都明白，经济全球化的特征就是资本高度积聚，而垄断资本的核心正是金融资本，当代资本主义经济最深刻的变化几乎全都发生在金融领域，故赵晓先生的建议直击要害：“当前中国经济已经与 1997 年、1998 年大不相同，中国已经开始步入金融与资本时代，资本市场对经济的影响和作用大大增加。因此本轮宏观调控也罢，政府经济管理也罢，必须还要有金融与资本市场管理与调控的智慧，才能让扩大内需上升到更高的、与中国今日经济发展相匹配的智慧。”

让人语塞的是，这些几近常识的“智慧”往往遭到来自阵营内部的攻击，有时连形式逻辑也不讲，明摆着与你“抬杠”，用语依然直白，但听起来却歪七扭八。比如，断言1800点以下中国股市“仍属正常和健康”，说股市“不过是融资渠道，切不可夸大其作用”，指责“流动性过剩堆起了股市泡沫，愈主动愈早挤干愈好”，甚至借俄罗斯和印度股市没有大小非同样暴跌说事儿，证明“大小非解禁并非A股暴跌原因之一”，还质疑十教授在证券市场的真实角色，深究其上书高层之利益动机。尽管多有搅局者，十教授建言书仍得到85.3%以上网民支持。前者到底能否代表绝大多数中小投资者利益，似乎不该有太大争议吧？难道仅仅因为他们也在“炒股”，持论就必失公允，就该相信那些自称“从不碰股票”，却藉“市场化”之名，大唱“不应救、不能救、救了也无用”，而论据不过是“暴涨之后必有暴跌”一类“机械唯物论”的所谓专家？但凡“不炒股”又崇尚“市场化”的专家，其立论就一定不偏不倚，或具有更多的“真理性”成分吗？

谁的背后没有利益驱动？关键看……

政策选择性调控与股市资源倾向性配置的“相得益彰”，无时无刻不借助“一边是海水，一边是火焰”的股论在民间的推波助澜，婆理对公理，各有几分理，搅得管理层茫然若失，不知该听谁的好。其实所谓“一家之言”，背后都有利益驱动，甚少例外，区别只在于是代表广大中小投资者利益，还是首先满足既得利益集团诉求来决定政策取向上。回溯一下新股发行制度10多年“一贯制”，将“重融资轻回报、重上市轻治理、重一级市场轻二级市场”的既有格局维持至今，任何争论都变得可笑。

笔者确信十教授建言书社会响应度极高，有些人不热心，并非“不赞成”，而是根据历史经验，以为又是“无用功”，上面如不能从善如流，再好的构想也会不了了之；私底下其实普遍推崇“设立股市平准基金”、“大非自锁，小非分割”等建议，认为兼顾各方利益，可操作性强，远胜过管理层意在“放水大小非”的解题思路。所谓“大非自锁，小非分割”，前者是将上市公司的大非抛售与业绩挂钩，由大股东承诺在某个价位上方才能抛售；后者则按同一公司持有非流通股500万股为界，以上为“大的大非”，卖出股份超过200万股须提前5个交易日预先披露，以下为“小的小非”，可以完全放开，如此煞费苦心，只为维护股民知情权，并促使市场长期稳定。无奈政策设计从来“就高不就低”，好事多磨，坊间热议大多属一厢情愿。再比如，平准基金作为稳定市场的工具，主要是在市场因过度恐慌而“失灵”时发挥屏蔽作用，成为熨平股市波动的杠杆，也代表着政府实质性“维稳”的姿态，故不在乎投钱多少，需要的是一个动作，但一扯到“用纳税人的钱解少数人的套”上，事情便又复杂起来，讨论难再进行。

从根本上说，大小非解禁是A股市场由半封闭走向全流通必须跨越的一道沟坎，长痛不如短痛，只能“釜底抽薪”，在时间或点位上寻求出路，不可“暗度陈仓”，指望通过市场规模扩大自行化解，所以，从大宗交易平台到可交换公司债券，包括将来可能采取的“二次发售”等等，都不过是将减持过程更加合法化而已，乃权宜之计，并无限制意思；而鼓励大股东从目前流通股中增持和回购，更是加剧了市场的滞后风险，连治标都算不上，遑论治本。这类以不改变原先市场定位和利益分配倾向为前提的所谓“维稳措施”，加剧了股民普遍信心不足所反映的政府信用危机，虽殚精竭虑，终究效果堪虞，让人怀疑管理层是否真有保护中小投资者利益的切实诚意。

耐人寻味的圈内外两场“擂台赛”

有趣的是，十教授上书同一天，证监会负责人在深圳也就大小非问题发出了“政策不会改变”的声音，双方像是在“打擂台”。上下对同一问题的认知别如霄壤，各唱各的调，“有所为，有所不为”的筛选尺度以及“轻重缓急”的节奏把握自然也就很难统一起来，市场还得在彷徨战栗中无休止地等待。笔者从来相信“办法总比困难多”，针对股市的可预期利好其实不少，比如取消印花税和红利税、实行T+0交易制度、暂停IPO上市和大小非减持、根本改变新股发行方式等等，关键是先得就资本市场的某些“常识”问题达成共识，不能老是盲人摸象，“七里搭到八里”。

三十年改革开放的成功经验，以一句话概括，就是“去意识形态化”，市场过程论其本质无非交易各方通过“试错”来相互发现，所谓“均衡”，只有在过程中才具意义，邓伟人的“摸着石头过河”，对此有点睛之妙，故谁也别以为自己掌握着什么“终极规律”，世界必朝着自己认定的方向“收敛”或“扩张”，正如固守“越是A，就越是B，因为B，肯定是C”那样的表述，只会扼杀有益探索，错过太多好东西。就拿股市虚拟性溢价即“泡沫”来说，它本属证券交易常态，并无严格的科学定义，以“流动性过剩”推导出资产价格有“泡沫”，充满主观臆断色彩，必欲除之而后快，更是行政监管权利的越位，只要规则公正，买卖自由，那是周瑜打黄盖——一个愿打，一个愿挨，合不合算，犯不着别人说三道四。至于中美经济之间的相似性，绝对聊胜于无，基本不可比，怎能因欧美经济下滑股市下跌就必须看空中国经济和股市；美国人寅吃卯粮，中国人积谷防饥；美国是巨大政府赤字达1.75万亿，占美国国内生产总值的12.3%，而中国9 500亿元的财政赤字占GDP的比重约为2.93%，并未突破国际警戒线的3%；截止2009年2月12日，美国未偿还国债高达10.76万亿美元，占GDP的70%以上，而中国中央财政国债余额限额将是62 708亿元，大约占到GDP的20%左右；美国经济今年负增长，而中国是保8%；美国银行巨亏坏账如山，中国金融安全风景这边独好；美国流动性紧缺，中国流动性充裕；美国注资救市专为华尔街投行补窟窿，且犹疑不决，中国推出经济刺激计划只防整体业绩陡峭滑落，还雷厉风行，都是

“百年不遇”，但首先是“危”还是“机”，委实不可同日而语。

原来有人“不拿豆包当干粮”

铁一般的事实是，A股市场似乎成了最大的“埋单者”，跌得远比“震中”要惨，这很有些拂逆众多中小股民系于常识的判断。笔者近日读到一篇署名“缥缈”的文章，刊载于《三联生活周刊》，对股市暴跌给出另一种解释，虽算不上“常识”，但也不费解，尚能自圆其说：“从宏观的角度而言，本轮价格管制政府以‘控制通胀’名义直接‘进入’要素市场进行价格控制，压低生产资源价格；但在价格管制的同时，PPI持续升高，8月达到10.10%，这就将通胀的损失间接地转换到了资本市场，令作为市场价值核心的众多行业企业的经营预期无法兑现。事实上，政府之所以有能力干预要素价格，并将调控的成本向资本市场转移，一个重要原因在于，股票市场相对其他商品市场价格的弹性更大，而且做空股市所需要的资金和资源都是最少的。”

20多万亿资产灰飞烟灭，有人硬是面不改色，直到融资功能丧失，才有些着急，敢情一早就料到在“双防”背景下股市暴跌不可避免，是必须付出的代价，或曰“贡献”，而且这么做“对管理层的政治要求非常低”，不会引发社会震荡，无须支付太大成本，边际效益却蛮高，顶多“使最具消费能力的中产阶层(股民主体)对这个国家的认同发生动摇”，换一个价格昂贵的投资品市场比如“高处不胜寒”的楼市试试看，牵“土地财政”一发而动“国民利益”之全身，“非不能也，是不愿也”。但如此“双输”局面果真能持久，恐怕未必，即使为了“双防”也不行，因为它太有悖常识了。当善良的中小股民们忽然发现“价格传导机制不顺畅”背后原来有一双“闲不住的手”，不完全是通胀之过；发现本可以借世界经济衰颓之机做强中国资本市场以独步全球，却一不小心挤出个大熊市，终于失之交臂；尤其发现管理层、上市公司、大机构故态复萌，依旧不能善待自己，总是“不拿豆包当干粮”，他们有可能做出另一番选择——不跟你玩了，几无胜算的仗不值得打，这也是常识，尽管“沉默的大多数”仍会选择默默地退出。有人借用弗洛伊德曾多次喻证的马，认为像极了值得引为教训的眼下欧美金融市场：德国的一个农夫发现自己的马多驮一些牧草不会抱怨，少喂它一些饲料也没有引起反抗，于是他就不断地给马减料并一再加载牧草。终于有一天，马突然倒毙，还是一声不吭。

第五节　中产阶层的财富缩水之痛

提起 2008 股灾，人们至今心有余悸，一年前还是全球最牛的大牛市，转眼间却沦落为世界上最熊的大熊市，让人有恍若隔世之感，一批倾囊中所有征战股海的准中产人士禁不住“且把‘浮亏’换来低酌浅唱”(柳永词)：“为什么受伤最重的总是我”。说其“准”还算是客气的，以财富缩水幅度论，保不准他们还够不上“准”呢，就一个“负翁”而已。最让他们郁闷的，怎么会听信了一个煽情的广告，“你不理财，财不理你”，可“你一理财，财‘修理’你”，连个商量余地都没有，这就是通常被归入“中产阶层”的一大批股民在戊子年的命运。

大多数人不认为自己是中产阶层

何谓中产阶层？依照中国相关机构的定义，年收入在 6 万至 50 万元人民币的家庭即是，相对中产阶级大本营美国以家庭年收入在 3 万至 20 万美元作为标准，咱家门槛显然降低很多，“混迹”其间并不难，即便如此，根据中国国家统计局 2007 年 8 月表示，当时全国中产阶层人数在 8 000 万左右，约占总人口的 6.15%，比 2005 年的 6 550 万增加了将近 1/4，绝对数攀升而相对比例仍偏低，可能是由于我国农村地区人口众多普遍贫困的缘故，中产阶层无疑主要集中在城市。收入只是标准之一，更重要的是社会角色的综合考量，刊登于 2008 年 11 月《三联生活周刊》的一篇署名谢九的文章提供了迄今最准确的描述："他们已经脱离了为基本生计而努力的阶段，有一份超过平均工资水平的工作，拥有房子、汽车、股票、基金等一些动产和不动产。和大多数处在底层的人群比，中产阶级可以过上相对体面的生活，但远远没有达到可以随意满足消费欲望的阶段，他们以财务自由作为自己的人生目标，但是意识到仅仅依靠常规的工资收入很难实现理想，于是，他们中的大多数开始有了投资理财的意识并付诸实践；但是他们现在恐慌地发现，自己不仅离财务自由的目标越来越远，而且正在一步步从中产阶级的位置滑向底层的人群。"

细心的读者一定注意到，笔者在本文与引文中分别使用了"阶层"与"阶级"这两个语义相去较远的概念，并认为用"阶层"表达更合适，除了从"以阶级斗争为纲"年代过来人常有的谨慎外，更因为当下中国事实上还远未形成严格意义上的"中产"这样一个阶级，仍如谢九先生所说，中产阶级的界定是一个相当宽泛的概念，如果不考虑职业地位、消费习惯、教育程度等因素，仅以收入水平，不同地区应该有不同的标准，从另一个角度，中产阶级的标准还取决于每个人对自己在社会上定位的感觉，就这感觉而言，美国人大多数认为自己属于中产阶级，而中国大多数人都不认为自己是中产阶级，因为他们感觉自己并未拥有中产阶级应有的话语权。与那些"害人不浅"的"骂涨（哪怕是恢复性上涨）不骂跌"的所谓专家不同，专家是一不需要估值标准，二不需要具体分析，只要有一个"话语权"就足够了，而中产阶层所希望的话语权多半是柔性且"自足"的，主要是自己的地位和权益能够得到全社会特别是政府的尊重和保护，首先就是在改革开放中积累起来的赖以生存和发展的资产，比如目前已暴露在全球化风险中的股票和住房等。

中产阶层是“中国梦”的最佳激励样板

庄子云：“锥处囊中，其末立见也”，中产阶层虽常处“紧囊”中，有时也“囊中羞涩”，但他们从来就不是“锥”，相反，他们是社会超级稳定剂和黏合剂，是国家政策的天然拥护者和合作者，他们希望社会的法制健全和政治稳定，因为社会形态越成熟对他们越有利，只有社会形态成熟了，政治、经济、文化、科技才会有长足发展，也才有基础完成“中产”所需要的积累，而在一个普遍浮躁的社会里，本来就“可上可下”的中产阶层一定是下滑者居多。由此看来，一个来之不易比重仅占总人口7%不到的中产阶层，对身处转型大时代的中国社会显得弥足珍贵，它缓冲了贫富两极分化的矛盾，让更多底层人群看到向上的希望，构成一个“中国梦”的极佳激励样板，只有越来越多人加入中产阶层，才能最真实体现改革开放带来的“国强民富”，体现收入分配的效率与公平；反之，如果他们的数量日渐萎缩，则意味着贫富差距进一步扩大。况且，出于对自身未来的自信，中产阶层必将日益成为社会上的主流消费人群，反过来成为推动中国经济增长的动力。

俗话说，人算不如天算，天算不如不算，在一场悄无声息的“货币战争”中，中产阶层也开始了兵不血刃的“两极分化”，据招行和贝恩公司联合发布的《2009中国私人财富报告》显示，中国高净值人群规模正在逐步扩大，2008年，中国内地个人持有可投资资产超过1 000万人民币的高净值人群约30万人，共拥有8.8万亿人民币的可投资资产，估计至2009年底，中国高净值人群将达到32万人；另一个同样让人震惊的事实是，A股大盘一年间由6124.04点沦落至1602.85点，使得城市中小企业主和白领高薪人士为主体的中产阶层着实体验了一回"从天堂到炼狱"的梦，20多万亿市值的蒸发，意味着每个有效账户损失38万元，股市成了名副其实的"销金窟"，享受了多年改革开放成果的这批"小资"心不甘情不愿地将大部分财富拱手交还，前后不过用了11个月，刚刚崛起的中产阶层悉数被套牢或彻底冷冻。

流于惨败的中产阶层"辩证法"

说来"蛮作孽咯"，中产阶层大多有着中国人的通病，"辩证"得不亦乐乎，"多疑又轻信，古板又灵活，知足常乐又梦想暴发，标榜坐怀不乱又盼望红杏出墙"，尤其不谙理财之道，却个个自比巴菲特，最热爱中长期价值投资，于是越跌越买，以为是"洼地"，不知是"陷坑"，然后"输得连屋里(沪语"家"之谓)都不认得了"，因为鼠年股灾已确凿证明，除了"老鼠仓"，这一年是"满盘皆输"，而输得最惨的就是只懂"价值理性"不懂"工具理性"的准知识分子——他们绝对是击鼓传花的最后一个接棒人，比"莫西干人"还要傻的"傻帽"。

其实也难怪，谁让中产如此自信自己的未来又那么轻信同样轻佻一直高喊着"黄金十年""牛市10000点"的所谓经济分析师们的话的呢?! 甚至连经济分析师们(不论著名还是非著名)也怪不得，近几年我国"舆情"普遍就浸润在这么个乐天氛围中，不知"大限将至"也！诚如独立财经评论家袁剑先生(笔者钦佩的又一学者)在《三十年未见之变局》一文中的精彩分析，中国股票市场的绝大多数投资者都深信这样一个假设，中国是全球最具成长性的经济体，其高速成长的周期至少还可以再延续三十年，中国经济即便出现调整，也只是我们以前见过的那种周而复始的调整，"这个信念被中国的主流媒体反复灌输和强化，成为中国大众思维框架中无需检验的假设。也正是这个原因，大多数人都相信，中国股票市场即使发生下跌，也只是正常的调整，最多也只是一个短暂的熊市周期。不幸的是，正是这样一个我们曾经笃信不疑的基础假设正在经受严峻的考验。就我们智慧可以洞悉的，中国经济基本面的超预期下滑可能是解释中国股票市场超常下跌的最重要因素。如果中国投资者一直坚信的基本假设果真受到侵蚀的话，今后几年的中国股票市场就可能比 2008 年更为严酷。"

中产阶层玩不过股市庄家

尽管逆耳，毕竟是忠言，令我们平添一份清醒，比台湾股票教父胡立阳先生的预测准确多了——"迷你熊"在不经意间变得有些"疯疯癫癫"，使一大批"莫西干人"大跌眼镜，当然我们知道股市暴跌还有另外一些更深层次的体制原因，比如主要依靠垄断地位以及国家财政持续注资的超大型上市公司，与盘踞在权力体系各个环节的地方分利集团相纠结，利用体制内和体制外的双重身份，不断上演"强庄"好戏，将中国渐进改革中积累的财富大幅度转移等等，对此，袁剑先生 5 年前就有"表里如一"入木三分的揭示："庄家是什么？是权力。只有权力与资本的勾结才能制造天马行空的庄家，也只有权力的力量才能够践踏明示的规则。这些处于社会各个领域、各个层面的主体结成了一个巨大的网络，并寄生于体制内的合法性资源之中。在纷纷将嗜血之管插入股市的同时，这个利益集团还以驱赶、鼓动、诱导等各种各样的方式将社会公共资源推入股市，以供其自肥。就庄家分布的广泛性及与现体制融合之紧密程度而言，庄家就是这个体制。"可怜那些满怀致富期望却浑然不知其中危险的中小投资者竟长期周旋于这种“负和游戏”里，为财富转移打掩护，下意识地充当了证明股市合法性的花瓶。

毋庸讳言，金融危机是对投资者的一次财富再分配，也相当于一次敛财能力大检验，无数投资者在危机的洗刷下，有的“从终点回到了起点”，有的“从起点回到了负点”，赚钱之心有余而止亏之力不足，不得已含泪斩仓，认可了财富缩水的事实。成长于高速增长 30 年甚至更短时期的这批中产人士，尚未经历过房地产泡沫破裂之后的负资产生活，更没有美国人的大萧条记忆，自我保护意识欠缺，对投资股市可能面对的“系统外风险”过于麻痹了，痛定思痛，今后可得“火烛小心”，哪怕是股市“再火一把”，除了继续磨练理财能力，摒弃一些凡勃伦式炫耀性消费之外，最希望的大概就是管理层施以援手了。

即使从社会稳定考虑，管理层也一定愿意中产阶层“日长夜大”，“中产”的数量决定了社会的稳定程度，鼓励越来越多的人步入中产行列，或许是无需昭示的“基本国策”，政治表达叫“提高群众财产性收入”，被裹挟进金融漩涡的全世界目光，在年末岁首，一起聚焦于中国，绝不是偶然的，世界看中的当然不只是 1.9 万亿美元的外汇储备，更是中国 13 亿人口的巨大消费市场，以及越来越庞大的中产阶级队伍。虑远积厚，守正筑坚，中国要想化险为夷，转“危”为“机”，离不开对中产阶层财富基础的夯实，如果把承载着中产阶层金融资产的资本市场放在中国经济的整体环境里去考量，以充裕的流动性率先启动它，让它早于实体经济复苏之前转暖，对宏观经济显然有百利无一弊。从 2008 年四季度管理层一系列救市政策相继出台，不难体会到管理层已开始用系统的眼光，把股市看作中国经济体的子系统，看到虚拟经济与实体经济的关系，金融资产与中产阶层财富的关系，中产阶层财富存量与提振内需消费的关系、与国民经济运行质量的关系，这正是源头活水第一波，孕育着久违的巨大希望。

第六节　一场权利不对等的资本博弈

按国际通常标准，牛熊转换以短时间内跌幅超过30％为界，达到50％就是“股灾”，10个月狂泻70％多则已经是“崩盘”的概念，尽管这属于“沸腾年代”之“极端个案”，但亿万股民跑输大盘乃不争事实，郁闷之余难免疑窦丛生，最大的疑问无疑是：A股“泡沫”瞬间被挤破，20多万亿资产跑哪儿去了，总不见得满盘皆墨统统“蒸发”了吧？

产业资本在悄悄地进“庄”

当然不是，覆巢之下，仍有“完卵”，即使股市崩盘，仍有火中取栗者、先知先觉者、坐庄食利者、巧取豪夺者，窃笑于颓柱之下“废墟”之间，其共同特点是，小涨大赚，不涨也赚，小跌不亏，暴跌小亏，尔后等待一波又一波反弹，其中不乏靠技术吃饭的“短线高手”，毕竟极少数，更多的是利用不平等游戏规则（有的甚至无须参加博弈）的“大投机客”，在制度性缺陷（或曰障碍）的掩护下，不露痕迹地从A股市场中持续“搏差价”，且动辄以几倍、十几倍计。当普通投资者资金卡普遍打上一二折时，从海外投资同样铩羽而归的这些人（或机构）虽心有戚戚焉，却仍有足够实力在价值低估的A股市场拿到足够多的便宜筹码，借重组之名，游刃于一二级市场之间的“空隙”（蓝海战略之精髓），再次出发，力求在新兴加转轨（实为先天不足）的A股市场东山再起，而且胜券在握。对了，笔者正是指以大小非为表征的市场资源选择性配置受益者——产业资本利益集团。

这是产业资本与金融资本之间一场权利不对等的博弈，前者对后者的挤压，甚至侵夺，往往多于彼此间应有的互补链接，虽不乏短视之嫌，为渊驱鱼，为丛驱雀，如同虚拟经济过度颓靡，最终必损害到实体经济本身，却谁也奈何不得，因为“融资重于一切”的股市定位使这一切成为必然。由于管理层的缺位、政策的失误，后股改时代的中国资本市场形成了一种从没有过的新的生态圈，10 年蓄势待发，一朝形销骨立，金融资本被“避其锋锐，击其惰归”的产业资本逮了个正着。

有洞察者一语中的，股市最大的“庄家”既不是公募基金，也不是私募基金，而是以低成本获得非流通股的大小股东，也就是所谓大小非，其中最有市场发言权的是控股大股东——国资委旗下 858 家上市公司。他们握有最多的 A 股筹码，又对自己企业经营状况了如指掌，上下其手，左右逢源，“万物皆备于我”，将大小非高举高打，牛市行情来了，“惜筹如金”，死攥着就是不抛；一旦转熊，呼啦啦“作鸟兽散”，暴涨暴跌的“趋势投资”谁能阻挡，“大块头”果然有“大智慧”，这或许正是 2007 年大蓝筹行情及随后股指一路走低的最大缘由之一，恰如笔者对国资委负责人表态“将通过央企股票高抛低吸来维护市场稳定”的担忧，倘巨无霸们热衷“反向操作”，该出手时不出手，不该出手时乱出手，则大盘难有半日安宁。股民们对先前“无股不庄，无庄不股”、“股不在好，有庄则灵”的岁月记忆犹新，有时还不免怀念（假如技术好的话），股改后庄家时代终结了吗，好像未必，换了另一套“装束（庄术）”而已，在这“乱哄哄，你方唱罢我登场”的市口，要准确地指认出一只庄股确实不易，但要确凿地证明哪一只不是庄股或许更加困难。

序幕从大小非（限）减持开启

股权分置改革被袁剑先生称作中国资本市场近几年来最了不起的进

步，“其最重要功能，就是为中国提供了一个控制权市场，形成对资源的真正有效配置，以及为股东利益的保护提供了有利条件。虽然上市公司国有股的流通性仍然非常差，但股改毕竟提供了这个基础，在全流通的情况下，我们将会看到，大股东的地位将不再那么稳固，并购将会更多地出现。从逻辑上说，这将促使资源更有效配置，股东权利受到更好的保护。但是究竟会怎么样，还要看其他因素是不是配合这个逻辑了。”股改三年来的跌宕历程，不无遗憾地表明，“其他因素”似乎不怎么配合这一顺理成章的逻辑，股改后类别表决制束之高阁，中小股东重新回到手中无博弈工具只能用脚投票的老路，名目繁多的融资(圈钱)急迫性显露无疑，强制性补偿措施付之阙如，新上市公司没有支付对价，却搭便车享受了高溢价发行红利和全流通红利等等，尤其藉重组并购之名，新一轮产业资本对弈金融资本之战锣声再起，尽管人人相信现在算一个好时机，认可其必要性和正面意义，但也忧虑搞不好又是一场权利不对等的博弈，是资源倾向性配置的延续。

序幕仍从大小非集中减持开启，9.18 救市以后，包括央企在内的一批上市公司，不断上演暗度陈仓好戏——增持与回购半心半意，或表面增持暗地通过大宗交易平台减持，或再融资规模比增持大得多，即使多达 127 只股票破发破净，有的接近破元，大小非们仍在逢高减磅，不仅有利可图，更有连续利好政策护佑，三十六计“走为上”，只怕对大小非政策有变。据可靠测算，在 2008 年底市况下，大小非获利最小空间为 15%，最高为 46%，股改中，市场估计大非减持比例约为 15—20%，小非减持比例则高达 40%以上，平均减持比例约为 30%左右，据此推算，沪深两市 12 月份共有 124 家上市公司的 222.03 亿股限售股陆续上市，按 11 月 24 日收盘价计，解禁市值将达到 1 722.74 亿元，较前个月规模增加逾七成，泰山压顶，上证综指下调到 1500点或许只是个时间问题，如果失去政策利好强有力支撑的话。与之对应，上市公司再融资热情却一直不“减”，管你熊市牛市，照“圈”不误，且积极性远高于发行公司债权，因为实施成本极低，且不用偿还，“有权利（力）无责任（稳赚不赔）”之好运大概也只有 A 股市场才撞得着，谁说“天上不会掉馅饼”，只是不会“天天掉”罢了，所以必须趁早，熊市“圈钱”也屡屡“遭遇激情”便不难理解了。

除上文曾提及的证监会置“主要股东出资比例不得超过全部出资 49%”的明文规定于不顾，让招商证券在 8 月间匆匆“过会”，以拯救其年内 IPO 资格，如今又传“重大利好”——招商地产（同为“招商”一族）又将逆市“圈钱”。据查，该公司上市 15 年实施 7 次再融资，融资额是分红额的 14 倍，不算新股首发，光再融资便先后圈走 111.25 亿元，最近一边声称“公司资金很充裕”，一边又向投资者伸手要钱，理由是“支持企业长期发展，增加土地储备……”，仍只字不提怎样回报投资者，估计与“平安”用的是同一个写手，腔调恁地相似，背后驱动力无疑仍是“不圈白不圈，白圈也要圈，圈白了下次还得圈”的 A 股铁律。

政策选择性调控与资源倾向性配置

融资再融资与大小非减持互为表里，共同在“慢牛”的伤口上撒盐，直到牛皮底下露出“熊样”来，目的都是为了打压股价，以便从惊慌失措的中小散户手中夺取更多“带血的筹码”。只是当股市疲弱到反噬起圈钱者自身，使第一功能难以为继，一融资便破发，包括央企在内的一批上市公司才稍稍“抖豁”起来，“增持”二字渐渐唱响，“知与行”趋于合一，而此时广大中小投资者“虽不能至，心向往之”的第三功能——利益再分配，则早就成了明日黄花。

人们发现，在上一轮牛市过后，中国资本市场发生了一个重要变化，即大型垄断企业和国有银行占据了极大的份额，拥有了举足轻重的话语权，但其本身尚未经历过一个真正意义上的下行周期，更不用说像 2008 年这样不期而至杀伤力极强的经济衰退期，如果中国金融和石化等板块沉沦不起，则中国资本市场将推倒重来，这就是沪深两市的处境，其兴衰荣辱全系于国有控股的蓝筹股一家之手。在选择性调控政策的主导下，缘于“失之东隅，收之桑榆”的考虑，甚至是“挖肉补疮”的冲动，如果不是高度警惕，股市中久治不愈的“劣根性”很有可能被进一步激活。笔者在前文中曾不无感慨地写道，由于国企本身拥有特殊的资源优势，以及与政府之间千丝万缕的联系，国企通过股市进行资源配置，难免带有很强的选择性，受内在利益驱动，这种选择性总是朝着强者愈强、弱者愈弱的“马太效应”方向演进，使股市须臾不可离弃的公平性蒙上一层浓厚的阴影。尤其在“为国资保值增值”、“将央企做大做强”的神圣光环中，损害中小投资者利益的违规行为不易受到查处，更可利用监管漏洞和信息不对称而反复进行利益输送，其本质上仍是通过对“公共金融资源”的占有而满足放大了的小群体利益，相当于从中小投资者手中“窃取”财富，必然导致股市竞争秩序的混乱，使多数人沦为替少数人买单的利益受损者，此类例子不胜枚举。

近日读到证监会主席针对“大小非可能被暂停流通”的传言一语道破，“大非政策已经明确，不会再作改变”，丝毫也不觉得奇怪，面对惹是生非的大小非，管理层宁可鼓励其在二级市场增持回购，大开“二次发售”、“大宗交易”、“可交换债券”、“融资融券”等方便之门，也绝不愿向社保基金划拨本应划拨的国有股，或延长大小非锁定期，或推出具有熨平股市波动效用的平准基金，或至少改变源源不断滋生新的大小非（限）的新股发行制度等，无非是“重融资轻回报”的 A 股本性赋予了它保护大投资者利益的天然使命。

“全民投资，亲近者受益”

与此对应，有关央企上缴“红利”如何再分配的一则“最新闻”几乎就算不上什么新闻了。据新华社披露，国务院已批准国资委国有资本经营预算总额547.8亿元，这是国资委首次对央企上缴的红利进行分配，它将主要用于央企新设出资和补充国有资本、央企灾后重建，以及推进中央企业产业布局和结构调整，三下五除二，就将这块大蛋糕分食殆尽。全民企业巨额利润不能惠及全民，全民司空见惯，"谁投资，谁受益"的基本原则，在国企层面早就蜕变为"全民投资，亲近者受益"之怪圈。虽然2007年国资委发布政策，结束了国企13年不交红利的时代，但上缴比例最高却只有10%。根据年报，2008年度，工行实现税后利润人民币1 112亿元，同比增长35.2%；中石油实现净利润1 144.31亿元，同比下降22%；中移动净利润1 128亿元，同比增长29.6%，而依照柳传志（全国人大代表、联想董事局主席）在两会上的说法，大型国有企业2008年整个利润约9 000多亿，所有国企的利润加起来，超过1万亿应该不成问题。上缴的利润少得可怜，那"余额"跑到哪儿去了？却原来，中石油2007年上半年利润高达818.3亿元，拿出54亿元调整员工薪酬使得该成本增加了三成多；南航2008年巨亏48.29亿元，而董事长薪酬达91.68万元，比2007年上涨34.19%，公司副总经理和总飞行师的薪酬分别以118.39万元和95.61万元位列南航高管薪酬榜前两位（有人辩称该年薪绝大部分是2007年绩效奖励）。即使上缴的那10%利润，其实也绝少被纳入公共财政，"取之于国企，用之于国企"，右手"倒腾"到左手而已，但要让左手来监督、处罚右手，那就对不起了。

人们纷纷质疑，"国企赚的钱消失得没道理"，就基本属性而言，国企红利具有鲜明社会性，属于全社会的财富和价值，这就要求国企红利应将解决分配不公放在首位，而不能再返还企业，变成部门体系内的资源，理应让全社会老百姓分享大头。如今微薄的分红现状致使国企很难"为全民赚钱"，这对广大公众的福祉构成双重不利，既是直接遭受垄断盘剥的不利，也是垄断势力壮大后妨碍市场竞争秩序形成所带来的不利。在当前受世界金融危机影响和国内消费不振的背景下，倘若把国企（首先是央企）的红利用在教育、医疗、养老和农村建设等关系国计民生的领域，那么，国内消费这驾“马车”就会驶入快车道，从而刺激国内实体经济向良性方向发展。但在现行制度安排下，公众想从国企红利中“分得一杯羹”又谈何容易，取之于民（包括股市）未必用之于民，遑论“第二次分配”，享受源源不断垄断利益优势和政策呵护的国家企业，在惠泽全民舍利取义方面永远逊色于佛山照明一类民营上市公司，这早已是妇孺皆知。但在本质上它也符合中国历千年而不衰的“家文化”传统——“是亲者不能不顾，不是亲者不能相顾”。

怪不得央企利润大增老百姓不喜反忧

联系到A股发行价高于H股12倍仍言之凿凿“让利于民”的中石油，以及上市首日即跳空高开达68元的中国神华，公司董事长陈必亭仍表示“很不满意”，随后连续上涨20天至94.77元，继而一路暴跌到19.93元，跌幅达78%，一介草头小民唯有苦笑的份儿，促狭者讥刺道：“要让散户解套其实也不难，将中国石油和中国神华合并称为‘中国神油’即可，仍会引得无数跟风者竞折腰。”新民网一篇署名阿西的短文《央企利润大增为何不令人兴奋》愤然叹曰：“至今依然没有任何数据和事实可以证明，能够赚钱的央企让国民分享到了它们的成果。中国改革发展到目前阶段，赚钱的央企要真报喜，还不仅是市场的建设，更是一个国民怎么分享到中国经济发展和进步的问题，是国民怎么增加财富的问题，以及国有企业如何把利润反哺全民即怎么保障国民能够分到央企利润，以及怎么公平合理分配的问题。说央企的报喜和普通国民没有关系，那还是国民大度，要不真可以怀疑这些被称作全民所有的央企，根本就是极少数人和利益集团拿着空洞的‘全民所有’大旗，骗取国家权益，用来忽悠普通中国人。”

不妨稍微讨论一下央企补贴问题，坊间对此一直颇有微词。比如中石油和中石化每年都能获得大量的财政补贴，当国际市场油价上涨，可以打着与国际接轨旗号跟着大幅度提价，同时仍以资源品价格管制为由，继续索要政策性补贴，而当国际油价急剧回落，却维持高油价不变，等着“消耗库存”，如《每日经济新闻》标题所云“涨如放箭降如拉纤，油价调整两根弦”，无论怎么解释，其合理性必要性都令人生疑。坊间相信，这些巨额的财政补贴中，肯定不乏经营性补贴，即由于经营不善或误判形势所造成的亏损，并非全部由价格管制等政策因素所造成，这本身就极不合理，实际上鼓励了垄断企业的不正当竞争优势，为何就不能给予中小企业包括民营企业同样补贴呢，就促进经济增长、提供就业岗位、上缴国家税收等而言，其总体贡献率一点儿也不低于甚至优于大型国企，可目前国内连一家专门为其提供信贷服务的银行都没建立，一旦资金链断裂，只能仰天长叹，“忍看朋辈成新鬼”。据工信部中小企业司所披露数据，2008 年上半年仅长三角、珠三角地区，规模以上企业倒闭便有 6.7 万家之多，原因一是对外依存度高，海外需求量锐减令其猝不及防；二是大多属劳动密集型企业，因劳动力成本增加导致“用工难，用工贵”，使其不堪重负；三是传统加工型企业，更易受制于燃料、动力成本的持续提升，危机从上游向中下游迅速传导，而最后一击则多半由银行信贷系统完成，甚少例外。虽各大银行均有中小企业信贷部，但“惜贷”、“惧贷”气氛浓厚，宁肯为国企背负大量不良资产（呆账坏账），也不愿向名义上还贷风险更大的中小企业施以援手。该司负责人有关“中小企业对国家贡献率为 4、5、6、7、8”的比喻令人印象深刻，即我国约 4 200 万个中小企业创造的税收占全国税收总额的 48%、在 GDP 中占 58%、在进出口总额中占 62%、提供就业岗位占 75%、在新产品生产和创新中占 80%以上，尤其最后一个指标，反映了中小企业在产业结构上也开始拥有比较优势，一村一品，一镇一品，朝着产业集群和板块组合方向快速转换，凸显出公平竞争背景下优胜劣汰的体制(机制)优势。

产业资本运作方式——“说破英雄惊煞人”

适成对比的是,大型国企们得益于资源选择性配置,占尽天时地利,却未必“人和”,由于官本位等体制因素,加上“一家独大”,居安不思危,导致国企高端经营性人才并不像人们想象的那么充裕,就应对金融危机和科技创新的能力而言,很难说他们胜过民营企业多少,征战海外市场全线败北即是典型一例。除了中投公司“每投必不中”和中国平安投资富通血本无归,近期还有中国钢铁业为阻止必和必拓收购力拓(即两拓合并),在全球大宗商品价格涨潮时,放开肚皮“吃”进 9 000 万吨高价铁矿石,最终减值损失达 350 多亿元,加上中铝公司投资力拓成为最大单一股东,140 亿美元的投资浮亏 80 亿美元(折合人民币约 544 亿元),两项累计中方已为两拓合并付出 900 亿元代价,堪称“外战外行,内战内行”的经典案例。

新华社一署名文章对此类个案作了鞭辟入里的分析,指出“产业资本的思维方式”是我们在国际竞争中每每铩羽而归“买啥啥贵,卖啥啥跌”的主要诱因之一。为阻止两拓合并,中方不计成本地采取“补救”措施,除了谈判破裂,似乎什么都能接受,其逻辑起点(或曰教训),一是用产业资本的战术思维来应付金融资本的战略思维,使中方胜算降至零点;二是产业安全当有边际成本,不计成本地追求产业安全实属“伪命题”;三是行业间无法凝聚成一个代表国家利益的完整主体,只能在多边谈判中始终处于弱势地位,结果为了死保铁矿石长协机制而放弃了价格底线。该文章痛心疾首,“在当时的价格背景下,中方就应该选择放弃,从某个角度来看,对产业安全的真正威胁不是资源紧缺,而是不计成本。”

同样荒唐的是,当国际原油价格飙升至每桶 150 美元时,“别人恐慌我贪婪”，为防备油价飙升至200美元，我方竟“贪婪”到斥巨资购入大量高价油作为“战略储备”，孰料从12月1日开始，国际油价连续暴跌，由60美元滑落到40美元附近，再陷“两边吃耳光”之舛命。三大航空公司（东航、国航、上航）按当初燃油套期保值合同，在对手方有权卖出油价为80美元时，浮亏已逾100亿元，并有可能进一步扩大。截止2008年底，国航账面亏损68亿人民币，东航亏了62亿，上航赔了1.7亿，以国航2007年总共赚了33亿人民币计，还不够他一家“填窟窿”的呢；而按同期东航净资产仅剩11亿元估算，其账面上早就资不抵债，如此重大信息本该及时公之于众，但迟迟不见动静，几大巨头个个讳莫如深，究竟在等什么，大概是财政巨额注资吧——果不其然，在油价上涨的情况下，东航与南航已分别获得70亿和30亿的政府注资，而国航更得到了异乎寻常的100亿，同为蓝天事业的民营航空奥凯公司仅损失2亿元，却因为得不到同等呵护濒临停飞的命运；再有就是内部信息“羞于示人”了，原来东航等巨头对国际油价走势之判断，竟主要依据其套期保值合同的对手方——美国高盛、摩根士丹利、德意志银行以及渣打银行等国际金融机构的分析报告和对石油供需关系的研判，很有些主动投怀送抱的意思。

海外投资屡败屡战已成某些人癖好，反而是小有斩获的境内投资，一直也勾不起他们的真正兴趣，比如迄今中投惟一胜绩是参与了一家中资企业在香港发行H股的认购，多少有些盈利，但浅尝辄止，似乎唯有境外成功才能最终证明自己，这其实并不奇怪，在不对等的A股较量中，以强凌弱如囊中取物，带不来“快感”，唾手可得的政策性补贴，更稀释了成功的喜悦，凡地球人皆知所谓10送3对价方案体现的是一种怎样的“契约精神”，外战巨亏总有“内战”胜果来托底。恰如叶檀女士在一则时评中说：“东航上市后几乎连年亏损，现在又面临‘投机门’，负债率已高达90%以上，如果不救援，很快就会破产”；“但不管在美国，还是在中国，只要用的是纳税人的钱，公司无一例外会狮子大开口。像东航、国航投机巨亏，居然用一份语焉不详的报告强行辩解，已经或者即将获得巨额注资，明显属于浪费资金，虚耗国民财富。”笔者相信，此类问题实质是，“央企究竟要不要建立市场管理机制？要不要建立信托责任制度？如果政府救市救的是低效率企业，那么抢救之后，我们很快会迎来更大的危机——政府救市形成的通货膨胀和生产效率的下降，回到 20 世纪 70 年代的经济周期。”

据传沪指 1735 点是产业资本与金融资本的接轨处

或许这也正是一年间 A 股市值蒸发 20 多万亿的另一个谜底，有意无意地外抛内吸贵买贱卖使得产业资本大鳄总能“堤外损失堤内补”，永远立于不败之地，而千百万中小投资者颠三倒四横七竖八昏头六冲最终却是在打一场毫无胜算的“货币战争”，错把他乡当故乡，免不了替人做了嫁衣裳。在 A 股市场，大小非（大小限）从来就是产业资本的排头兵，混迹于江湖，见诸金融之形态，而神系于产业资本集团，像萦绕亿万股民心头的一道魔咒，拂之不去，去之复来，或如一块“坚硬的石头”，有时用来“投石问路”，有时借以“落井下石”，待到水落石出（即 A 股跌无可跌）时，产业资本便悄悄地进“庄”，不费一兵一卒，开抢“带血的筹码”，真可谓“天之尤物”也。

记得沪指击穿 2000 点时，监管层口惠而实不至，半推半就地“维稳”，而国资委则连“口惠”也免了，不断地发出“减持”信号，当时就有主流媒体猜测，这很可能是“两家合谋”，只为新一轮央企并购重组拿到足够多的便宜筹码，以 1735 点（静态市盈率约 14.3 倍）为界线，差不多恰到产业资本与金融资本接轨的“好处”，初听莞尔一笑，以为皮里阳秋，谁知竟一语成谶。大量统计数据显示，与大小非逢高出货同步，诸多上市公司大股东进入二级市场，开始重置价格低廉的股权，尤以近期为甚。譬如，2008 年 11 月 9 日国务院发布 4 万亿投资计划，遂引发股市强劲反弹，大小非乘机狂抛，10—12 日三天时间里，减持近 1.9 亿股，超过整个 10 月份 1.58 亿股的减持总量；但与此同时，大股东增持（股权投资）亦渐入佳境，同年 8 月净买入 1.82 亿股，市值为 18.96 亿元，9 月增持 139 笔，远超过减持 49 笔，净买入 1.82 亿股，而 10 月份大股东和高管增持更比大小非减持多出 3 977 万元。特别值得注意的是，暗流涌动的产业资本从一个侧面印证了 A 股估值确已合理，上升空间明显大于下行可能，据 Wind 统计，截止 11 月 13 日，沪深两市剔除 ST 股，共有 127 只股票跌破净资产，包括宝钢这等优质蓝筹股，表明产业资本在二级市场对上市公司的收购成本，已大抵相当以往对法人股的收购价，正是 2001—2005 年熊市期间的那波低吸狂潮，让股改后的产业资本赚得钵满盆溢。以海螺水泥为例，先后购入 7 家同行上市公司股票，成本已明显低于重建，据初步测算，随着原材料价格上涨，水泥行业投资成本已升至每吨 350 元，而按该公司股票市值，收购其资产每吨成本仅 200 元，此类实例难道还不具有说服力！

在这两种资本博弈的风口浪尖，不论谁输谁赢，最终受伤的只能是中小投资者，产业资本借大小非“试水”，一个高抛，一个低吸，作“秀”于外而得“惠”于中，形散神不散，人为压制 A 股反弹高度，上演当代“石头记”，一个白脸，一个红脸，忽雅忽俗，亦庄亦谐，给企业产权重置腾挪足够空间，将资本双簧戏唱得出神入化，而对远离权力中心难挨信息不对称之苦的中小股民则不啻“相见时难别亦难，东风无力百花残”。

从道理上讲，产业资本发挥主导作用势在必然，因其手中掌握大量锁定筹码和第一时间信息，是一种不可替代的天然优势，非常容易配合场内资本的运作，大批逐利而来的游资，或衍生于产业大股东利益资金，或捆绑于各主力机构，不时借力发力，呼风唤雨，上下其手，有意无意将中长期市场格局导入以游资为核心的“庄股”时代，最终还是会被产业资本利益集团所利用。

这一火中取栗战法，合乎证券市场亘古不变的投资主题——没有增长炒重组，且顺应了大趋势。一是政策面鼓励行业内的收购兼并，以拯救中小企业，而央企和地方国资重组好戏刚刚开锣；二是经过一年自由落体式暴跌，许多公司已跌入重置成本区域，低估行情为市场化收购兼并创造了有利条件；三是场外产业资本也尝试性介入股市，动机并非“搏差价”那么简单，而是风险投资资本开始显现投资和收购双重价值使然；四是国际金融危机助推了我国经济和产业结构调整，全球性收购兼并浪潮带来了难得的机遇和挑战，顺势而为，何乐而不为。如果没有理解错，这可能正是 2009 年 A 股市场或有超预期表现的最大看点——重组的驱动力。

不容错失的一波“初牛”行情

对我等中小股民而言，该走向不容漠视，目前零星进入的产业资本一旦浴火重生，呈燎原之势，必转而“普度众生”，掀起一个活色生香的“初牛”行情。据笔者潜心研究，时间节点当在 2009 年春夏之交，如管理层顺乎民意，适时推出针对大小非强硬政策，则行情有望提前到来。其依据如下，产业资本认同股权价值一般经过 5 个阶段，即减持—延期减持—增持—回购—并购重组，或兼而有之，或跳跃式推进。四川长虹对美菱电器的并购案历经两年已尘埃落定，2008 年 11 月，前者通过二级市场增持后者股票 427.7 万股，坐稳了股本占比 20.03%以上的美菱第一大股东交椅，这期间美菱平均股价 2.5 元，而其净资产已在 2.49 元。总体而言，目前处于第 3 阶段，表现为增持变多，因实体经济快速下滑而从产业资本退出的流动性暂无出路，试探性地介入 A 股，更多地则是以借道大型私募的方式间接地“组团入市”，使得游资的规模和能量不断地壮大，足堪与公募基金匹敌，意味着历经一年惨不忍睹的暴跌之后，后期行情中激情元素日益增多，箱体运动有声有色，虽真正反转尚待时日，但先L型再U型已露出先机。

经过一个时期的潜心研究，笔者在此斗胆建议：诸位可拿2000点作为中轴，上轨为2350点，一旦有效突破该阻力位，可重仓跟进，而下行支撑在1800点正负5%区间，乃产业资本与金融资本接轨处，放心大胆地加仓就是，在下绝不相信大盘还会重返1664点的前期低位，除非政策市风光不再。

鉴于当前A股行情乃经济下滑悲观预期与政策利好频出在市场心理层面反复博弈的结果，根据“多空之争讲政治者胜”的历史经验，一轮可圈可点的政策性牛市似近在咫尺，这也符合牛熊互易经典的“三段式”路径，即牛转熊是基本面—资金面—情绪面，而熊转牛则是资金面—情绪面—基本面。作为重要技术和心理支撑的60日均线，挟三次降息（包括一次降108个基点）等大利好，反复冲击皆功亏一篑，终于在春节后攻克并基本站稳，对后市有很强提示意义。笔者赞成“降息的过程也就是牛市酝酿的过程”这一判断，且有充分数据支持：1996年5月1日央行将一年期存款基准利率由10.98%下调至9.18%，下调1.8个百分点，次日上证指数大幅高开，但低走后以大跌3.92%报收；1996年8月23日，央行将一年期存款基准利率由9.18%下调至7.47%，下调1.71个百分点，上证指数复制上次降息走势，跳空高开即成为当天最高点，一路走低至下跌1.56%报收，但政策利好累积效应最终还是推动A股走出一轮波澜壮阔的牛市行情。

当然，多空博弈仍在继续，大盘转势必须借助权重股发力，而权重股离不开内在价值支撑，这方面仍存极大不确定性，故轻指数重个股将是赢家不二法门，应首选与4万亿投资计划密切相关的中小市值低价（也别太低）超跌股，唯游资马首是瞻，于60日均线处快进快出。近期高度关注3G牌照发放、燃油税改革、人民币升值、建立房贷基金、铁路公路建设等信息，遴选相关个股，捕捉交易性机会。总之，纵然不相信“A股遍地黄金，现金等于垃圾”这等过分乐观的说法，但也千万别听1600点以上仍“现金为王”一类忽悠，否则行情来了一点儿感觉都没有，“空山看尽夕阳晚，不觉月从身后来”，2008年输得最惨的是最讲价值理性的准知识分子股民，今后可能依然是。值此“精华与糟粕并存，龙鳞伴狗毛齐飞”的特殊年代，“宁要模糊的正确，不要精确的错误”（巴菲特语），尤其别钻牛角尖，政策市与投机市，貌离神合，殊途同归，遵循着相似的游戏规则，要的只是敏捷和狡猾，谁认死理谁先输。熊市意味着进入信息负反馈周期，对利空的敏感放大和对利好的麻木迟滞交织于筑底全过程，与低迷行情互为因果，这种思维惯性（盲区）每每令人错失良机，说句俏皮话，笔者最怕“两边吃耳光”，那只能证明自己智商在中等以下，宁肯让半边脸（一般选择左侧）承受所有“耳光”，起码硬充回胖子，单等“后笑”那一刻，反正从3850点套起，哀莫大于心不死，信心没了，只剩耐心，犹如那句贫嘴，“炒股就像减肥，决定最终结果的不是头脑，而是毅力”。大不了守株待兔，林子大了，什么兔子都有，总有莽打误撞自个儿“上树”的，兴许“套”得上股友那别有一番滋味在心头的老曲新唱《打死也不卖，哪管他不卖就得死》。

但愿民营资本有幸分享几杯羹

闲言少叙，还是来点正经的，大势看不清，暂且做个“看客”，心动而不行动，像老师傅似的学会“半仓”，也未尝不可。按理说进入了全流通时代，并购重组就该是一种常态，近期一些发展潜力大、股权结构松散、股价和估值偏低的公司频遭举牌，已向我们传递出一些积极信号，如能借此“洗牌”良机，将那些资源高耗型、假冒伪劣型、污染和危险型、人力剥削型、抗风险虚弱型等不良上市公司淘汰出局，那可是股市幸甚股民有福了，但这可能又是一厢情愿，年届“弱冠”的中国证券业还从未这么高效率地运转过，倒不时有资源错配和低效配置一类现象发生。瞧瞧上市公司中那800多家国企控股公司，哪一家不是圈钱劲头十足，虚掷了无数资源，却没有给市场质量提升作过什么贡献，尤其是无形中挤占了民营中小企业太多的生存和发展空间，使创造了 70%的 GDP、提供了 75%的就业岗位、却仅拥有 30%经济资源的后者，无奈地蜷缩在憋仄的方寸之间。据信此次信贷扩张，受益者仍是大国企和大项目，票据融资亦属具有国家信用担保的大型企业的“特权”，中小企业难得分享一杯羹。一则《工行成为全球最盈利企业》的信息，“雷”倒了众多圈内圈外人，垄断企业越强大，民营企业只能越弱势，早已是坊间共识。国企盈不盈利，盈了几多，一概与我无关，也了无兴趣，不追问一句“赚的钱流到哪里去了”就算是客气的。至于刚刚获得政府注资的三大航空公司，转而以集体涨价（即价格联盟）方式向消费者（亦纳税人）转嫁“双重”亏损。人们有理由担心，莫非是大型国企还得继续“绑架”中国经济，如此鼓励亏损企业，岂不会将股市变成“优汰劣胜”的逆向选择市场，其势岌岌乎危哉！

但上述担心或许真是多余的，温家宝总理最近明确指出：“要鼓励、支持和引导非公有制经济发展，落实放宽市场准入的各项政策，积极支持民间资本参与国有企业改革，进入基础设施、公用事业、金融服务和社会事业等领域。”人们心头重燃希望，这是一次难得的机遇，当经济处于低谷时，恰恰是开展资产重组的最佳时期，其运作成本将远低于市值高峰期，产业资本与金融资本博弈到这个份上，不该再是“两股道上跑的车”了，国企资产重组离不开政府支持，更不能缺少市场机制，还是在发现和对接市场机制上多下点功夫吧；愿尽快去除对民间资本的政策桎梏和思想包袱，激发其参与热情，打破垄断，放开管制，给民间资本创造一个安全而放心的发展环境；国企上市公司暂且克制一下融资再融资的冲动，向并购重组方向靠近一步，用自己的优质资源熔铸劣质企业，以厘清市场，恢复投资者信心，这才是合作共赢之道，如觉得勉为其难，起码别再以规模大小论英雄，借着消灭过剩产能名义，联手扼杀高效企业，那是我们都付不起的代价。言为心声，立此存照，是否能代表最广大中小投资者的呼声，就让实践来验证吧！

第七节　国企高管凭啥拿这么多薪酬

独具匠心的“九折降薪令”

不是我不明白，这世界变化快，怎么个快法，其速度就跟赌徒去赌场一样快。“限薪令”犹在耳边，“降薪令”接踵而来，仍难以纾解国人一腔愁绪怨怀。财政部近日下发《关于国有企业高管薪酬分配有关问题的通知》，明确国有金融机构高管 2008 年薪酬水平以其 2007 年的 90%封顶，如果业绩下降或薪酬明显高于同业水平，其高管还将进一步降薪。这个独具匠心的“九折降薪令”迟是迟了些，毕竟还是来了，而且比先前那个以 280 万封顶的“限薪令”进步得可以用“历史性的”来形容，因为根据 2007 年官方信息披露，交行董事长年薪为 195.18 万元，工行董事长是 179.5 万元，建行董事长 178.3 万元……按 280 万封顶价，都有 40%不等的“搏差价”空间，故称“限薪令”为“加薪令”绝非圈外人刻薄。一早便知国企高管薪酬之高不可以道里计，只是不知已高到“鸟枪换飞毛腿导弹”的程度，以致将其控制在职工平均收入水平 15—20 倍的标准几近“真实的谎言”。

据权威数据显示，中国几大国有银行高管的年薪大致在 150—180 万元之间，其他央企如中石油、中石化等企业一把手的年薪在 80—100 万元上下，2008 年中国上市公司高管们的薪酬上涨了 12.2%，超过 1 000 万元的有 3 位，超过 300 万元的有 33 位，“冠军”由格力董事长以年薪 4 000 万元夺得，“亚军”由该公司总裁以仅少了 12 万元的年薪赢取，“季军”情况目前不得而知……以 2008 年我国城镇职工平均工资 2.9 万元作为参照，高管薪酬之高可谓触目惊心，有人计算过，国企 CEO 薪酬最高者达到所在系统职工平均收入的367倍之多。

但这远不是问题的全部，天价薪酬并非"天道酬勤"的自然结果，这才是要害。国企高管大多是官员和企业家一身二任，其所处经济结构顶端的垄断地位，与行政干预下的不公平的利益输送和利益交换难脱干系，有足够条件将体制性的垄断资源和政策资源潜移默化地转变为自己的财富。囿于市场准入的限制，许多国企并非谁想进就可以进，须有国家隐性担保，出了问题，无不由财政兜着，有了成绩，则一定是"在董事长的正确领导下……"。最要命的，是借助薪酬激励机制的所谓市场化，高管其实可以自定薪酬标准，只不过需要认认真真地走一下程序，"多不多不多乎多乎哉太多也"，全得看高管们内心的"道德命令"如何下达了，通常情况下，结局不容乐观。人类社会有一条铁律，在没有外来压力时，任何组织的发展都会朝着有利于该组织精英的方向演进。诺贝尔经济学奖得主斯蒂格里兹更是将股权激励称作"盗窃"，并建议投资者"用脚投票"。无须深究即可发现，大多数国企高管早就将财政部制定的职工薪酬标准中所包含的福利、期权等排除在外了，当然更不包括职务消费等灰色收入，除了必须公开的以外，还有一些半公开、半透明、甚至完全不透明的收入，比如股票、红包等，北京银行和宁波银行的内部职工股甫一上市，即刻造就一大批百万富翁，被讥称为"富翁生产流水线"，其实质是产业资本上市后的垄断溢价，与公司本身业绩上升并无什么关系。在"流连忘返"中总能"得风气之先"的国企高管们，会将这些远高于普通员工的"红利"计入他们本已不菲的薪酬中么，天不晓得地晓得，老百姓心中更有一杆秤。

长度几乎相等的利益分配链和监管调控链

《大众证券报》知名记者潘龙先生说得好，作为公司所有者，数量众多的中小股东并不具有公司的控制权，这在某种程度上形成了类似于国有企业的所有者缺位。这种缺位的所有权，通过委托代理关系，转移到公司一把手身上。一把手再基于各种人际关系，进行利己的利益分配。由于代理链条的拉长，造成的最终局面并不利于中小股东。如果任由高管按股权激励进行明目张胆地抢钱，只能逼着小投资者“走为上”。其实“缺位”的何止所有者本身，更是作为“代理所有者”的管理层比如国资委等，他们也有难处，既然是“代理”，与切身利益无关，从理论上说便存在“廉价投票权”的现象，也就是不能体现终极所有者的真实意愿的表决，也就容易出现放纵“内部人控制”和选择性干预的情况。无怪乎，一切条条杠杠看似滴水不漏，其实漏洞百出，也不具有硬约束力，讲的是“利益捆绑”，有福同享，有难同当，结果仍然是“有福我享，有难你当”。

曾有眼光敏锐者质疑“降薪令”本身的合法性，“财政部的标准是很随意的，并没有令人信服的依据或科学论证。为什么 2008 年高管薪酬是在 2007 年的基础上降低 10%，而不是 5%或 15%，显然没有道理可言，反映的是人治而不是法治。”另一种声音更具穿透力，接近“两头堵”，想想还真不好反驳，其大意为：财政部有关规定或将使国企高管迷失在矛盾的政令中，因为业绩差要被降薪，业绩太好(高于同行业)也要被降薪，他们似乎应该去追求一个刚刚好的业绩。国有金融企业高管大部分是以行政官员的方式来任命的，但他们同时又是企业家，也要按照市场的规则来运作。要使得收入分配更公平就要降薪，而根据市场目标要激励高管将国有金融企业的利润搞上去。当行政目标与市场目标不一致时，就会出现上述矛盾。而国有金融企业的高管显然也会陷入官员和企业家的身份认同迷惘，两个身份所扮演的角色不同，行为也不一样。以官员标准去要求企业家或者用企业家标准去要求官员，难免产生考核上的扭曲，就好像非要让白菜有番茄味一样是不可能完成的任务。

迷失在双重身份之间的国企高管

笔者之所以大段援引《东方早报》专栏作者李华芳的这些文字，是因为它们太掷地有声了，让我有茅塞顿开之感，“定位”是前提，“名不正则言不顺”，何况“行”乎，国企高管长期迷失在角色身份的认同迷惘中，那怎么行！中国股市有时大讲“中小股东利益至上”，有时却要“保护所有投资者”；有时强调“要尊重市场价格自主发现功能（即定价权）”，有时又主张“通过国有股高抛低吸来稳定市场”；有时（比如3500点）要祭出印花税上调大旗来阻止升势挤掉“泡沫”，有时（比如5000点）却认为“目前股市发展总体上是健康的”，默认大蓝筹行情将股指一路推升到6124.04点。甚至连证监会这样的管理机构，其角色定位在朝野的认知上，也有些模糊，有时各持一种见解，有时则一起迷惘。那么多行家里手都愁肠百结，一介草民又能咋地，但大概还是有解的吧，初步答案或已隐含在原作者微言大义的文章标题中《高管限薪离不开国企改革》，股市亦然，需要的是对其长期发展重新定位，而不是“推倒重来”。

如果没有记错的话，坊间对于高管薪酬的热议，好像是从中国平安掌门人马明哲6 000.16万年薪扯开的，一方义愤填膺，一方振振有词，由于始终找不到一个大家都能认可的起码标准，激辩之后终归还是一个“淡”字，也表明但凡很扯的事情，扯来扯去扯出来的除了“淡”绝不可能是别的什么东西。有专家指出，衡量CEO的经济指标主要有两个，一个是获取利润，另外一个是获取利润的同时获取未来的增长态势。前一个好说，后一个说好就有些不易，诸多圈钱（俗称融资）之冲动往往系于对“未来增长态势”之预期，很有点“政治正确”的架式，至于未来是多久（甚至最终来不来），谁也说不清。笔者刚刚入住的金地集团开发的一个楼盘就叫作“未未来”，风趣而悬疑，直白却含蓄,充满了中国人的冷智慧。对未来预期的不确定性,令人遐想无限,极富诠释空间,可上可下,左右逢源,足以堵住所有怀疑论者的嘴,一句“我们关注的是长远收益,不在乎一时盈亏”就够了,然后继续为了“未未来”而大把大把地为自己捞“三六九”。透支不确定的未来预期可能正是高管薪酬最常借用却最站不住脚的理由之一,公众对商界精英的过分崇信以及对专业领域不熟悉乃至宽容大度的态度,都在客观上助长了“高薪之风”的愈演愈烈。

倘若“不知情者不为过”也算一条理由的话

不久前读到《直击华尔街风暴》一书,某位在央视同名专题节目中一战成名的年轻主持,就中投和中国平安两家公司海外投资一败涂地所发表的高谈阔论,令笔者震惊不已,在真相完全浮上水面的 2008 年底,这位英气逼人的小伙子如此说道:“不能因噎废食这个观点应该被更多中国金融机构和企业分享。马明哲当时决定平安入主,也是经过慎重考虑,只不过时机不好。但是在当时的情况下,根据当时的信息所作出的决定,是最明智的决定。富通的问题不一定是来自自身,而很可能是系统性的问题。中国包括媒体在内,大家是否应该对海外收购资产这样的事实,用更宽容的心态、更长远的观点来看。比如前一段时间聊到黑石的问题,很多人说中国买黑石是个错误,这种观点也是非常短视,这种投资是战略投资,包括平安入主富通。这种投资是需要用几十年来看回报的,比如投资酒店,回收期要十五年到二十年。媒体在这些问题上,是不是容易把海外投资当成了海外投机?”

这种建立在雾里看花一知半解基础上的夸夸其谈,根本不值一哂,对以上迂阔之论反诘最有力的,可能是著名财经评论员徐立凡发表在《华夏时报》上的一篇短论,题为《中国平安“富通困局”警示中国利益亟需维护》,现部分摘录于下："对于这场从雄心勃勃开始，却最终损失200亿元并仍在持续中的痛苦，中国平安有许多可以总结的地方。比如，富通决定出资134亿欧元并购荷兰银行之际，曾经隐瞒了其所持有的57亿欧元美国次级债券的具体情况，以及对其财务造成的潜在影响，而中国平安对此事前并不了解，正是并购荷兰银行的交易和愈演愈烈的次贷危机，最终击垮了富通。如果平安收购富通股权时仅凭公开信息或富通单方面信息，那么投资显然有轻率之嫌。又比如，对于比利时政府只补偿欧盟个人股东，不补偿机构股东和非欧盟股东的不平等方案，平安竟然出奇的安静。而当比利时、荷兰和卢森堡政府想富通投资112亿欧元分别收购其全资子公司部分股权后，平安对于荷兰与比利时政府迫使富通集团董事会同意分别向荷兰、比利时政府廉价全盘出售其核心优质而只保留劣质资产的做法显然缺乏准备，既没有通过向政府诉告以求通过政府间协商维权的表现，也没有及时提出有利于己方的交易替代方案，对于企业的海外经营来说，当地的政治风险是最大的风险，更不用说这场政治风险直接与自己的投资项目有关。既没有向政府申请帮助，也没有做法律准备，这反映出平安风险意识的麻木和应对手段的缺乏，这实际上是企业面对海外投资智力不足的体现，平安与富通的恩怨情仇堪称一次成本巨大的提醒和教训。"

如此盲目冲动全无风险意识的投资决策过程，竟出自一家以保险为主业的集团高层，直让人看得目瞪口呆，用"智力不足"、"轻率粗糙"来形容犹显得"轻率"，遑论什么"根据当时的信息……是最明智的决定"一类虚美之词，倘若"不知情者不为过"也算一条理由的话，那还有什么"决策对错"可讨论，还要那些个"雄才大略"的商界精英做甚，何不让笔者亲率一草台班(或曰临时决策机构)，根据"当时的信息"，去赌一把败率绝不会高于90%的"局"，在下愿以人格担保，如最终将本金输掉90%以上，愿接受包括捐赠家产和"负薪酬"在内的任何处罚。尤令人气噎者，是年轻主持将"实践是检验真理的惟一标准”一下子打发到了三十年后，变成“时间是检验真理的惟一标准”，这也是某些国企高管在“屡投不中”之后惯用的一种思维逻辑（实乃应对策略），时过境迁，物我两非，即使到时候真的血本无归，你又能找谁理论去，只是没想到报应来得这么快，面对“短视”的责难，批评者其实只需反问一句便足矣，即使是“最明智的选择”，何不稍安勿躁，等人家资产价格下降了50%、40%或起码30%以后再收购呢，何必这么急吼吼地以抄底之名代别人“举杠铃”呢，这难道还不值得深刻反省吗?!

毋庸讳言，文过饰非背后折射的是信托责任意识的极度匮乏，是对国民财富大量流失的麻木不仁，更是对困守危城的资本市场和功莫大焉的广大中小投资者的极其怠慢。联想到中国平安在弱市中的“狮子大开口”，以及年轻主持人在为华尔街风暴忧心忡忡的同时却对损失远为惨重的中国投资方表现出难得的“宽容”，不免让人觉得齿冷，用一句民间糙话，这叫“崽卖爷田不心疼”，是一种典型的公子哥儿作风。在某些人眼里，投资与投机的差异相当于白菜和番茄的区别，一个褒奖，一个贬斥，态度上形同冰炭，但评价标准也不过“周期是长是短”这一条而已，两者真有那么大差异么，积笔者123天炒股感受，好像不至于，退一万步说，类似中投、中国平安等金融巨擘这样一掷千金的“海外投资”，谁敢说一定与“投机”撇得清干系，只怕是“投机不成反蚀……吧?”对这等“投资”行为，睿智的叶檀女士从来深怀警觉：“没有哪个国家的纳税人会允许主权基金如此用钱。这种巨亏不是暂时的，浮亏也转变为实亏。原因很简单，随着去杠杆化周期的到来，黑石和摩根士丹利的主要盈利空间丧失，中投投向的是夕阳行业，他们错过了私募与投行的黄金增长期，而充当了暮色苍茫时的‘义勇军’。不仅如此，由于黑石转投中国境内企业，中投公司充当了二传手，让中投沦为笑柄。中投在去年危机愈演愈烈时及时收手，‘额角碰上天花板’，终止了可能达成的交易，这只能让中投的亏损不再增加，却不能让中投盈利。中投所声称的5%年收益率，主要来自其子公司中央汇金投资公司，汇金公司是聚宝盆，以低价握有中国金融资产的最好资源。但这些赢利应该纳入中投投资收益吗？应该将纳税人的损失和股民的贡献包含在内吗？汇金的赢利全部是能力所得吗？”

这“杯水”怎能“救”得了你那“车薪(水)”

中投成立之初，定位清晰而崇高，就相当于一个主权财富基金，以淡马锡为模板，通过商业化运作，为“多余”的外汇储备搭建一个高收益平台，以此与讲求安全第一的国家外管局形成合理的投资边界，但随着中投的屡投不中，一再败北，其与同样开始涉足海外政府债券和股权投资的外管局的界限愈来愈模糊，二者甚至形成了竞争关系，当中投从海外铩羽而归，转而投资中铁这样的国内项目，坊间更为困惑它与国内一般投资机构的区别究竟何在，看来中投真该花些精力好好梳理一下自己的资产配置和发展定位了。

回到国企高管“天价薪酬”的最初话题，结论便一清二楚，它的确是利益分配不公平的一个经典例证，人们对此类草率冲动不乏“赌一把”成分的投资决策及不利后果，表现得太“宽容”了，即使不矫枉过正，起码也别进一步宽容了。难怪马明哲先生声明本年度他将领取“零酬薪”之后，并未如想象般获得太多喝彩，甚至有人直指其“作秀”，盖因无论怎么计算，董事长都成竹在胸，早将儿孙后辈几代人的锦衣玉食“搞定”了，如此“十曝一寒”，也算不得什么高风亮节，正如已领取了216万年薪的东航12位高管，在公司每股净资产比上年度减少557.69％、资产减值同比增长了800％的情况下，也曾“意思意思”地每人自动减薪2万元，然后埋怨财政注资是“杯水车薪”，惹得新华社记者也愤愤不平：“这到底是谁的‘杯水’，谁的‘车薪’，这个薪莫不是薪水的‘薪’？”

悠着点儿跑，等等别人吧！

恕笔者直言，迄今马董仍在避实就虚，对企业高管的薪酬管理在制度上的改革几无贡献，近期报载的一篇时评(出自某资深专家之手)，讲的正是此事，节录于下："马明哲对中国平安的最大贡献，除了利用其所在行业的特殊性，将体制性的垄断资源和政策资源一步一步地潜移默化不再属于国有形态的财富以外，就是借引进国外的管理人才的机会，让自己以及有关的合作伙伴不露痕迹地搭上了高管薪酬接轨国际水平的便车，这便是当年蛇口一个名不见经传的小小保险公司转眼之间跻身于世界500强的秘密，同时，又何尝不是马明哲本人由一个最基层的公务员摇身一变为一位身价最高的中国职业经理人的秘密。现行高管激励制度，名为'金手铐'，实乃'金字塔'，奖励成功应有尽有，极尽其能事，处罚失败，则'犹抱琵琶半遮面'，还账对冲机制更是形同虚设，这不能不说是一个致命缺陷。这也是马明哲宁可放弃自己的一年薪酬，就是不愿改变或放弃被誉为国际化机制的平安薪酬的道理所在，尽管中国平安的国际化机制同既不合理更没有什么公平可言的华尔街规则没有什么本质的区别。"

素得笔者景仰的这位学人果然了得，三言五语便将"窗户纸"捅破，一点儿也不拖泥带水，火药味儿是浓了点儿，但非如此不能触及事情本质，与"仇富"心理毫不搭界。美国新当选总统奥巴马也表达过类似意见，"我们不诋毁财富，不嫉妒成功之人。然而令人不快的是，高管失败了还要受到奖励，特别是这些奖励还需要纳税人来交钱的时候"，所以他立誓"要寻求一切法律途径来阻止AIG给高管发奖金"，并最终以众议院通过一项法案来限制高管们的自肥行为。

平心而论，与华尔街的贪婪相比，咱们那些金融巨头仍显得"青涩"，并未到“五十步笑百步”的程度，但势头正炽，其对公众不满情绪的催化作用不容忽视，恰如2008年度十大网络流行语之一“中国是一个正在以百米冲刺的速度跑马拉松的国度”，“跑在最前面的人以不可思议的速度在前进，但这个队伍却拉得很长，很多人还远远地落在后面”。故此，从长远计，作为一个陪跑者，我们恳请马明哲等商界精英人士，注意劳逸结合，有时不妨休养生息，悠着点跑，借用股市里的一句流行语，“市场上的钱是赚不完的”，还是等等别人，顺便也“等等灵魂”吧！

当金融腐败初露端倪时

以下这段文字，与前面所提到的人和事并无关联，也不存含沙射影之念，纯属善意提醒，但骨鲠在喉，不吐不快，其实也是旁征博引，源自经济分析师常清先生的一个定义：所谓金融腐败，主要是指金融业的精英们不顾股东利益和客户利益，为了追求自己短期效益的最大化而出现的金融行为，突出表现为滥用一些数学模型，打着金融创新的旗号，用一些非经济学的语言来销售金融产品，为了追求快速致富而掩盖了风险，或将风险利用交易链延长的方式进行延时，使收益和风险不对称，快速致富后，拿到高薪奖励或佣金，跳槽一走了之，而不管身后“洪水滔天”。制度漏洞这么多，你还能指望啥，“渴马守水，饿驴护肉”，结果可想而知。制度缺陷终究要用制度进步来补偿，而反金融腐败也不能隔墙扔石头——砸着谁是谁，应当有防患于未然的制度设计。针对“天价薪酬”，民间其实有不少标本兼治的良药，比如独立财经撰稿人皮海洲先生的这两条：一是考虑到上市公司业绩增长并非高管专有的贡献，特别是一些垄断行业存在“吃政策饭”问题，高管薪酬的增长可与公司业绩增长采取一定的比例关系来对接。如非垄断企业，高管薪酬增速为业绩增长速度的一半；垄断企业高管薪酬增速为业绩增长速度的

1/4，在上市公司业绩下滑时，也按此比例承担责任。二是与上市公司分红挂钩。由于证监会对上市公司分红的比例明确提出了 30%的要求，因此在高管薪酬与分红挂钩时可将 30%的分红比例确定为基准分红比例。上市公司分红比例达到 30%，公司高管可以领取基本薪酬（可取上一年的高管薪酬为基本薪）。在此基础上实际分红比例每增加 1%，则高管薪酬就增加 1%，反之则以相同的比例扣减薪酬。这样上市公司不分红，高管们拿高薪的现象就不会出现了。如此“锦囊”，俯拾皆是，只要监管部门肯屈就，不愁前行无路，就怕“没有比装聋更耳背的人了”。

第八节　Topview（赢富）数据被叫停意味着什么

让主力机构在聚光灯下“裸奔”有什么不好？

近期股市掀起一股不大不小的波澜，运行两年多的 Topview（赢富）数据系统被责令于 2009 年 1 月 1 日起关闭，这款由上证所信息网络公司开发的软件，通过每日跟踪主流机构资金动向，即时披露上证 A 股量区间交易情况特别是各大机构账户详细的持股区间，令长期饱受信息不对称之苦的普通投资者获益良多，多少缓解了中国资本市场因缺乏信息公开性和透明度而广遭诟病的不利局面，但由于它泄露了会员机构的“底牌”，让券商、基金和 QFII 等主流机构大有众目睽睽之下“裸奔”之虞，感到“不胜其扰”，遂有某基金公司发难，直接上书全国人大，指责上证所以收费形式提供交易内幕消息，违反了中国相关法律，应令其立即关闭该系统。

中国股市充满诡谲，估值体系之紊乱，举世无双，除高市盈率的新股首发及生生不息的大小非（限）所带来的冲击外，与盛行其间的名曰价值投资实为波段投机的操盘理念不无关系，基本面无足轻重，博弈才是一切，个个追涨杀跌，惟短期差价是求，尤以主流机构为甚。故一边标榜中长期价值投资，一边惧怕短期信息曝光，必欲先除 Topview 而后快，正是诸多早已习惯“黑暗生存”的大小机构们必然的行为逻辑，而对普通投资者，这或许意味着一个有机会获得核心信息时代的终结。

笔者在与多位股友闲聊中发现，对 Topview 这类既快捷又充分的信息披露工具，大家普遍持欢迎态度，原本只能在年报或半年报中看到的股东账户，通过赢富数据每天都能看到，并可据此判断筹码的流动趋势，按照充足理由律，只有同时满足必要条件和充分条件，一种理论才能在逻辑上成立，故 Topview 对散户操作的指导意义不可小觑；况且普通投资者经由各种免费提供该数据的网站、论坛，能够轻松地得到自己所需要的信息，使用成本极低，有百利而无一弊，并不存在某些专家声称的中小散户也因赢富数据收费昂贵而怨声载道一类现象，对 Topview 助推阳光操作，百姓欢喜机构愁，已是不争的事实。

公众的知情权大于某些机构的隐私权

众所周知，公开乃“三公”原则之首，坚持暗箱操作，就绝没有公正、公平可言。大小投资者理应在股市中被平等对待，前提是遵循同一游戏规则，无有例外，更不能“游戏”规则。从基金公司每季度必须披露仓位来推定，上证所有权力也有责任公开一切重要交易信息（数据），在买卖完成之后，它们便算不得什么“隐私”，公众有权知情。诚如某法律专家所说，公众的知情权大于某些机构的隐私权，当两者发生矛盾时，隐私权应服从于公众的知情权。一些机构对在“聚光灯下”操作颇不习惯，认为近似“要猴”，容易被对手方揣摩出意图，使自己成为狙击对象，这不难理解，投资机构类型的单一以及操作手法的趋同,从来就是A股顽症,“多杀多”、“空挤空”等“自残”现象屡见不鲜,但这一切通过暗箱操作就能改变么?恐怕未必。还有人反诘普通投资者同样不愿自己的交易明细被曝光,故对Topview的向往实乃一种“偷窥欲”,在法理上不应受到支持,妙哉斯言!将心比心,虽不无道理,但成千上万普通投资者交易信息不公开,并非不愿,而是不可操作(数量巨大),且无任何意义,就实际影响(乃至左右)大盘走势的作用而言,两者别如霄壤,本不可同日而语。

比如,坊间公认Topview最核心功能(也是机构最惧怕的)就是TOP10,即详细地列出前一天买卖某股票的前10大席位以及成交金额,将机构对该股的持仓增减情况尽显无遗,便于投资者初步判断该股趋势,而机构再欲“低位收集高位派发”则变得十分困难。这正是成熟股市不成文的“扶弱限强”政策的一种转述——以信息的高透明度“稀释”机构投资者某些天然优势,在同一权利覆盖下,较中小投资者多尽一份告知义务,类似于在“民告官”的行政诉讼案中,并不实行“谁主张谁举证”,而是由被告方举证,盖因相对政府而言,百姓永远属弱势一方,对强者无所“限”,必然导致倚强凌弱,以大欺小。故笔者一直认为笼统地说“保护投资者利益”话虽没错,但比照“保护中小投资者,就是保护华尔街”这类箴言,总嫌语焉不详。投资者亦有大小强弱之分,不可能完全“一视同仁”,既公平又不公平,大概也是资本市场的悖论(或曰辩证法),就像对普通流通股与大小非倘真的同征“暴利税”,看似公平实乃最大不公,盖因起点根本不同,遗憾的是,A股市场偏偏喜好以这种似是而非的“平等”,实为马太效应来取代“扶弱限强”,不仅继续做“庄”,还想看人家“底牌”。

“竞争可以保护无知”

可以断定,绝大多数散户每次千元万元(注:不是千万元)的“小买卖”

未必一定需要借助赢富数据来指导操作，其中半数以上更未必读得懂Topview所揭示的全部含义，大家心驰神往，无非求个阳光操作，一如有些大机构明显偏爱“黑暗生存”，皆利弊权衡使然。人们相信，内幕信息愈公开，对中小投资者愈具保护作用，再隐晦曲折的交易数据，一经披露，总有专业媒体能够解读，从中发现蛛丝马迹，或可配合管理层有效监督乃至查处机构违规违法行为，产生威慑作用，大大抬高庄家作案成本，起码可使居心不良者不敢太放肆，对于众多弱小投资者，这就足够了。“竞争可以保护无知”，我不识货不要紧，只要有两个懂行的互相“掐”起来，一切皆能大白于天下。比如，笔者前文提及2008年3月5日中国平安召开股东大会前后，股价明显异动，三、五天内上下波幅竟达25%之多，当即有媒体质疑上市公司已提前将信息泄露给了基金，彼此正在“唱双簧”；而赢富数据也显示中国平安的“小非”席位平安证券深圳八卦三路营业部从2008年3月起累计卖出152.43亿元，更有力地解释了平安股价之所以会由2007年149元暴跌至最低19.90元究竟“玄机”何在，也算给善良的中小散户们提了个醒。再有，曾遭到上证所公开谴责的违规大户金顺法，藏身东方证券杭州龙井路营业部，在2008年5月30日集中买入中兵光电723.6万股，促成连续两个涨停，亦使个人账户持仓占到了流通盘的7.61%，正好占总股本的5.2%，超过了法律规定的5%红线，却没有履行规定的信息披露义务，经Topview第一时间披露后，该股东再也无法神不知鬼不觉地卖出超过部分股票以掩盖违规行为了。而随着后赢富时代渐行渐近，人们有理由担心“黑庄”卷土重来，自己又将被机构玩弄于股掌之上，类似多家基金共同增仓或减仓、以“对倒”制造成交量，或者甲、乙双方通过事先约定的价格、数量和时间，操纵市场交易，借“倒仓”来解决资金流动等违规行为会接二连三，一旦缺失赢富数据的透明度和时效性，难免都会变得“羚羊挂角，无迹可寻”。

为何有人总喜欢把婴儿搁在洗澡水中

在Topview(赢富数据)下线已不可避免之际,中小投资者普遍期待,至少能在创业板上市时,将这一令机构望而生畏的工具引入,由于创业板公司股本规模较小,股份容易被操纵,较之主板市场,在信息披露上,理应更加透明、规范、公正,对于那些股价明显异动的股票,必须借助Topview将其前十大交易者的相关情况在当天交易结束后予以披露,将炒作者裸露在投资者面前。

上证所周旋于不以盈利为目的的会员制事业法人和以盈利为目的的企业法人这两种角色之间,以垄断的信息资源大牟其利,在促进市场交易透明公正的同时,又制造了另一种不公正,陷自个儿于不义,被告御状的基金公司击中软肋理所当然。信息应该公开,但动机不应是提供给购买其服务的人跟庄操盘谋利,何况上证所已就席位、监管、管理收过不少费,如今该尽份内之责,维护市场的公平稳定。然无利可图且劳神费心之事,谁又愿意做,上证所也不能免俗,这一悖论不疏解,A股制度性缺陷终难弥合。据《每日经济新闻》记载,港交所网站下有一个"披露易",主要功能包括上市公司权益披露及中央结算系统持股记录查询,以及上市公司发行人的一些公开信息,均可通过1+1免费查询,只是在索取上市公司过去7年相关资料时才需支付一定费用。在日本东京证券交易所网站上,也可免费查阅融资融券交易及卖空交易数据,上市公司情报披露方式和时效性大体与我国两个交易所一致,即当日收盘后免费公布,如此尽责利市之举,我们为何就不能效仿呢。人们常常嘲笑"将婴儿与洗澡水一起倒掉"这类愚蠢行为,其实更该质疑的,反倒是有人为何总喜欢把婴儿搁在洗澡水中。

第九节　新股发行制度改革缘何步履艰难

说起A股两大痼疾，中小投资者满腹狐疑，它们是一道屏障两个面，凸面乃弊端丛生的新股发行制度，凹面为源源不断的大小非(限)，一隐一显，交替着扰乱证券市场的健康有序运行，可谓“源流合一，道阻且长”。被寄予厚望的股改只是从形式上解决了股权分置问题，却丝毫未触动市场定位、资源配置、利益分配等方面的制度性缺陷，匆匆的新老划断，藉全流通之名，一二级市场人为分割状况更趋严重，大小限甚至无须支付对价，即可在不远将来获得上市资格，且数量超过股改前8倍，就其对A股估值系统的摧毁和长远预期的破坏而言，显然远甚于大小非，而这一切无不得到频遭利益输送之讥的新股发行制度的庇佑。

“稀缺资源”是怎样炼成的?

资料显示，2006年发行了71只新股，最高发行市盈率为97.8倍，最低为9.52倍，平均为24.42倍；2007年发行了120只新股，最高发行市盈率为98.67倍，最低为10.34倍，平均为29.92倍，在高唱价值投资的氛围中，新股无不以远高于市场水平的高市盈率发行，且不论公司质地如何，上市首日必狂涨，大盘股一般在50—250%，小盘股大多在100—400%，有的甚至高达500—600%。例如，股改后上市首日PE值超过30倍的新股有236只，占比88%，其中又有117只股票当日收盘价被持续推高至平均市盈率67倍，明显“失控”的有宏达经编PE值223倍，中国人寿202倍，中国远洋191倍等等，在将A股平均市盈率一次次拉高的同时，也为上市公司圈到尽可能多的钱，苦的是二级市场众多接盘者，首日价抑或最高价，然后漫漫熊途无归期，最典型的，莫过于中石油，从48.46元下探至9.71元，半年左右，跌幅竟达83%。

这类近乎弱智的圈钱游戏为何屡试不爽，说来简单，无非是利用一二级市场博弈权利的不平等，通过制度漏洞放大"资金为王"者的利益，令强者愈强弱者愈弱，不断地制造"资源短缺"假象，以限制流通股比例的方式，让源头即产生估值泡沫，上市公司及其利益代表既想获得高溢价，又想掌握控股权，两样好处都占全了，使"融资重于一切"的股市定位得以充分实现，这才是问题的关键。比如，长期实行网上网下配售方式，就明显带有向机构倾斜特征，形成机构对份额的垄断，常年有2、3万亿资金囤积一级市场，专靠打新股为生，垄断行为必产生垄断价格，助长垄断利益，那些凭借资金优势大比例"中签者"上市之初每每"短平快"炒作，二级市场想不疯狂都难，投机气氛愈发浓厚。仍以中石油为例，据资深专家黄湘源先生披露，其40亿A股发行额度仅占总股本的2.18%，除10亿股已先行划给机构网下配售外，网上发行的30亿股又进一步向机构倾斜，机构证券账户每户可累计的申购额度是每个单一证券账户的28倍。中石油发行引来3.38万亿申购资金，但参与申购的户数却不到408万户，80万资金才能中一签的高门槛将90%以上散户拒之门外，无缘打新的中小投资者只好辗转二级市场，以更高价格买入新股，在翘首"中石油上攀60元"的忽悠声中，身不由己地卷入暴炒旋涡，一出出几人欢喜千家愁的"负和游戏"就此上演。

从长远看，所有IPO均不存在"稀缺性"，但名义上全流通实际上约80—90%股票(大小限)暂不上市的既定发行模式，不仅认可而且强化了资源稀缺幻象，以不当行政干预为主导的定价机制更不可能真正体现"市场供求关系和资源稀缺程度"，这就决定了所有上市公司不论质地好坏是否具备成长潜力都能成为稀缺资源，都可以高价发行；而由于大小限持股成本极低，有的甚至是零成本，一旦上市即可获取暴利，完全不用顾忌指数点位，构成难以预期的巨大压力，于是市场供求平衡一再被打破，除了成为“少数利益相关者盛宴”外，对普通投资者而言，只能周而复始地承受“逆淘汰”，牛短熊长乃至疯熊病间歇性发作遂成A股常态。著名经济学家华生先生以中石油上市为例，其总股本为1 830亿股，若按20%的比例计算，则有366亿股上市流通，如果以其高达48.60元的上市首日股价计算，接盘资金将需要1.7万亿元，这是难以想象的，估值中枢必然下移，中石油的巨大泡沫也就无法产生。所以，缩小一二级市场价差说难也不难，只要将大盘股的流通股比例提高到25%以上，同时缩短禁售期，越短越好，起码在三个月以内，借以增加炒作者的风险成本，则A股市场的市梦率幻想症也就能不药而愈。

非流通股股权的特权含量高于流通股

有论者尖锐地指出，股权分置，实为财产权分置，就是国家股权与公民股权之间的差别待遇，意味着国家有独立于股民之外的利益，完全颠覆了对财产权应该加以同等保护的原则，导致流通股民的财产权必然受损；以大小非(限)为表征的非流通股，其特权含量高于流通股，成本价格低于流通股权，回报索取权却与流通股权相等，这对后者不能不造成严重侵害。大小非作为历史遗留问题并通过一定补偿(10∶3对价)获得流通权尚可硬搅三分理，股改后仍将大小限股权分置且数量有增无减，则没有任何道理可言。那种拐着弯儿地为大小非(限)辩解，试图证明一二级市场悬殊价差机制合理，大小非(限)也属“风险投资”，应该获得高溢价，而主张以更严厉措施限制大小非(限)减持，则“违反了契约精神”云云，十分苍白无力。在这点上，笔者极赞同叶檀女士的驳诘：“畸形的新股发行，源于一套严密的由制度保证的资金输送机制，反过来又刺激了一二级市场独一无二的巨大价格落差，使A

股的三重估值体系（流通股、大小非、H股）长期互相抵牾，彻底搞乱了投资者的价值判断和未来预期。大小非（限）暴利虽有风险溢价成分，更多地来自IPO阶段的利益输送，在有充分竞争的市场，风险投资不可能存在厚利，美国风险投资的平均回报率为19%，是股票投资的2倍，是长期债务投资的5倍，即使这样，也难以逃脱利益输送嫌疑和肥猫之诮。在全流通时代继续有大半份额的股票不能上市，不断制造大小限，是藉市场化名义在政策市上愈走愈远，人为设定高溢价才是违反契约精神的产物，从来没有显失公平的交易可以称之为契约精神。”

新股发行制度是孕育和催生大小非（限）的温床，本该在新老划断后停摆，却延续至今不见改弦更张。从2008年9月证监会拟调整新股发行上市保荐制度，以及交易所修订股票上市规则以来，长达半年“雷声大，雨点小”，始终难言“告别昨天”。何以如此，坊间多有猜测，其中最主要一点是，以央企为主打的国有股（大非）持有者，与管理层有着千丝万缕联系，后者选择性调控素以最大限度地实现A股第一功能——让特定企业融资再融资为旨归，政策市远未回归市场市（或曰投资市），连资源有效配置功能都可以弱化，遑论涉及利益分配的第三功能——回报投资者。

久攻不破的“新股不败”神话

概言之，人为分割一二级市场，导致价差悬殊，将投资风险后置，延续“新股不败”神话，鼓励打新一族，既可释放流动性，还能避免IPO或再融资时公众“冷场”，以引导资金投向，或许正是管理层乐见其成的某种调控效果，毕竟A股定位在股改中并未发生任何改变，我们也没有理由要求努力助推该定位实现的配套机制率先改变。谓予不信，可适当考量多年来IPO过会标准，变与不变之中，总是那些“看上去很美”（即静态指标靓丽）

的企业能拔得头筹，潜力企业往往被淘汰，大量IT精英企业不得已走出国门到境外上市，与之相对应，A股市场“第一年绩优，第二年滑坡，第三年亏损”的公司屡见不鲜，更有二次上市或并不具备资格却作为特例放行的IPO，一旦上市，经营业绩再不堪，最多退至三板，绝不摘牌，哪怕只剩代码，为的是给股民一个渺茫的希望，加上管理层小心翼翼地控制风险，行情火爆时IPO如过江之鲫，市道低迷时则迅速关上扩容龙头，主观上虽不无体恤市场之善意，客观上却助长了“新股不败”神话。近20年A股历史上，上市首日即破发的个股几无一例，散户惨套后，仍会兴奋地追逐“下一个”，从这个角度看，目前新股发行制度所包含的韬略机谋不可谓不成功。

正因为如此，众怨之下，管理层不得已修补体制之殇，频吹暖风，鼓励上市公司增持与回购，将再融资与分红挂钩，推出大宗交易平台，希望通过并购重组激活主题投资等等，就是不愿承诺对大小非政策及其渊薮新股发行制度予以大刀阔斧的改革，只肯在既定体制框架下寻求妥协性解决方案，故治市效果极其有限，创造的不过是波段性交易机会，整个市场依然摆脱不了死气沉沉局面。说来令人遗憾，作为原先计划经济空白点、本该最市场化的金融证券市场，经过18年“政策市”居然仍找不到以无形之手来取代“闲不住的手（调控指数）”。真正由市场决定上市公司价值（乃至股票价格）的正确路径，有意无意间，新兴经济监管部门沿袭了传统政府部门过分运用“合法的行政干预权”和“规则制定权”的习惯，将对法规程序执行状况的监管变成对市场经营运作本身的插足，从IPO定价到增发计划实施，最终都由行政管理部门说了算，只要不是文过饰非，谁都明白所谓“挤泡沫”实际上正是以行政监管权越俎代庖地践踏市场自主定价权，而新股发行的轻重缓急无疑成为管理层控制（有时适度制造）市场“风险”的最理想工具。

管理层重新集中议价的权力

改革难，首先难在“剪不断，理还乱”的利益结构，稍有触动即遭反压，可以肯定，普通投资者作为弱势一方，远比那些既得利益者更赞成对新股发行制度进行深度改革，而所有从选择性调控中获益甚丰的上市公司主力机构大股东等则少有例外地只支持对现行体制修修补补，不赞成彻底改革。面对多方博弈的弱平衡状态，理应担当仲裁者角色的监管层态度至关重要，恰恰在这方面，公众不无忧虑，盖因受股市定位和利益纠结双重驱策，政府主管部门似乎很难保持不偏不倚，反倒像是拥有一切调控手段却偏袒强势利益集团的博弈一方。这从支撑新股发行的诸多环节如保荐人制度、询价制度、现金申购制度、网上网下配售制度、限售期制度等设置原则、运行状况及政府所起作用上可以看得很清楚，在整合有序的发行人、保荐人和承销商以及询价参与者与配股特权之间的利益链条上，监管层绝非可有可无的一环，往往能一言九鼎，是最终的“话事者”。

有识者曾深刻揭示，A股监管层“至今与市场利益高度相关”，“其重新集中起议价的权力”，直接后果便是政策的失效——股指低迷，交易萎缩，舆论“维而不稳”，股民“用脚投票”，短炒之风盛行，新增开户急剧减少，客户保证金大量流失——皆明白无误地传递出“底背离”信号。尤其2008年新股发行只有区区680亿，不足鼎盛期2007年的1/6，自9月份华昌化工IPO之后，已全线停顿，过会而未发行的准上市公司有33家，累计144.18亿股，加上137.84亿股已审批通过而未实施的增发，排队等候上发审会的企业更多达300余家，对管理层和投资者来说，新股发还是不发（或买还是不买），都是一个颇费踌躇的问题，可谓麻秆打狼——两头害怕，漏洞百出的新股发行制度套住了所有人。

逐步将新股审核和定价权交还给市场

监管之责不能终止于不偏不倚，更应秉持国民财富共享思路，无条件地向普通投资者全面倾斜，彻底打破资金强势话语权，动用各种行政手段，“防止新享有权利的族群得以滥用权力以剥夺公众利益”(《非零时代》作者罗伯特·赖特语)，将“扶弱限强”的监管理念贯穿始终。由此出发，新股发行制度改革路径四通八达，迄今有多家媒体开设专栏，致力探讨现行发行体制利弊得失，举一反三，见微知著，奇谋良策比比皆是。在笔者看来，仅以新股申购办法论，就既可借鉴世界各国常用的新股定价方式，包括累计投标方式、竞价方式、固定价格允许配售、固定价格公开认购等，也可沿袭原来的市值配售或香港的人手N股(即“红鞋”制)以及按照账户配售新股等做法，其要点在于利益均沾，有助一级市场首先挤去泡沫，缩小两者价差，避免二级市场为一级市场过度埋单。最终目标，则如尚福林主席所说，“是由现行的核准制向注册制过渡”，即发审委工作从内容把关转变为程序把关，将上市资格审核的权利交给市场，形成“企业经营由公司管理层决定，价值高低由投资者自己判断，法治监管交给执法部门各司其职”的良性格局，符合条件者备案后即可上市，不必排队候审，然后经由市场机制筛选，优胜劣汰，直至摘牌。

这里最关键的是要解决发行价与上市交易前集合竞价形成的交易基础价相背离太大的问题，使之控制在15%左右，借以改变二级市场向一级市场“年年进贡，岁岁来朝”的格局，瓦解“摇号大军”的斗志，鼓舞二级市场投资者的信心。而询价过程的完善便当仁不让地成为“重中之重”，力求使任何有可能影响定价的询价参与者的出价也就是他必须承担实际责任的买价，作为保荐机构，一旦被发现弄虚作假，将没收其保荐费收入，同时处以不少于2倍的罚款，3年内不受理该保荐机构的任何保荐业务等。

与公正性相比，“化整为零”所带来的工作繁琐性又能算什么？

有专家建议，在增加流通股与缩短禁售期的前提下，将初步询价与累计投标询价合二为一，即取消初步询价，进行一次性投标询价，以消除利益相关者在过长的链接中可能的合谋空间。令人稍感欣慰的是，刚刚发布的《新股发行制度改革征求意见稿》，明确提出“询价对象应真实报价，询价报价和申购报价应当具有逻辑一致性，主承销商应当采取措施杜绝高报不买和低价高买。发行人及其主承销商应当根据发行规模和市场情况，合理设定每笔申购的最低申购量。对最终定价超过预期价格导致募集资金量超过项目资金需要量的，发行人应当提前在招股说明书中披露用途。”据市场人士解读，此举意在防患于未然，力求形成一个合理的新股发行定价机制，以往IPO存在一个现象，承销商在询价的时候，询价对象往往会低报价格，最终确立的询价区间较低，而询价对象在正式发行时又会按照最高价格申购，以增加申购成功的概率，现在以询价报价与申购报价的“逻辑一致性”来约束这一过程，起码可收窄双方默契配合长袖善舞的空间。但能否真正堵住“利益输送”的漏洞，关键看一旦发现问题，有无强制性处罚措施跟上，尤其当面对中金、中信证券等有背景的机构时，无法可依与有法不依结果同样堪忧，此类事人们多有接触，难免对“逻辑一致性”能否守护散户投资者与大机构的“利益一致性”仍心存疑虑。

至于将新股申购阶段的资金“化整为零”所带来的工作琐碎性，比如散户数量巨大(据信沪深两市开户数已近1.5亿，即使按一签100股计算，每次也得发行百亿股规模才能满足每户一签）、机构可能搞拖拉机账户等，相对于建立市场公正基石的严肃性，几乎算不得什么事，孰轻孰重，可以立判，常说“莫以善小而不为，莫以恶小而为之”，何况关乎制度建设之大善，倘若上述分析成立，那么，任何向中小投资者倾斜的方案都不失价值，应纳入管理层视野。比如，引入现金流量贴现法这一国际市场上常见的定价方式，对容易出现偏差的市盈率法进行改革；在维持现有现金申购和网上网下划分的前提下，将以下条款加进网上发行规范，“当出现超额申购时，要优先照顾中小投资者”，这样，当中小投资者申购不踊跃时，机构投资者在网上发行时仍然可凭资金实力来说话，但在超额认购时，要首先保证小额申购的账户人手有份。最新出炉的征求意见稿，以“不具操作性”为由，拒绝了人手N股（即“红鞋制”）等一类发行办法，取而代之的是，将网下网上申购参与对象分开，所有参与该只股票网下报价、申购、配售的股票配售对象不再参与网上申购，较之以往，新办法有助于抑制机构“资金为王，一股独大”的势头，即通过利益联盟在网下博弈中打压股价，获取非常廉价的筹码，然后返回网上赢家通吃，再利用流通股比例低的漏洞，于上市首日操纵出一个高价牟取暴利，对中小投资者而言，如今“二者取一”无疑是个利好，利益向自己这边有所倾斜，值得肯定，但仍嫌鞭长莫及，对提高中签率作用极有限，基金亦有同感，尤其设定单个账户申购量原则上不超过网上发行股数的千分之一，在机构数量已十分庞大的情况下，似无多少科学依据，也难有“操作性”，其设计过程或许仍系于“毛估估”。

发行制度改革成败全在细节中，公正基石当然更离不开公众基础，绝大多数人的利益永远具有决定性意义，在这个大前提下，通向人手N股的化繁为简、删繁就简的可操作发行办法（如合并同类项、多股捆绑发行、尾数中签等）有的是，关键在能否坚持公平为上，效率次之，倘上上下下能就此达成共识，则庶民有福，A股幸甚了！

有违公平的效率相当可疑

笔者补记：斗胆抛出“公平为上，效率次之”的新思维，颇有些冒失，本应秉持“既要……，又要……”、“一方面……，另一方面……”，最终实现“将公平与效率有机结合起来”的正确立场，因目睹太多“急急令”日夜兼程凡事皆希望一举定乾坤却罔顾公平正义原则，结果是欲速则不达的怪现象，不解复无奈，才出此矫枉过正的下策。公平与效率本质上应该统一，坚持起点公平才能最大限度地调动起最大多数人的积极性，也才可能创造最好最优最经得起检验的效率。公平不是绝对平均主义，真正的公平是指建立公正统一的竞争规则，让各市场主体、各种生产力要素平等地参与竞争，从而各尽其能、各得其所地达成和谐共赢。将效率变成压倒一切的追求，甚至仅以一个“快”字来作结，实际上是把“效率、效果、效能、效益、效应、效用”等一大堆既相关又不相干的概念搅成了一锅粥，不仅成为诸多制度安排政策设计过于粗糙和简单化的托词与遮羞布，根本上是在为强势利益集团“添砖加瓦”，将马太效应推向极致。从表面上看，这些人永远把握着由成功走向成功的距离最短的路径，省略了太多的中间环节，于是在概念偷换中，一种远比“民粹主义”隐藏要深、危害要大的社会倾向油然而生，那就是被吴敬琏教授一再警告要全力提防的“权贵资本主义”。吴先生如此说道：“一部分人（包括我自己）曾经天真地认为，只要建立市场经济就好了，但实际情况并不是这样，市场经济也有好坏之分……从计划经济到市场经济的转轨过程中，会出现岔路和弯路，其中之一，就是偏离规范的、法治的市场经济的方向，演变为所谓的‘权贵资本主义’。其最大特点是，希望权力和市场配置资源的双轨制永远存在，因为只有他们可以在权力和市场的双轨中自由穿梭，并利用双轨落差牟取暴利，事实上，他们已经成为中国建立真正的市场经济基本框架的主要阻力。”

囿于学识浅薄，笔者很难说出更深的道理，只知政策措施的推进和执行效率并不天然等同于发展生产力的效率，就像效率可以导致快速增长，却不一定带来经济和社会的可持续发展，具体到人生体验也同样，通向人生成功的最短路径永远不会是直线。

期冀篇

补齐短板让资本市场泉流奔涌

笔者这几天心情不错，三五日宵衣旰食，终将草拟于春节前的《寻根篇》修改完毕，虽含金量不高，尚有几分成色，拿给坐落于浦东的中欧国际工商学院某好友过目，笑称"接近本校大三学生水平"，再加把劲儿，或许"百尺竿头"，毕竟孺子可教也。写着写着，愈加感到不能绕过国际金融海啸这道坎，A股一年暴跌，并非咎由自取(起码不完全是)，多半源自美国次贷危机，祸起萧墙之外，山姆大叔才是始作俑者。如今是全球化时代，资本主义经济最深刻的变化发生在金融领域，而金融全球化则是这一变化的集中表现。数据表明，20年前全世界金融衍生产品的名义价值总额几乎为零，到2006年，已经达到了70万亿美元，相当于全世界GDP总和的8倍多。

何谓金融海啸，最简单定义，是指特大金融机构发生支付危机，引起一系列金融机构连锁反应，乃至破产倒闭的全球性事件。立志接轨国际的中国金融市场，不仅不能独善其身，甚至很难"到此为止"，综合各种分析，拥有外汇储备总额达1.81万亿美元(其中美国债券9 220亿美元)的中国很有可能成为此次危机最大埋单者。虽无确凿证据证明金融海啸是美国"阴谋"，不是无心之先，但也没有相反证据证明"它不是"，已有158年历史的雷曼兄弟宣布破产时，其总负债率达到6 000多亿美元，而它的股东权益仅200多亿元，杠杆率将近30倍，"不救"背后似有玄机。更"雷人"的是，与长期以来轻描淡写地谈及次贷危机后果不同，到2008年底，布什政府突然宣布，美国经济衰退实际上已经超过一年，并还将持续至少18个月，而高达1.4万亿美元的救援资金，表面上在救华尔街，但醉翁之意不在酒，"在乎国民财富"也，奥巴马政府尤甚。

这当然没什么错，次贷危机本来就是很阴的"阳谋"，是美国在"损举世之公，济一国之私"，名义上为了一国选民之福祉，实际上在转嫁危机，可对中国来说就纯粹是个两难问题了：英雄救“美”还是不救，不救美而放任美国的金融市场崩溃，中国外汇储备将蒙受重大损失；如果救美，外汇储备仍将大幅贬值，还不一定救得起。何况美国从来只鼓励别人大量购买其国债、“两房”等债券，绝不会允许咱拿这些“花纸头”去染指其核心金融资产，即使在危机情况下也不行(例如对我国在美国设立银行设置了重重障碍，迄今为止只批准了招商银行在纽约设立分行，而工商银行筹备处已在纽约待了大半年一直未获批准，完全不讲对等待遇)，除非短期内果真有一种超主权国家货币形式横空出世，否则，只能二者择其一，总不成还有别的国家(包括中国)负责救华尔街，以腾出时间和空间让山姆大叔自个儿救实体经济的第三种选择吧。

恕不才“以君子之腹，度小人之心”，指不定美国人正是那样打算的，就算不是，他也肯定不是厚道之人。素有“金融期货之父”之称的梅拉梅德(芝加哥商业交易所名誉主席)在接受记者采访时曾说过，“美国次级债危机的根源在信息不透明和政府监管缺位；美联储完全清楚问题的严重性，一场巨大的金融海啸已不可避免，发生的时间段就是 2008 年 6 月到 2009 年夏，但直到目前为止，美联储完全没有向世界投资者发出任何预警。在毫无警觉的情况下，世界范围内广大投资人势必遭受重创。”再有就是亚洲金融危机发生后，面对救援请求，国际机构开出的药方是金融机构破产得越彻底越好，而在当前，发达国家自己则选择了对自由市场理念的放弃。笔者自诩一投资人亦“遭受重创”，且至今还在“世界范围”内“卧底”寻求解套。鉴于过去一年经济学家们多有失误，或集体失语，令不才信心大挫，觉得还是“百尺竿头，更进一步”的好，光说国内，不说国际，总嫌眼光不够开阔，也不太过瘾，连“寻根”都失去了皈依。将美国人的“阴谋”与咱自己人的失误(包括无心之失)对照起来咀嚼，笔者甚至有些歉疚，《初醒篇》、《寻根篇》嬉笑怒骂插科打诨，虽意在调侃以稀释沉重性，毕竟失之偏激，或操之过急，相对始作俑者，A股暴跌的“道德责任”明显小得多，有些事也未必如坊间猜测的那么“玄”，应允许有一个在实践中逐步规范完善的过程，责之太切或有想当然成分。

当家才知柴米贵，治国方晓平衡难，立国与建(股)市年头差不多的美国在东南亚金融危机那年又是棒喝又是点拨又是“毁人不倦”，一副教师爷派头，如今还不是滚鞍落马，“美”人迟暮，忙不迭地呼唤英雄出手相救，可见想要搞好一个“市场(投资)市”一点儿也不比建设一个健康有序的“政策市”容易。在有人惊呼“新自由主义死了”、“凯恩斯主义复活”的当下，讨论这些话题当然也就不是毫无意义的了，既然连美国佬都得“排排坐到学生”位子上，笔者将自学之旅进行到底，或至少进行到中欧国际工商学院大四期末水平，大概也不能算是非常唐突，兴许还能就“危机需要改革，危机倒逼改革，危机推动改革”说出点门道来，为避免咱一干人等在下一个30年真的走到“河西”去做点贡献。至于切入口，笔者选择了一个自以为能钻得进去的，主要涉及“长短板”关系，也说说创业板和转板市场，尽可能以数据信息服人，“信息就是力量”，当然力求准确和充分。个人思想贡献也许比前两篇还要少，仍然是寻章摘句，旁征博引，但案头工作极辛苦，并经过仔细咀嚼，自成逻辑体系，一板一眼，板板六十四，绝非浆糊加剪刀，硬“凑”出来的。

第一节　夺人之“美”超长板

人们都知道，一只水桶的最大容载量总是由最短的那块板决定，无论其他板多长多牢固，终难阻挡水从短板处流失，这就是著名的“短板效应”，用来解析社会现象，或套得上“一着不慎，满盘皆输”这八个字。应对之策，大概也就“取长补短”或“削足适履”这两种吧，尽管颇有贤愚明昧之分。长与短是相对的，可互相转化，此次国际金融危机，正是美国等西方国家，将自己金融体制之“长”发挥到极致，福兮祸所伏，而酿成的一个祸端，长短互易几乎在瞬间完成。善良的人们不曾料到，在美国政府的纵容默许下，华尔街金融大鳄们不动声色地“养虎遗患(于他人)”。

次贷债务链如何变成了“食物链”

寅吃卯粮乃欧美人普遍消费习惯，拜自由货币政策所赐，通过“重复放贷”和金融杠杆化，他们无忧无虑地享受着不断增长的“财产性收入”，辅之以政府监管“失速”(跟不上国民消费节奏)，歌舞升平中谁也昵知“大限将至”，直到2008年夏如梦初醒，发现泡沫底下并非“啤酒”，依旧还是泡沫时，该习惯方有所收敛，却悔之晚矣，最倒霉的是全世界(尤其用真金白银大量购入美国债券的中国人)不得已陪着他们集体当了一回“池鱼”。

有关美国佬“养虎”经过，可用“惊天地，泣鬼神”来形容，著名财经作家时寒冰先生在近作《中国怎么办》一书中，以大量篇幅对此作了鞭辟入里的揭示，足以“让麒麟脚下露出马脚”来。借他山之石，加上笔者“训诂”，似可将华尔街“养虎”路径粗粗勾勒如下：

进入21世纪以来，美国已经历了两次重大危机，都与“泡沫”有关。上一次是“互联网(技术)泡沫”破灭，这一次轮到房地产，当中夹一个9.11恐怖袭击，再加一个“让居者(包括穷人)有其屋”的美国“基本国策”，于是一个被称作“泡沫依赖”的“李代桃僵”之计应运而生。何谓“李”，当然是杠杆效应无限放大的金融衍生品，“只要资本能产生稳定的现金流，将它证券化”，一直以来，资产证券化都是华尔街聚敛财富的不二法门。“君子爱财，取之有道”，华尔街爱财只讲“路道”和“门道”，却不管“盗亦有道”，在令人眼花缭乱的次级房贷信用产品包装过程中，将后者风险连同房贷本身风险一起放大到极致，好听的说法叫“杠杆化”，即将潜在的信贷风险通过分散和延后的方式加以“美化”、“淡化”乃至“虚无化”。所谓次贷，不是指房子“次”，而是说贷房子的人“次”(准确地说，是信用等级次)，有的连稳定的收入证明都开不出(既无固定工作，估计所在“街道居委会”也不肯开)，信用评级也就BBBB，找这帮人来“混腔水”无非是看中了房价持续上涨这一块，单凭差额(“剪息票”)也能扣除本息还有得赚，至少能将“腔水”混到房基(价)摇晃屋漏雨渗“水漫金山”那一天。

重返“专业领域”，原本拗口的“弯弯绕”便比较容易懂了，华尔街是如此曲径通幽的：投资银行从房贷提供商买入次级贷款，经过重新分类、信用增级等包装后，形成次级按揭贷款债券(简称次级债)并出售。次级住房贷款证券大约占住房贷款证券化市场的14—20%。次级债券经再证券化后成为含有次级债的CDO。CDO按基础资产的评级分为高等级和夹层，高等级住房贷款抵押债券以评级为A以上的住房贷款为基础，夹层的基础资产是评级主要为BBB的住房贷款。按风险找包后的CDO出售给不同风险偏好的投资人，并由此将这些基础资产的信用风险转移。

哎，写完才发现虽不“拗”依旧很绕，像梵语似的，谁能完全搞懂，估计华尔街阔佬们也会被绕得犯晕，所以“好便是了了便是好好了就好”，反正投资风险链那么长总有下家兜着，只是苦了众多中小接盘者，还没整明白是咋回事，就稀里糊涂往里闯当了“冲头”(他们中多数人或许连文本格式都没看懂，一瞧回报率蛮高的就签字了，可谓“情况不明决心大，边界不清主意多”)，难怪次贷浑水越搅越浑，最后把全世界都搅进去了。有数字为证，次贷市场在短时间内被迅速做大，从2002年的2 000亿美元到2006年的1.6万亿美元，短短4年内，增长了8倍。“如果一件事情无法永远延续，那么它必将终止”，著名的“特里芬魔咒”开始起作用了。从房价不涨反而微跌那刻起，链条开始松动，链条本身不能消化风险，长又何益，由松动到脱节，再到全线崩裂，0.000 2个光年而已，流动性危机不期而至，全球金融市场为之蒸发掉20多万亿美元。你道是什么“链”这么厉害——食物链呗，可大体描述如下：次贷的“原产地”是商业银行和次级贷款抵押公司，“贴牌”贩运的是投资银行，“发证”的是证券评级机构穆迪和标准普尔，“最终消费者”是养老基金、保险基金和对冲基金，再加上世界各地的投资者，还包括许多散户，都成了金融“伪劣产品”的受害者。可不论咋修饰，食物链不过是债务链，日子久了终将露出斑斑锈迹，谁又愿意老待在食物链下端“我为鱼肉”呢，风起于青萍之末，吹皱脆弱的“债务链”，噩运开始了。其传导路径是：顺着债务链引发一连串危机，甲金融机构无法卖出以按揭贷款抵押的证券，也就没有钱来还其所欠乙机构的债务，乙机构也就没钱还丙机构的账，事实上，丙机构可能真的有钱，但却紧紧攥在手里，因为，他们不相信其他人会还贷款，情况因此变得越来越糟糕。专家们的解释是：这才是流动枯竭更真实的根源，金融机构彼此不信任，大量金融机构都在抛售手中资产，直接导致了市场全面下滑。一旦流动性枯竭，名义上的货币政策将丧失其大部分功效。如果没有人愿意贷款，降低资金的成本对资金短缺者来说没有什么意义。向银行注入流动性也是这样，即便银行有大量资金，当人们惮于信贷风险而面对大把大把放进银行地下室的钱仍可能无动于衷，“你可以把牛拉到水边，但你无法强迫它饮水”。由此看来，美联储最初以频频降息来救市，连“亡羊补牢”都算不上，一出手就已经晚了，次贷由风波到危机到风暴再到海啸，有一条清晰的逻辑链，人工斧凿痕迹很重，直到今天，格林斯潘也未必“悔不当初”，反倒有可能窃喜于当年的“知其不可为而偏为之”，个中缘由，全世界总算看明白了，那就是，表面上最“牛”视痛如痒视明天为昨天视风险为无物视别人的钱若已出的美国“牛仔”，的确有“牛”的本钱——平时可以“站着捡钱”，危难时则可通过“直接印钱”来转嫁绝大部分风险，难怪美国人消费起来就像没有明天似的。

魔术般的铸币权将美联储推上“世界中央银行”宝座

笔者惊讶地发现，美国其实是这个星球上惟一拥有铸币权的国家，那怎么可能呢，各个国家不都可以发行纸币么？但意义可大不一样。目前美元占国际储备货币的比例大体在70%左右，欧元占20%，将近80%的国际贸易结算和金融交易量是用美元进行的，美国实际上利用着全世界净储蓄额的72%，美元堪称全球最强势的贸易结算、储备和投资货币。1944年7月的《布雷登森林协定》确认了美国政府在二战前规定的美元对黄金的官价，即1盎司黄金等于35美元，该协定只延续了25年，便于1971年8月被事实上“叫停”，美国佬得寸进尺，从此可以不受黄金储备额限制，随意地发行美元纸币，金本位制悄然地过渡到美元本位制，也将美联储不动声色地推上了“世界中央银行”的宝座。美国“铸币税（或曰通货膨胀税）”令人垂涎，盖因其“收益率”奇高，达到99.7%，即扣除每张纸币（按100元面值）约0.03美元印刷材料工本费后，其余尽可“揽入囊中”，有人计算，仅此一项，美国政府每年即可收获约250亿美元。难怪美国人丝毫也不担心通货膨胀，也不害怕美元贬值，那可是上下两相宜，前者会降低债务实际价值，有利于债务人，便于美国政府用更廉价的美元偿还国债，而对公民个人而言，资产名义价格上涨，泡沫泛起，也可减轻其债务负担；后者与汇率政策“嫁接”，更是“大规模杀伤性武器”，不仅可令债权国外汇储备大幅度缩水，还能促进本国商品出口，挽救颓靡的实体经济，全部秘密都在印钞机的“自动调节”功能上。据权威数据，截至2008年，美国发行国债总额为9.6万亿美元，欧洲美元约4万亿以上，还有从1940年到2007年，美国累计财政赤字4.8万亿美元，三项合计意味着美国获得铸币税收入超过18.4万亿美元，相当于美国

2008 年 GDP 总额的 1.3 倍，而尚无国际货币本位币地位的中国在其中大约贡献了 1/10。

作为世界最大债务国，截至 2009 年 2 月，美国未偿还国债高达 10.76 万亿美元，按其人口平均负债 11.9 万美元。而从 2007 年 6 月 1 日到 2008 年 5 月 31 日，美元贬值幅度达到 10.93%，按美国规模已达 8.5 万亿美元的外债计算，美元贬值 10.93%一年就可以减债 9 290 亿美元。这种汇率把戏美国已玩了好多次，且屡试不爽，每当经济衰退、短期资本外流和外债规模过大同时出现，美国就用这种无赖方式洗劫国际社会。与之相映成趣，美国家庭负债率也在 2007 年攀上了 114%（占 GDP 比例）的高峰，而 10 年前这一数字是 64%；美国国家负债率是 350%，而 10 年前是 250%，印证了"富国喜欢举债越富举债越多"的真义，若想回归 10 年前，等于让美国政府、企业、居民和金融部门起码减去 6 万亿美元的"赘肉"，关键是人家愿意"回归"吗，寅吃卯粮的"幸福指数"可比积谷防饥高多了，何况还有印钞机随时"保驾护航"。

除了胡思乱想，美国人不卖别的

有识之士郑重提醒，千万不能低估华尔街的处心积虑和老谋深算，"哭喊最响的人未必内心最悲伤"，欲哭无泪者才是。笔者早就听说，"一等国家卖专利，二等国家卖技术，三等国家卖产品，四等国家卖资源，五等国家卖主权"，完全对应了"一等人谈思想，二等人谈事业，三等人谈生活，四等人谈是非，五等人什么也不谈，光制造麻烦"的分类法，而美国超凡脱俗，连专利和高科技产品也不大卖了，他卖给你一个相应的流程，一个相应的标准，甚至一个相应的游戏规则，再往前走，可能会卖给你他脑子里的一些胡思乱想。据说，美国每年出口创汇有 300 亿美元来自好莱坞大片，两小时云山雾罩，一群人魂牵梦萦，这正是在“卖想法”呢。从这个角度打量次贷危机，了不得，美国人兴许真的在“空手套白狼”，当然，这也在迅速摧毁“美国市场是全球最为公平最具诚信的市场”的神话，迫使人们再度重新审视那个著名的命题“资本家会不会摧毁资本主义（市场经济）”，说得尖刻点，美国已堕落为“五等人”，他什么也不谈，“光会制造麻烦”。

与外界最初猜测不同，越来越多的迹象表明，美国政府救华尔街有可能是“虚晃一枪”，其重心正在转向救实体经济，甚至救本已十分旺盛的国内民众消费。奥巴马新政透彻地说也就是“令自己短板变长，让别人短板更短”，关注点已一步步转向长期遭到忽略的传统制造行业，乘势发挥一下本国科技优势，“在建设道路和桥梁、铺设电网和宽带网络，尤其是开发利用太阳能、风力和地热等新能源”上大举投入，仅最后一项拨款就达 630 亿美元，力求通过电力系统的更新，降低对石油的依赖，催生出一个全新的能源产业。美国众议院民主党人还仿照“新政”样板提出一个总额达 8 250 亿美元的新经济刺激计划，所有方案旨在拾遗补缺，确保新增至少 350—400 万个就业岗位，疏解“外向型需求过强而内敛式生产能力不足”的美国之“短”，初露端倪的贸易保护主义在传统制造业等方面已经对中国等外贸依赖大国构成挤出效应，不能不引起高度关注，这并非是美国在“掠人之美”，不过“大难临头各自飞”而已。

第二节　长板“救美”何以堪

中美经济关系活像“跷跷板”

有人说，中美之间的金融关系很像是一种不对称的依赖关系，“以美国为代表的资产膨胀型消费模式”和“以中国为代表的过剩生活型增长模式”，表面看形成互补,实际上加剧了全球经济结构的失衡。与美国从1971年结束了延续95年的贸易顺差国地位的历史几乎同步,中国的对外贸易节节攀升,在GDP中所占比重逐年提高,最高时达到64%,成为全球首屈一指的贸易顺差国。国内民众的高储蓄率,除了积谷防饥的消费习惯外,一定程度上,也是拜外贸出口持续增长所赐,更不用说企业和国家与日俱增的外汇储备了,如前所述,其数额已达1.9万多亿美元(折合人民币约15万亿),并仍在增加。在石油—美元的强势国际金融体系下,这些巨额外储实际上走了一条"取之于美国,用之于美国"的"内循环"之路,据美国财政部披露,截至2008年9月末,中国持有的美国国债总额比前一个月增加了436亿美元,达到6 200亿美元,已经超过日本持有量5 732亿美元,成为名副其实的美国国债最大买家。另一数据表明,在中国外汇储备的币种结构中,美元资产约占65%,欧元资产约占25%,英镑、日元及其他币种资产约10%;从类型上说,中长期国债约占50%,中长期机构债约占35%,股权、企业债与短期债券约占15%,综合以上数据,可推测出中国外汇储备已转成美国各类债券为1.05万亿美元。这一投资取向无疑强化了中美之间"相依为命"关系,促成了美国股市繁荣、对外债务持续扩大和低储蓄率,美国加快陷入"特里芬魔咒",即强币必有外需,外需必伴逆差,逆差弱化强币,能够让美元从保障全球货币供给与捍卫强币清偿力的自相矛盾中彻底解决的出路似乎只有一个:走下货币王者的神坛。美元衰落当然会给人民币演进为国际货币本位币腾挪出更大的空间,但这之前肯定要走很长的一段路,并且伴随着剧烈的阵痛,路径改变可不是闹着玩的,中国仍然需要美国的市场,这也就意味着仍然需要美元。

以下这则分析或许透露出美国又在未雨绸缪以争取"领先一步"的信息——格林斯潘主政的美联储将信用透支发挥到极致,并通过创造低利率和松信贷的环境,将以国家负债为主的透支形式转为以个人家庭负债为主的透支形式，同时将以收入为基础的储蓄模式转为以资产为基础的储藏模式，加重了世界经济的“两症”，即美国的消费依赖症和非美国家的出口依赖症。

贸易顺差和逆差的关系很微妙

像笔者这样从特殊年代的过来人，最知道“创汇”不易，外汇比人民币“值钱”，是“稀缺资源”，所以顺差一定比逆差好，越“顺”越好。如今渐渐明白，这可不一定，“逆”与“顺”的关系很微妙，以目前世界上也就非洲和美国是贸易逆差而论，至少说明如果一个国家经济规模很小，即使是顺差，其影响力也有限，而一个规模巨大的经济体，哪怕是逆差，其影响力也无与伦比。国际经济学界的主流看法是，美国虽然成为净债务国，但并不需要特别担心，因为他从海外投资获得的收益，超过其向外国人支付的利息和其他投资收益，而大量从海外借钱对美国尤其有利，盖因美国从海外借钱的成本低，而向外投资的收益率高。例如，自 2001 年以来，美国国库券的年收益率不超过 5%，在此期间，美国在发达国家制造业方面投资的平均收益率是 8%，在新兴市场股市方面的基金收益率是 22.3%，从理论上说，只要美国在海外的投资收益高于对外国投资者支付的收益，美国的债务就可以不断地积累下去。中国人民大学经济学院院长黄卫平从另一角度将其中窍槛讲得更加透亮，“贸易逆差意味着美国是世界商品的最终实现者，比如一个国家，它的 GDP 达到 1 万亿美元的话，其中 10%或者将近 10%都需要在美国这个市场上去实现，直接或间接地实现，你说是我买东西的更为强大，还是卖东西的更为强大；美国能够掌握全球重要资源的流动方向，左右整个技术的运行轨迹，他就基本有资格制定世界经济的游戏规则，在出现巨额贸易逆差的情况下，当美国政府提出制裁别人的贸易法案时，就会广泛地得到美国民众的支持，而在某种程度上，还可以左右别人的经济命脉，我不要你的产品，就意味着你这个产品会在国内过剩，你整个的生产就转不起来，你就会陷入一种困境。”

强势美元所造成的“单边市”，的确令我们深陷怪圈。先是借钱给美国让他来购买我们的产品，然后再将拿到的美元投回美国债市，一边等着资产贬值，一边刺激本国贸易顺差的膨胀。以长期研究日美贸易关系的日本学者吉元川中略嫌刻薄的话来说，“日本用自己的钱买自己的产品，并把这种现象当成了贸易顺差”，而时任尼克松政府财政部长的约翰·康纳利在《布雷顿森林协定》终止时说的那句话“美元也许是我们的货币，但是，是你们的问题”，如今看来，可不是一般的“经典”。直面“你们的问题”负责管理近2万亿美元外汇储备的国家外汇管理局始终处于风口浪尖中，当危机袭来，很可能没有经受住考验。据美国外交关系协会驻纽约经济学家 Brad Setser 估计，外管局似乎从2007年初开始多元化投资，买入股票，并没有被次贷危机吓到，而是坚持执行这一战略。据其称，外管局持有约1 600亿美元股票，按2008年全球股价下跌幅度看，这部分资产很可能已缩水逾50%即800亿美元，当然这些亏损也可能被美国长期国债的增值抵消了相当一部分。有人批评央行用外汇储备购买美国国债，是将国家储蓄一大部分投资于年收益只有三个百分点的资产上，考虑到通胀和汇率走势，其必然变成负值，按简单换算，等于资助了美国200艘航空母舰。支持者则认为这两点质疑很容易激起情绪化讨论，但多少有些强人所难，对前者，经济结构失衡并非央行所能左右，当央行主张加快升值扭转内外失调时，来自其他部门的阻力却日益增加；对后者，没有证据显示，央行投资比中国投资公司和金融机构的绩效更差。字里行间，底气明显不足，对严峻的国际金融环境，缺乏游刃有余的生存之道，虽忠于职守，毕竟捉襟见肘，以谁更差作为参照，看起来像是一个尖锐的讽刺。

对美国与别国之间这种极不平等的荒谬关系，没有人比华尔街资深预言家彼德. D. 希夫揭示得更形象更准确的了，他在《美元大崩溃》一书中，这样写道："假定 6 个落难者被困在一个荒岛上，其中 5 个亚洲人，1 个美国人，他们面临的最大问题是饥饿，于是作出分工，5 个亚洲人中 1 人狩猎，1 人捕鱼，1 人采野菜，1 人做饭，1 人拾柴看火，而第 6 个人，也就是那个美国人，则负责吃饭。"

第三节　谨防长板变短板

"跛足"马车怎能远行

因"闲钱"大量涌入而推高银行系统性风险自不必说，欧美经济衰退导致进口需求锐减带来我国外贸业急剧下滑更值得警惕。有数据表明，到 2006 年底，中国外贸依存度已达到 64%的罕见高度，远远超过其他大型经济体，这意味着我们每创造 1 块钱的 GDP 便有 0.64 元是通过与外部经济交换而取得，也预示着一旦大环境转冷，国外贸易关税壁垒抬高(这几乎是必然的)，则拉动中国经济的"三驾马车"之一将遭受重创。曾一枝独秀的我国对外贸易相当程度是建立在以美国为代表的西方发达国家以信贷为基础的透支性消费之上，据信，美国物质生产早已大量外移，制造业只占全部 GDP 的 13%，其中还有 7 个百分点是军工，美国日常消费品将近 40%需要进口，且本质上为"拿花纸头换实物"(美元只是印上了美丽图案的纸，不过由于美国政府以信誉作为担保，才被赋予了代表财富的功能)，但伴随着美元信用崩塌，供求关系"重新洗牌"，原先对外贸易"长板"黯然褪色，其内在体质脆弱性尽显无遗。

对应国外需求萎缩，2009年我国进出口增速可能下滑至5%以下，大大低于2007年18%的增速。有专家预测，在年内增加2万亿投资的情况下，若出口增长10%，可保GDP增8%以上，若出口增长6%，只能保GDP增7—8%，若出口零增长，GDP将降至5%左右，面对2009年外贸需求进一步衰减，要实现出口增长6%以上绝非易事。另一驾马车——投资拉动在增长方式转变和经济结构调整的当口，其作用更是充满变数，弄不好“成也萧何，败也萧何”，毕竟它在GDP增长中所占份额远高于出口和消费，几乎是我国30年来保持9.6%年均增速所赖以支撑的惟一基础。

据可靠统计，到2005年底，中国的投资占GDP比重已达48.6%，有人就此调侃道，照此速度增长下去，到2012年中国将是一个只有投资没有消费的经济体。处于工业化和城市化加速阶段，我国投资需求十分旺盛，虽有关方面宣布我国城市化率已达46%，但专家们普遍相信有效城市化率大约在27%左右，远低于中等发达国家62%的平均水平。城市化愿景、高储蓄率以及接近GDP增速3倍以上的国家财政收入，使长期重投资成为政府不二之选，其正面影响国民经济架构形成的作用曾那么耀眼夺目。

足以冲淡灰暗记忆的30年辉煌纪录

对于长期踯躅于短缺经济中有着难以诉说的凄苦体验的中国人而言，改革开放30年所取得的辉煌历史性成就足以冲淡过往任何一页灰暗的记忆。从经济硬指标上看，1978—2007年间，GDP以年均增长接近两位数的速度增长，从占世界比重不到2%上升到超过5%；人均GDP从不到200美元增加到2 500美元以上，增长了10倍多；农业就业人口比重从接近80%下降到40%左右；进出口总额从200多亿美元上升到20 000多亿美元，稳居世界第三；外汇储备也从不到10亿美元增加到20 000多亿美元，位列世界第一。30年间，中国减少了农村2亿多的绝对贫困人口，城乡人均可支配收入增长了6倍多。从发展的软指标来看，2007年11月底，联合国开发署公布了由出生预期寿命、成人识字率、入学率和实际GDP（按购买力平价）四个方面内容构建的人类发展指数（HDI），在177个国家和地区中，中国2005年得分为0.777，位列81位，摆脱了低等人类发展指数国家行列，位列中等人类发展指数国家前10名左右，且呈上升趋势。2008年8月，美国发布的《第10次全球综合国力排名》报告中指出，中国综合国力在美、日、德之后，位居世界第四，其中经济实力世界第三，军事实力世界第三，科技实力世界第八，教育实力世界第十。如此跨越式发展，堪称人类奇迹，按30年平均增长率9.8%同比速度，地球上只有博茨瓦纳（平均增长率11.5%，持续32年）、中国台湾（平均增长率9.0%，持续33年）和中国大陆做到了，而前两个经济体规模都小得多，根本不具可比性，中国是当之无愧的第一和惟一。不妨作个参照，英国进入到现代化经济（经济总量翻一番），用了53年，美国用了47年，日本用了34年，韩国用了11年，唯独中国，连着两个9年都在翻番，第一个翻番9年，第二个翻番又是9年。

但事情还有另一面，中国经济能30年持续高增长，主要得益于“要素红利、改革红利和全球化红利”，而在今天，三大红利所提供的长期增长动力都在衰减，主要依靠低成本刺激的出口超高速增长逐渐回归常态增长，以大量增加资金、资源的粗放型增长模式已走到尽头，而全球性金融危机使得中国产能过剩的周期性调整提前到来，全球经济格局之变逼迫我们重新审视和调整未来的增长之路，寻找到启动新经济增长的发展引擎。“中国的经济心跳与世界的发展脉搏紧紧相连”，加入世贸组织（WTO）之后更是如此。从长期来看，一个国家的经济增长主要由潜在的生产能力决定，而其核心动能，就是人力资源、自然资源、资本积累和技术进步这四驾马车。对应通常概念中的三驾马车（投资、出口和消费），不难发现，两者的衔接远非理想，失衡的负效应将使我们负重前行,不仅难有加速度,还可能面临“拐点”,眼下正处于十字路口。随着资源、能源和环境三大约束日益突出,人口红利正在失去丰厚回报而转向低效应,改革的既得利益集团趋于保守,权利与市场的合谋以及道德和利益博弈的白热化,都给未来发展蒙上欲清还迷的变数。最大变数当然是组成三驾马车之一的“投资”,转型之际,如何兴利除弊,不使长板变得更长,也不“削足适履”,而是与另两驾马车长短互补,相得益彰,无疑是贯彻“科学发展观”的题中应有之义。有多位经济学家郑重提醒,切不可因超强力度的“救市”之举措阻滞甚或中断业已启动的我国经济增长方式转型之路,愈是在困难的环境下,愈要坚定地推动我国经济发展由传统的劳动力密集、高资源投入、以环境为代价的生产类型,向高技术附加值、低能耗、环境友好型产业类型的转变,通过持之以恒的努力,最终实现产业转型,彻底终结以本国劳动力相对恶劣的生存状态、资源环境被破坏为代价,依赖大规模输出低端制造类产品,以得到不断贬值的美元和催生国际失衡的指责,乃至周期性遭遇被国际大宗商品价格吞噬的宿命。

投资增长过快带来了什么

长期以来,由政府主导的以基础设施建设为重点的投资项目,效率往往不高,低水平重复建设,“钓鱼”、“胡子”、“烂尾”等工程时有所见,更不必说“卫星上天,红旗落地”一类现象了,加上低层次的仍处在产业结构转型初始阶段的内需不振,在实体经济陷入低迷时刻,政府投资不仅很难转化为国内真正的“有效需求”,不足以弥补外需锐减导致的外贸缺口,本已彰显的产能过剩矛盾有可能更加突出。最近见诸报端的一组数据,在笔者看来,就颇具震撼力:我国钢产量已达到 4.89 亿吨,比日本、美国、俄罗斯和印度加在一起还多,占到世界钢产量的 40%;中国水泥产量在 2007 年也已达到 13.5 亿吨，占到世界水泥总产量大约一半；中国的煤炭产量在2008年则高达25.23亿吨，占全球煤炭产量约60亿吨的42%以上；中国制造业明显产能过剩，尤其在化工、家电、纺织、汽车、造船、装备制造、电子信息等行业；例如中国汽车制造业的生产能力已经高达年产量1 200万辆，但每年大致只能销售800—850万辆，去年经济下滑，销量减到不超过700万辆。我等从“以钢为纲”和短缺经济并存年代走过来的人，读到上述指标，难免百感交集，谁也不会否认它是我国综合实力飞速提升的标志，但换个角度，一旦外部环境发生变化，这种主要依靠投资拉动的“跷跷板式”经济增长方式将很难持续，盛则衰，满则溢，对衰退潮的剧烈反应，可能使我们付出巨大的经济和社会代价。

决策层审时度势，面对汹涌而来的全球金融海啸，将延续10多年的从紧货币政策首次调整为“适度宽松”，2008年9月中旬以来，百日内五次降息，一年期存款利率累计下调1.62个百分点，一年期贷款利率累计下调1.89个百分点，加上四度调降银行机构存款准备金率超过两个百分点，停发不同期限的央行票据等措施，向社会释放了大量流动性。最值得期待的是，国务院4万亿投资计划，明确地将刺激消费和改善民生列为重点，随后的中央经济工作会议，更提出“保增长，促内需，调结构”9字方针，预示着2009年我国将迎来一个战略转型的关键之年，即从资本与外需驱动的成本叠加阶段向技术与消费驱动的内生性规模效益递增阶段转变。其结果必然是通过深化重点领域和关键环节的改革，将加快发展方式转变和经济结构调整作为保增长的主攻方向，长期遭受漠视的内需消费终于有望被提振以扶平跛足远行久矣的三驾马车之巨轮。

这注定是个返朴归真知易行难的漫长过程。其隐含的悖论是，一方面，与欧美金融危机生成根源不同，我国流动性充裕，完全不必拿外人祸端做理由来紧缩自己的信贷、投资和消费，否则，雪上加霜，只能带来更大的危险；

另一方面，我们又不能因噎废食，仍须取人所长补己之短，努力向欧美发达国家较先进的产业结构和管理模式靠拢，尽快形成一个有效动员和配置物质及人力资源的发展机制。一方面，我国经济只能在现有体制框架下运行；另一方面，只有不断地调整结构突破单一政策模式，才能真正实现保增长预期。人们愈来愈感到，作为第一阶段主角的总量上宏观调控，其效应在现有格局下已发挥到极致，但它解决不了结构性矛盾，这一矛盾的疏解需要的是体制调整。当国务院4万亿投资计划和温家宝总理四句话"出手要快，出拳要重，措施要准，工作要实"传开后，人们奔走相告，喜形于色，低迷中看到希望，精神为之一振，当然也不免多出几分担心：前车之鉴，可千万别借救市之机又搞出一场新的大跃进。君不见，各级地方政府挑灯夜战，赶制本地经济振兴计划，一个比一个豪迈，一个比一个海量，还不到月末，其投资总额已达23万亿元，有的省份年度财政收入不过2 000亿元，却搞出个3.5万亿投资计划，恐怕还没等"三年赶英，五年超美"，技术上先已破产，弄得跟阿诺(施瓦辛格)"掌勺"的美国加州似的；北京三里河一带车水马龙，人声鼎沸，不用说，新一轮"跑部钱进"正在热身，好戏即将鸣锣，无不印证着坊间不详预感，有人说，这都是给GDP闹腾的，凭啥非要给地方首长套上这么个"洋嚼头"。

究竟是地方政府误读曲解了中央举措，还是地方利益甚至权力资本在介入其中，咱可不敢胡乱揣摩。但期待仍透过眼神往外传递，大家越来越关心政府投资的效率，越来越留意信贷输血的强度和经济复苏的速度，如果不能唤起肌体本身的造血功能，那么，政府的资源终归有限，即使如4万亿之巨，也不过杯水车薪，救不了"八方硝烟，四处烽火"。

"嗷嗷待哺"是民营，生机勃勃在民间

虽众说纷纭，专家学者们毕竟有了一些共识，比如，经济企稳的关键在

政府，但经济复苏的关键只能是私人部门（企业和家庭），私人部门的继续收缩将制约经济反弹的高度，否则，只要政府足够作为，就没有任何衰退可言了。而从以往的经验看，政府投资“单兵突进”的局限性十分明显，没有民间投资的跟进，在效率上必大打折扣，所以，必须利用政府投资撬动民间投资，把民间投资这只细胞激活，防止某些地方政府假救市之名进一步挤兑民间投资。别忘了，咱中国“最长”的短板就是人多，再大的统计指数被人口分母一除，其平均值一定低得可怜，所以，就业率乃社会稳定第一支柱，每年新增就业人口 2 500—3 000 万，在“保八望九”的水平上，可以消化其中的 1/3，也就是说，仍会有 1 500 万左右的失业大军“嗷嗷待哺”，这个数字还不包括已经涌入城市“流连忘返”的几千万农民工。金融危机使全球失业人口在 2008 年底首次突破 2 亿大关，银行白领亦难幸免，何况俺们一群“准蓝领”呢。早几年的超高速增长得益于重化工的超常规扩张，资本密集程度越来越高的产业结构根本吸收不了太多劳动力，以制造业占 GDP 约 50%的比重，带来的就业机会不过是劳动人口的 25%。通货膨胀使我们的财富缩水，而高失业率却会让社会基础塌陷，这才是最可怕的。暮色苍茫，方显民营中小企业乃真英雄也，因为它多半属“劳动密集型”，能够吸纳全国就业人口的 72%以上，涌泉之恩，咱好歹也得给人家一个“滴水相报”吧！

经济学界多有兼顾前瞻性和可操作性的好建议，他们呼吁：政府应开放更多的投资领域，降低信贷门槛，拓展新的产业空间，对一些民间投资不太愿意进入的领域，通过政府补贴、财政贴息等方式，鼓励其进入；尤其应将那些已经对国资、外资开放的领域和那些尚未开放的垄断行业，例如石油和天然气、电力和水处理，以及金融、保险等行业，还有第三产业中的铁路、公共交通、信息技术和电讯、水利和环境、医疗卫生、社会保障和文化教育等投资回报率较高、很长时间以来对民资有着相当吸引力的行业，有序而迅速地向民间资本开放。此外，也可以鼓励中小企业整合重组兼并，加快产业集中度，中小企业抱成团，才有利于提高企业的抗风险能力以及竞争力。政府应从根本上改变资源配置的方向，将资源向私人资本和中小企业倾斜，并支持他们向先进制造业和现代服务业转型，向上做原材料采购，做研发设计，向下做物流，做销售网络，做品牌和商誉，做零售，以此来锻造能够吸收大量劳动力的现代服务业。数据显示，发达国家 GDP 有 60%来自品牌产业创造的价值，而中国只有 20%，其实唯“三控”即控股(资本)、控牌(品牌)、控技(技术)的企业才算是完整意义上的民族企业。在政策倾向上，放松创新型企业与中小企业信贷应该明显优于放松房地产信贷，这才是兼顾眼下与长远的两全之策，藉“非常时刻非常之举”，让居高不下的房价率先“触底反弹”，恐怕是民间迄今为止的“恐惧”之最了，真要那样，恐怕就不是“泡沫”而是“沉渣泛起”了，谁不知道“土地财政”背后最多的是房地产商们的五部曲啊：搞定政府拿到土地—搞定银行超额度贷款—搞定企业垫支施工—搞定中介提前预售—搞定绿卡举家迁徙……

扩大内需再一次被提上议事日程，成为救市重头戏，反映出最高决策层对民情民意尤其是民生建设的高度重视，如同相继出台的经济振兴规划，愈来愈朝这方面倾斜，基础设施不再首当其冲，取而代之的是医疗、教育、文化、养老、社会保障等民生工程。2009 年政府工作的原则是扩内需、保增长、调结构、上水平、抓改革、增活力、重民生、促和谐。保增长与调结构并行不悖，抓改革与促民生齐头并进，消除机制障碍将成为提高经济效率之源。人们欣喜地注意到，2009 年政府工作目标中，涉及民生的就有三个：分别是城镇新增就业 900 万人以上，城镇登记失业率 4.6%以内；城镇居民收入稳定增长；居民消费价格总水平涨幅 4%左右。比如，与 2008 年相比，仅在财政投入上，就业增加 3 倍，住房增加近 6 倍，医改则从 0 增加到 3 318 亿元；教育方面，资助贫困学生金额也翻倍；而 2009 年的各种税收，也将减轻企业居民负担 5 000 亿元。

但破冰之旅难度不小，甚至可套用郭德纲相声中的一句话，这叫把困难搁在车上——推（忒）困难了。扩大内需不仅建诸于城乡居民旺盛的消费欲望，更离不开将这种欲望转化为实际行为的足够能力，但现行利益分配结构似乎并不完全支持这一假设，尽管中国经济自 1978 年以来实现了持续增长，但中国仍是个收入较低的国家，人均收入仅相当于美国的 17%，日本的 23%。

第四节　务须警惕"最短板"

怎么会这样？知名经济学者李韦森给出了"分配结构严重失衡造成国富民穷"的尖锐结论，据他披露，随着我国固定资产投入超高速增长，劳动收入占 GDP 的比重却不断下降，在 1995—2007 年的 12 年里，GDP 年均增长速度为 10.2%，政府财政税收年均增长 16%（去掉通货膨胀率后），城镇居民可支配收入平均增长 8%，农民的纯收入年均增长 6.2%，在国民收入初次分配中，劳动者报酬占比已由 2000 年的 51.4%，降低为 2007 年的 39.7%，7 年中下降了 11.7 个百分点。当然，相比建国后 40 多年（1950—1997）的国民分配结构，这已经是一个巨大的历史进步，在那段岁月里，当 GDP 增长 367 倍时，财政收入增长了 825 倍，外贸增长了 1 924 倍，而年均工资只增长了 56 倍，如此藏富于政府而非藏富于民的利益分配结构，数十年一以贯之，其结果只能是"积累率远远高于消费率"。除了深层次结构调整，近阶段指望以扩大内需消费来促进经济增长恐怕并不现实。该学者进一步指出，按照国际价格计算，2003 年我国最终消费率为 55.4%，资本形成率为42.9%，其中固定资产形成率为42.8%，随着经济加速人均收入比例降低，到2007年，中国最终消费率降为36%，3年间下降了19.4个百分点，降幅超过20%。对照世界银行的统计，目前全球的平均消费率约77%（美国消费占GDP的份额为86%，德国为78%，日本为75%），固定资本形成率为23%，意味着2007年我国的消费率比世界平均水平低41个百分点，固定资产形成率却高出40多个百分点，可谓“长板益显其长，短板日见其短”，结构严重失衡对经济与社会发展可持续性的阻断不容小觑。

“富人有钱无处花，穷人有钱不敢花”

说来也是，建立在低工资、低保障基础上的利益分配结构，必然使公众即时消费欲望尤其是将欲望转化为行动的能力大打折扣。稳居世界第一的城乡居民高储蓄率总额约20万亿元，平摊到13.3亿人口，不过人均1.53万元，囿于我国医疗保险和社会保障体制长期不到位，大多数低收入家庭存钱只为“应急”并非“花费”，以防备生病、失业和子女教育等不虞之需，加上分配制度严重不公，贫富差距急剧扩大，对应极少数富人只知“名媛、名车、名牌”不论其他，除了钱“穷”得一无所有，更多中低收入者求的是衣食无忧，顾不上其他，除了量入为出也不见得“富余”什么。落在消费领域，便是“富人有钱无处花，穷人有钱不敢花”，那可不仅仅是“消费观念不同”所致。一旦经济下滑导致收入预期降低，绝大多数民众的天然动作是收缩消费而非扩张日常开支，内需不振使产能过剩问题更显突出，通缩进一步加剧，反过来又打击了民众的消费信心，“买涨不买跌”，消费一再延期，形成“滞胀”的严重局面。毫无疑义，扩大内需刺激消费必须从稳步提高国民收入开始，将利益分配中轴由政府和企业大幅度转向普通民众，推动内在结构调整，这才是真正的标本兼治。“让利于民”、“藏富于民”不应成为空洞口号，而是我国政治制度的内在规定性以及科学发展观的最根本体现，舍此则很难实现经济与社会的可持续发展目标(笔者注："增长"与"发展"这两个词在语义上相差甚远，遑论定义之别)。从这个角度上说，有经济学家将"结构调整"与"房地产业"并列为拉动GDP增长的新五驾马车，笔者深以为然。凡不带偏见者都会发现，我国过去中期经济发展的突出问题之一，就是消费、投资与出口这三驾马车不协调。一方面内需消费始终无法提振，最终消费率不仅远低于世界平均水平的72%，甚至低于改革开放前水平，说明绝大多数中国人仍然在勒紧裤带促进GDP增长；另一方面，GDP中的资本形成率，1993年为43.5%，后来下降到1999年的37.1%，2003年又上升到42.9%，2005年起超过50%，远高于改革开放前水平，说明内需不足投资补，硬指标不可降，出口便"绑上"战车。据WTO和IMF的数据测算，2006年世界外贸依存度(全球进出口总额与经济总量的比率)为45%，而我国的外贸依存度由2003年的60%上升到71%，高出世界平均水平25个百分点左右，所以拉拽中国经济前行的马实际上是"跛脚马"。有专家一语中的，对外依存度越高，经济稳定性越差，2009年出口一旦零增长，结构调整乘势而动，坏事可能变好事。

每况愈下的劳动力价格

毋庸讳言，在改革开放30年带来绝对财富大幅度增长以及城乡居民相对富裕程度持续上升的同时，一个不争的事实是，各阶层收入差距也在以更快的速率拉大，分配结构进一步失衡，表现为"损不足以补有余"等乖谬现象，城乡居民绝对财富(包括当属第二次分配的财产性收入)未能同步增长，长期不能有效享受改革开放成果，因某些制度性缺陷(比如股市)，还时不时承受不对称的资产收益亏损率，所谓"一个国家人均GDP超过1 000美元(我国于2003年跨越此门槛)向2 000美元迈进阶段，消费结构必将与国民收入同步升级”等历史逻辑，在我国一直无法得到有效验证。中国贫富差距日益扩大，据可靠统计，约12%的人拥有80%的银行存款，仅佛山一市的存款额已超过了整个甘肃省，银行存款高度集中在北京、上海、广州、长三角、珠三角，这些地方聚集了全国80%以上的钱，少数高收入群体足以将我国五年之内建成的高档商品房一扫而空。

在笔者看来，远比以上学者所列数据更令人震惊的，是中国劳动力价格水平的实际下降。据社科院金融专家刘煜辉先生证实，2002年整个中国制造业每小时的平均报酬只有0.57美元，即便最近几年涨了一倍，事实上也只是美国同期每小时报酬21.40美元的6%，与其他国家的差异同样很大，比如，是墨西哥和巴西报酬水平的50%，亚洲新兴工业经济体(即中国台湾、韩国、中国香港和新加坡)水平的20%，日本和欧洲标准水平的6.3%等等。中国所需要的必然是劳动密集型增长，而不是劳动节约型增长，就业是一切问题的出发点，这与我国产业结构调整方向形成悖论关系。他就此引申到中美截然不同的两种经济形态，美国有高达72%的消费率，高度复杂的金融系统不断把底层的流动性引流到上层，变成消费者信贷和消费扩张，而在中国，51.2%的高储蓄率化身为43%的高投资率，导致产出远高于消费，从单一经济体看，两者都是严重失衡的。最遗憾的当然是缺乏超强金融系统支撑的中国人，储蓄转化不了投资的剩余，只能以顺差的方式资本输出到美国，但不是通过私人投资方式，而是略带强迫性质的央行储备，以美国国债和购买美元资产的方式再循环回美国，把钱借给美国人用。

财富分配结构上的“损不足以补有余”

笔者曾长期困惑于国人何以储蓄率节节攀升，既然“能挣”，何不“会花”，凭个人体会，消费这档子事要比挣钱有趣且容易得多了，老是投资何趣之有？近日读到樊纲先生在接受《21世纪经济报道》记者采访时的一段话，才有所醒悟，他说道："其实中国消费者的储蓄倾向并不高，还比不上亚太区的平均水平，根据我们的研究结果，中国居民储蓄率近几年相当稳定，大约在27—31%之间，这就出现一个悖论，为什么消费倾向基本稳定的中国居民，其消费占GDP的比重却从过去的60%降到35%了呢？这主要是因为企业储蓄的增长，再加上一点政府储蓄的增长，前者的定义是企业未分配收入（近年滞留企业的这部分利益越来越大），过去在中国的总储蓄当中，企业占20%，居民占60%，另外的20%是政府储蓄，现在变成了总储蓄当中40%是企业储蓄，40%是居民储蓄，政府的储蓄还是20%，所以中国消费低的问题不是消费的问题，而是分配结构的问题。"原来"白马非马"的故事竟是这样炼成的，北大教授张维迎先生表达了同样的见解："在过去的十几年里，中国家庭储蓄占可支配收入的比重是降低的，从1996年的30%以上下降到2000年25%左右，之后没有大的变化；中国居民消费占GDP的比重1996年是20%，到2000年只有15%，2006年是16%，远低于22%。国有企业为什么有那么大的投资？因为对他们而言，赚了钱不需要分红，不需要交给政府和家庭，资金成本等于零，甚至是负的，不投白不投！一方面是无效的投资，另一方面，居民却没钱花，这才是中国的现实。"

第一次分配如此，财产性收入更是堪忧。假如以家庭可支配年收入20万元为标准，我国充其量拥有7 500—8 000万个中产阶层，在缺乏更多投资渠道的情况下，绝大多数人选择"入市"，借助中长期投资或波段性交易机会，期冀"堤外不足堤内补"，在二次分配中增加"财产性收入"，孰料"百年一遇"大股灾（13个月最大跌幅72.38%），将这一梦想击得粉碎，至少60%以上中产阶层被"冻结"，盖因损不足补有余一类乱象在股市比第一次分配时有过之而无不及。先后两次"利益分配"的相关性及股灾负面影响从国内某重要财经网《中国散户报告》所列数据中可见一斑：炒股资金投入有多少，

20万以上占了41.57%；资金来源是什么，多年储蓄占了76.41%；目前投入股市资金在财产中所占比例，达到70%以上者占了61.75%；迄今炒股收益如何，亏损50—80%者占了52.71%；你的生活水平受股市影响多大，自称明显下降节衣缩食减少娱乐活动者占到59.69%。某著名国际投行通过调查测算出，股市暴跌使投资者损失了相当于年收入83%的财富，降低了城镇居民消费4.6个百分点，按股市市值蒸发了20万亿计，假如中产阶层将其中20%转化为社会购买力，能够拉动起2007年GDP总量的15%。

关于中产阶层，容笔者接续前文，作一补白。这年头时移事异，连词义好坏都跟着变，说你"中产阶层"那绝对是恭维，兜里有俩钱儿先就给自己改成分，所谓"正名"也，全不像当年那么警觉。说你是"小资"，浑身一激灵，倘不"脱胎换骨"，起码这辈子入党甭想，哪像如今小白领唱着跳着喊着笑着要做"小资"，怕的就是人家将他(她)当"巴子"，但凡一"入市"，当然更是"中产"了，很少有例外，连笔者亦不能免俗，可诸位或有不知，这投资者也分三六九等，不能一概而论，且听陌生朋友陈涛君在《南方周末》上载文《2008，中国股市各"阶级"的分析》如何给您分析，恕笔者照单全收：

"说'阶级斗争一抓就灵'，事实证明，阶级斗争并不像某些人说的那么灵光，不过阶级分析的方法也不是完全不靠谱。咱老百姓的话糙一点，叫'屁股指挥脑袋'，说的是你坐在哪里，你的利益在哪里，你就会朝有利于你的东西说话。这个话用到股市，不说十拿九准吧，对个七八成不算吹牛吧？有人的地方就有三六九等，那些个在股票市场上活跃的各色人等不是也有阶级之分？各阶级的生存状态如何？他们利益的路线图是咋样构成的？每个阶级是否有其共同特点？特别的，在2008年，股票市场上有没有'阶级斗争新动向'？这些个问题值得说道说道。顺着股票市场的食物链，我们把各色人等分一下类，大致可以分这么几拨：一拨管掏腰包，这里边有散户、大户还有机构；一拨又掏腰包又赚票子，主要是那些在一级市场和二级市场套利的，即所谓大非小非；还有一拨管把钱往自己腰包里抢的，主要是某些上市公司、某些高管；还有一些是坐地吃利的，包括券商、基金公司，当然，国家财政也算是这一拨的。此外，还有很多个跟股市相关的'衍生阶级'，经济学家（官方的以及民间的）算不算？媒体（'三大报'以及所谓'市场化'财经类媒体）算不算？"

第五节　莫将短板当长板

"城门失火，只烧池鱼"

耐人寻味的是，虽都有"泡沫"，与欧美质地大不同，A股市场基本由真金白银"堆"出，2007年较股改前扩容15倍，融资4 771亿，比美国三大股市同期融资总额还多130亿美金，靠的是普通投资者持续"追涨"，并非"泡沫"二字可概括。在"自由落体式"下跌中，受伤最重的无疑是占总股本仅15%左右的流通股股东，岂关大小非（限）之"宏旨"，他们有超高溢价顶着，不过"长板不长"，还远非"短板更短"。至于"震源"欧美诸强，在相当程度上，次贷危机本来就是美国通过金融创新、膨胀其消费需求并无休止吸纳全球储蓄而导致的一场危机，如今"欠债还钱"而已。以美国为代表的西方发达国家，借资产证券化之名，将次贷包装成令人眼花缭乱的金融衍生产品，使金融杠杆效应放大到极致，硬是"吹"出一个"大泡泡"，也埋下了祸根，如今的去杠杆化实际上是一个消费需求螺旋式下行逐步回归理性的负反馈过程，却硬逼着全世界为自己先前的透支性消费埋单，暗推其"秘密的财富充公计划"（格林斯潘语）。人们注意到，就股市对金融危机的反应而论，欧美反倒比亚洲"冷静"，当A股等跌幅普遍超70%时，美国道琼斯指数最多跌47.52%，英国金融时报指数最大跌幅45.71%，似乎"城门失火，只烧池鱼”，其玄机亦不难解读。美国虚拟金融市场的规模为实体经济的10倍，股市只是其一小部分，而A股则倾国民囊中所有，“毕其功于一役”，加上受冷战思维影响，美国允许欧日盟国收购美国企业和资产，但只许中国购买美国国债，等于在变相补贴美国的过度消费和军事扩张。连《时代周刊》也感叹，“在过去10年时间里，中国政府为了防止人民币升值，储备了大量美元资产，这些资产中绝大部分是美元债券，而1/5竟然是房利美和房地美这两家公司债券，它们曾被视作像美联储印发的纸钞一样保险，绝不可能破产，但在美国金融机构的混乱中，没有一个国家的损失会像中国的损失这样巨大。”或许正是天量的海外投资，以己之长补人所长，虚耗了元气，令我们自顾不暇。相当一个时期，既不“托市”，更不“救市”，一俟危机降临，则难以避免地遭受双重打击，“马太效应”终结苦果，顾彼失此如是，两头不着杠，其中有太多经验教训可汲取。

里根说：“政府不能解决我们的问题，因为政府本身就是问题”

兜了恁大一个圈子，拿“长短板”说事儿，笔者是想以短见长，以长衬短，透析股市病灶，寻求疏解之策，给深陷困局的A股市场求一偏方。虽积弱难返，笔者仍倾向于一种谨慎乐观：危中之机远大于“危”本身，经济结构的扭曲可能正是中国经济最具潜力的一面，正如消费率低下说明内需尚有大幅度提升空间，新兴产业落后也预示着未来产业升级前景广阔。进入21世纪，世界愈来愈“平”（当然不是“水平”的，最新概念是“世界又热又平又挤”），当我们将要或已经在犯一个较大错误时，别人总会犯另一个级别更高的错误。此次国际金融危机，就是以美国为首的少数发达国家为解决一个问题，而制造出的另一个更大问题。已故美国总统罗纳德·里根曾极而言之，“政府不能解决我们的问题，因为政府本身就是问题”，此言极是。

美国政府放任型的市场经济和货币政策，在助推杠杆效应的同时，也在不断地集中和放大金融风险，凸显自由有余监管不足(或失控)的弊端。华尔街在激励体系、传销体系、创新体系、评级体系、投资体系与监管体系上的一连串根本性失误，导致全球经济失衡和金融异化格局迅速加剧，大大动摇了全球对美元金融体系的信心，比长期资本公司破产还严重的金融衍生市场的崩溃，迫使西方社会的财富和权力重新大洗牌，无论承认与否，一个加强中美对话合作促进亚欧之间互补联动的国际金融新秩序事实上已在悄悄酝酿之中，这对处于转型期的中国不啻是一个补齐"短板"争夺更大话语权和新规则制定权的天赐良机。

有识之士指出，美国的问题，并不是出在经济周期性衰退上，而是监管的过度放松让虚拟领域的自由市场经济太杠杆化、太自由了，以至于少数金融高管和精英分子凭借过度透支纳税人利益的自由，事实上侵犯了后者的资产权利；而我们的短板恰恰在金融创新不足和监管过度，长期以来选择性调控目标系于指数管理，认为涨了有"泡沫"风险就大，跌了是挤泡沫风险就小，所以"喜跌不喜涨，管涨不管跌"，而对包括自身职能转换在内的制度创新则一嗟三叹，举棋不定，连融资融券、股指期货这类成熟市场必备的金融避险工具也是千万唤不出来，"政策市"痕迹鲜明，市场自主定价权被剥夺，股市岂能不动荡。当管理层不作为慢作为甚至反向作为与突如其来的欧美金融风暴不期而遇，即使有意"维稳"，连续出台利好政策，无奈成本加大，一切都变得不可逆转。长期以来，管理层漠视政策环境和经济环境对A股市场的重大影响，有时揣着糊涂装明白，对中小投资者普遍情绪不甚了了，就症施治总也扎不准"穴位"，陷于想当然的措施出台老是慢半拍，甚至南辕北辙；更多的时候则是揣着明白装糊涂，其突出表现就是监管缺位，或失之疲软，任谁都能看出蹊跷的"内幕交易"、"操纵股价"一类恶行，愣是"查无实据"，干等着众怒自然平息，直至麻木，其实心里都在暗自清算政府信用的空洞化也说不定，前倨后恭，淮橘北枳，在本已混乱的两种经济正相关关系上再添几分乱象。

中美长短互补，方能相得益彰

此次金融危机给我们上了生动一课，随着美国五大投行先后倒闭了三个，其银行信贷体系摇摇欲坠，以三大汽车巨头为支撑的美国传统制造业亦不能幸免，据说将要袭来的第二波金融海啸很可能会以实体经济“多米诺骨牌式”崩塌作为表征；中国股市2008年“自由落体式”下跌，既是宏观经济滑坡的提前反应，反过来又传导给后者，抑制了实体经济从低迷走向复苏的进程，虽成因复杂，但两者间互为因果链已显现得十分清楚，再将它们人为地割裂便是十足的愚钝。多年来我们的政策总是刺激——反应式的防备型，而非主动进攻型。历史经验屡屡表明，总是那些进攻型的政策模式而不是被动防御型的政策模式更能捕捉到每每不期而至的历史机遇。在新一轮经济增长中，我们必须主动地进行结构调整，改变行政色彩浓厚的单一增长模式，而激活资本市场三大功能让其泉源奔涌正是题中应有之义。如前所述，长期困扰我国经济健康平稳运行的一系列瓶颈问题，事实上都可以在拥有企业直接融资、社会资源有效配置和国民财富第二次分配等基础性功能的资本市场上找到解决的突破口，前提是秉持公正原则，致力于建立、健全或者恢复它们。

专家们不无忧虑地提醒，切勿将危机的发生等同于过去的一切都是失败的，在危机中否定过去不仅否定了危机的风险诱因，也可能一并否定了繁荣的长期要素。尤其不可将经济体制运行中的某些偶然性轻率地当作历史必然性，得出反向结论。知名财经作家程实说得好：“危机中发达经济体的千疮百孔与其说是市场经济调配资源的实效，更像是经济周期的规律使然，而新兴经济体的相对强势与其说是市场不成熟的回报，更像是周期错配的历史偶然。”所以一方的失败不等于另一方的成功，反之亦然，假如美国人真的痛改了“寅吃卯粮(透支性消费)”的坏毛病，将来最“痛”的一定还是我们这个“依赖出口路径”的超大经济体。

老实说，美国等列强在此次金融危机中颜面尽失，不得已降低身价，但武功未废，架子依旧庞然，虽与东南亚同为“小学生”，年级仍高许多，不会容忍别人“僭越”；中国以有限的金融开放度加上“防火墙”，再加上某些时候的“慢作为”，有效缓冲了外来冲击，化解了相当一部分危机，但据此认为我们棋高一着，仍可“以不变应万变”，则大错特错。人民币尚不能自由兑换，当然搅不起美国式的巨大金融泡沫，但市场经济仍是迄今最有效率的资源配置方式，并不因美国失误而有所改变，中国离此模式目前甚远。抛开A股体制之殇不说，我们因资本市场不成熟而在国际竞争中处于劣势，“打落牙齿往肚里咽”，吃亏不是一回两回，再不抓紧“补短”，教训都快“溢”出来了。

从“世界工厂”通向“世界资本策源地”的路有多长

据法国学者科斯塔·费尔格布里研究分析，“在国际间，发展中国家虽然吸引了不少发达国家的直接投资，但与民间或地方大量利用外资相对应的是发展中国家政府对发达国家债券的在量投资，中国就这个意义上说，应该被称为资本净出口国。”数据显示，1998年，经济合作与发展组织的国际直接投资占该组织成员国内生产总值的0.8%，而外国资本对这些国家的投资占其国内生产总值的1.3%，据此费尔格布里认为，富国的经济是靠穷国的经济支持的。一个不容争辩却令人遗憾的事实是，30年前起步的对外开放，因缺乏资本、先进技术和融入全球的能力，中国走上了以本国低级要素吸引外国高级资本要素的道路，这就决定了在国际资本流动的利益分配上，高端资本发达国家可以通过资本输出、通过直接投资获得大部分利益。资深学者张茉楠就此感叹道：“一国的经济发展归根结底取决于本国的资本积累能力和资源使用效率，依靠外来资本积聚以支撑工业化进程的格局注定不能长久，超规模的60万亿人民币银行资产、1.9万亿的外汇储备‘量大质低’，事实上已经成为我国改革开放未来走向的重大掣肘。今后我国金融改革发展战略的核心，应当是充分利用目前丰富的外汇储备，由债券投资为主转向股权投资为主，一方面要通过金融资本与产业资本的进一步融合，推动产业并购和结构升级，另一方面，要加紧将中国的资本优势转为制度、资源和投资的优势，完成由被选择者向选择者的转型，即由‘世界工厂’转为‘世界资本策源地’，提高全球配置资源能力，寻求利益的重新分配，才能实现经济成长的全面跨越。”

说来说去，还不是在争夺地球资源（产）的定价权么，以外贸两大构成要素——要素产品和商品，中国早就由改革开放初期的要素出口大户转变为要素进口大户，特别是在石油、矿石等重要能源上更是如此。美国的芝加哥商品交易所（CME）和英国的伦敦商品期货交易所等大型金融机构牢牢地把持住这些大宗商品的定价权，中国作为这些产品的最大买主之一，却无法参与定价过程，这使得中国接下来的改革发展充满着转嫁型的外部风险以及不可控性。“攘外必先安内”，抽离了它当初不祥的政治含义，这句话难道不对么，本国资本市场根基尚且不稳，谈什么“接轨国际”，又遑论争夺全球资源定价权。2008年股市暴跌，最惨的就是宝钢一类大蓝筹，纷纷跌破净值，举一国之力捧出的“市场价”，在甚嚣尘上的“挤泡沫”鼓噪中变成“谎言”，唾手可得的央企资产定价权拱手相让，这教训难道还不深刻么?！银行系统也是“挑战与机遇并存”，从长远看，如不锐意改革，可能危大于机，就体制性抗风险能力而言，它的脆弱性比起其他行业，或有过之而无不及，更能证明“福兮祸所伏”的道理，尽管眼下“我们并没有发生金融危机”。姑且不论饱受诟病的建设银行按最大外资股东美国商业银行的定价，将 20%股权转让，却不按国际惯例，或“忘了”向对方收取牌照费(建行在国内有 16 000 个营业网点，属垄断性企业)，致使股票一上市摩根大通便获得暴利，据其掌门人坦言：“在次级债风波中，我们犯了投资错误，遭受了巨大损失，但我们从中国建设银行的上市中赚取了 1 300 亿(人民币)。”虽不乏为建行辩护者，但在国际资本博弈中国人智慧不足显处下风则再也清楚不过。

强势货币政策可能掩盖金融系统“短路”之忧

据有关人士分析，在金融业务模式创新方面，中国与美国正好处于两个极端。中国金融创新少之又少，业务模式相对简单而缺乏竞争力，更主要的是那些能够规避实体经济经营风险的金融工程技术没有得到应用和发挥应有的功能作用。银行流动性充裕主要源自高储蓄率所带来的稳定收益，比如 2008 年主要商业银行的存贷款利差高达 4 个百分点左右，而在一般情况下，商业银行的利差只有 1.5—2 个百分点，这使得 2008 年上半年，银行净利润增长率超过 60%，并且每年以 17%的速度递增，除非我国消费结构和经济增长方式发生重大调整(完全有可能)，这种“旱涝保收”的营运模式，绝不会产生内在的改革冲动。但潜在风险仍不断积聚，房价“拐点”时隐时现，就是巨大的不确定因素，整个银行体系的房地产贷款(包括房地产开发商的项目贷款和个人住房的按揭贷款)在 2006、2007 年的银行贷款中占有相当大的比例，一旦楼市大幅下挫，原来“没事人”似的银行体系就会出大问题。数据表明，目前我国住房按揭贷款共约 2.9 万亿元，且大部分人都是 80%按揭，首付为 20%，一旦房价下跌逾二成，则不良贷款率将随之上升，再下降，金融危机一定爆发，搁在西方银行同样吃不消。故有人慨然叹曰：按揭按揭，就是将购房人按在地上，一层一层地揭你皮，等到揭不动了，就该银行“蜕皮”了；现今房价确有“大泡沫”，致使民怨沸腾，但经济复苏又离不开楼市止跌回升，政策左右为难，所以高房价不仅“绑架”了政府，而且“绑架”了整个中国经济。一旦金融“堰塞湖”岌岌可危，“泄洪”渠道又能在何处觅得“芳踪”？

笔者注意到，尽管欧美金融危机为害甚烈，多数经济学人仍认为在制度建设方面，我们还是应该向“始作俑者”取长补短，制度缺失只能通过制度进步来补偿，一个相对成熟的资本市场，正是有益而有效的“泄洪”渠道之一，尽管金融市场实际上包括五大块，但从权重份额考量，唯股市和楼市首屈一指，具有“牵一发而动全身”之效应。众所周知，直接融资渠道不畅从来是我国银行信贷体系之“最短”。所谓金融，首先是指资金的融通，当数以万计的民营中小企业因资金无法融通而倒闭，则一定是金融系统发生了“短路”，也一定会使中央通过货币放松而刺激投资的政策效果大打折扣。笔者通过学习得知，货币政策和财政政策的配合使用，是宏观调控的主要手段，并各有侧重。当经济过热的时候，要把经济往回拉，货币政策最有效果；而如果经济偏冷的时候，要启动消费启动经济，财政政策的效果要比货币政策更明显。尽管功莫大焉，但它们绝非灵丹妙药，也是有利有弊的——比如经济形势偏于紧张导致货币政策的方向转变，后者透过减息等政策缩窄了银行存贷款利差，而前者则遏制住了整体信贷市场的发展规模，两者相加实质性地恶化了银行股的业绩回报。

亟待扩张的金融“毛细血管”

有权威人士坦言，从某种意义上说，我国缺少真正的金融系统。以四大商行为主的银行体系，主要是为国有企业服务的，而民营企业尤其民营中小企业在严格的金融管制状态下必然举步维艰，但谁也不怀疑，救中小企业才是救经济，打破行政垄断才是救经济，中小企业活得越艰难，越是说明金融危机对包括金融体系和资本市场的我国整体经济并不是没有冲击而是影响极大。不妨作一比较，根据美国联邦储蓄保险公司(FDIC)的报告，在美国，1984 年初银行的数量高达 15 101 家，到 2004 年初也还有 7 842家之多，它们绝大多数只服务于一个城市，甚至一个乡镇，其中，资本金在 10 亿美金以下的小银行占了 8 成以上，却只控制着美国总计 11.4%的银行资本。按动辄数十亿计的我国银行标准来估量，遑论发展，其绝大多数连出生资格都不具备，但恰恰是这些小银行构成了美国金融体系的毛细血管，为美国民间经济的活跃和整体经济的崛起发挥了重要的作用。反观中国，在如此之大的经济规模中，商业银行的数量仍屈指可数，却占据着国内企业外部融资近 95%的份额，远高于欧美银行通常 40%左右的比例，其中，国有商业银行高高在上，股份制商业银行的城市分支十分有限，原先的国有农村信用社系统深受重创，使得我们金融系统“毛细血管”大多处于“坏死”状态。数以百万计的中小企业得不到阳光下的金融服务，只好求助于地下钱庄，甚至铤而走险借高利贷，全不顾这样饮鸩止渴，可能“死”得更快。这种集中而单一的国家信贷体系，蕴含着极大风险，在此次国际金融风暴冲击中尚可维持弱平衡，也算“歪打正着”，却未必抵御得了以另一种形式出现的另一场金融危机。考虑到我国各行各业龙头企业绝大部分已经上市，实体经济与虚拟经济之间的紧密联系今非昔比，倘不能完善资本市场建设，尽快补齐中小企业直接融资之“短板”，则结构失衡的矛盾将进一步加剧，而曾经为国有大中型企业脱贫解困立下汗马功劳的银行信贷体系之“长板”也就难免演变为拖累国民经济可持续发展之“短板”。

退一万步说，即使从“救急”角度看，为刺激内需和提振消费，最好的策略也莫过于大力促进资本市场发展，以虚拟经济之“旺火”来消融实体经济之“坚冰”。这是因为，刺激实体经济摊子大、成本高、见效慢、周期长，还牵涉到盘根错节的体制机制因素，而借助社会流动性充裕来激活虚拟经济（比如股市）则水到渠成。一方面提振投资者对经济预期的信心，一方面拓展企业低成本融资渠道，双管齐下，必有助于相关产业率先升温，转而刺激整个经济逐步回暖，降低通胀变通缩之忧虑，堪称一石三鸟。换一种说法，如果听凭股市一味低迷，民众的财产性收入不断缩水，扩大内需便可能成为一句空话，而“藏富于民”一旦经由股市部分实现，长期被压抑的消费冲动定将迸发出来，由此带来的GDP乘数效应将远超过目前单一政府投资所能带动的叠加效应。

第六节　补短先得“不折腾”

节前收到朋友一则短信，说是鼠年“好折腾”，但愿牛年“折腾好”，虽与“不折腾”尚有距离，笔者以为，它仍算是一个值得尝试的“愿景”，真正的“不折腾”，必须建立在对老百姓的小日子保持关怀、对民间智慧保持深刻敬畏的基础上。就股市来说，就是对成千上万善良坚忍热情（有时也不乏狡黠）的中小投资者怀有最起码的体恤和悲悯，目前很难完全做到，只能“不着急，慢慢来”，也符合“取法其上，得乎其中，取法其中，得其下乎”的辩证法。“不折腾”知易行难，有时折腾才有戏，自娱娱人，自欺欺人，一切尽在折腾中，慢慢会上瘾，本不想折腾，顺其自然，到了还是折腾了，比上次更厉害，特别是在教育者认定自己比被教育者聪明、高明的时候，想不折腾也难，可潜心一琢磨，不过是“大家跟着领导走，领导跟着感觉走”，无趣得很，只因上面的感觉往往还不如下面的感觉来得灵敏准确，与实际状况差得太远，半癫半喜半推半就的一番折腾，最终发现什么也没剩下，空怀一腔惆怅。

对民间智慧应保持深刻敬畏

最近读到《南方周末》评论员笑蜀的一篇妙文《不要折腾老百姓的小日子》，感触良多，怎么听来都像是喻指“小散”们的生存境况，引人深思，特摘录一段：“大智若愚这个古老的东方哲理，完全可以应用于现代治理。对一个现代政府来说，不折腾亦即所谓‘愚’，可能是最值得重视和最需要学习的一门功课了。不要轻看老百姓的小日子，它没有我们想象中的复杂宏大，它那么朴素，但它却那么细密，那么扎实。正是在老百姓的小日子之中，财富一分一毫地积累起来了。文明的演进就是这样细水长流，只要不被外力粗暴地阻遏，最后必然滋养出文明的春树繁华。从这个角度，我们需要深刻反省政府主导模式。1990 年代以来，财富向政府过度集中，资源向政府过度集中，权力向政府过度集中。而在缺乏有效制衡的情况下，过度强势的政府往往挤压社会自由，往往挤压老百姓过自己小日子的自由，一句话，往往增大折腾老百姓的可能。这就导致了改革某种程度的异化，甚至在局部地区，改革蜕变成了折腾的同义词。折腾的方式仍然是搞运动。国企产权改革是必要的，却搞成‘管理者收购’运动，结果是‘掌勺者私占大饭锅’；城市化是必要的，却搞成一窝蜂地强制拆迁运动，结果是城市政府独占土地暴利。排斥老百姓谈判的权利，对等交易的权利，是所有这些运动的共同特征。它们往往像坦克一样无情地碾碎了老百姓的小日子，无可挽回地把受害者驱赶到了社会底层，制造出大量的社会矛盾和冲突。有权的折腾无权的，强势的折腾弱势的，这是一个基本规律。要最大限度不折腾，最重要的切入点应该是改变权力结构，让老百姓有权抵挡折腾，以此来增加折腾者的成本。只有当折腾的成本高于收益，折腾成了一笔赔本的买卖，那时折腾才有可能消停。”

酣畅饱满的叙述中，不时闪烁着辩证法的光芒，水滴石穿，润物无声，时间能抚平一切，欲速则不达。我们总是在踉踉跄跄地赶路，黑灯瞎火地赶（有时其他地儿亮堂，就咱“跌板板”灯下黑），“运动就是一切，最终目标微不足道”，管它是我走路，还是“路走我”，只要有路走就好，这世上本无路，凡有“羊群”的地方就有路，边听故事边赶着羊群，路也就一点点走出来了，至于“头羊”是谁倒也无所谓，“真的没有”的话，就“硬揍”它一个，反正咱也“不差钱”，如今想想，真不该光顾着抬头看 K 线，忘了低头看路线，走着走着竟走进“一线天”，失去的是世界，得到的是“金锁链”，于是恨恨地唱起自嘲小曲，“炒股岂能无欲求，人生何处不套牢”，说来可怜，人的一生也就是生与死之间夹个爱情，再留点时间炒股，可别折腾得太狠了。

且看融资长板是怎么被“折腾”短的

股市从来不缺辩证法，“假作真时真亦假”，一阵阵翻云覆雨、波诡云谲的“折腾”，看似“天地万物皆备于心”，其实可能在转圈，“后之视今，亦犹今之视昔”，难免“后人复哀后人也”，最终都得返璞归真，从哪儿来，回哪儿去，拂逆客观规律者必受惩戒。本文所说长短板关系也是辩证法，寸有所长尺有所短，不仅是相对的，还可以互相转化，有时自以为“长”，其实不一定长，硬要抑制它继续“长长”，反而会闹出削足适履的笑话。比如，近几年宏观调控一直在抑制通胀与防止经济下滑之间犹豫，使得早于 1997 年东南亚金融风暴后启动的拉动内需和产业结构调整等政策远低于人们期待的力度，效果差强人意；因忧虑于2007年度GDP比上一年多出1个百分点，便提出“防止经济过热”，坚持从紧货币政策不放松，半年5次加息4次调高准备金率，连累到股市，也借“防热钱”之名抑制“流动性泛滥”，实际上暗含遏住涨势调控股指的政策意图，结果证明它对虚实两类经济体构成“双重打压”，最终不仅未能独善其身，还得无可奈何地面对与欧美“震中地带”差不多的经济迷局和两难选择，昨天还是流动性过剩，今天却突然流动性枯竭，如不向市场注入真金白银，则经济将很快陷入紧缩状态甚至衰退边缘，尽管形成原因各不相同。

最发噱者莫过于股市基础性功能的“长短板互易”了，在企业融资、资源配置和利益分配这三大功能中，融资一向“重中之重”，绝对是股市“第一长板”，长到某上市公司相信通过一次性融资1 500亿便可将总股本撑大1.5倍，再造一个自己，省却一切“成长的烦恼”，结果上演了一出“险象环生的平安之旅”。然而，因互为表里的新股发行制度和大小非(限)源源不断等资本市场“短板”始终不能补齐，在第二、三功能相继式微后，终于轮到第一长板由长变短，渐闻“喘息声”，慢慢“露出下世(市)的光景来”，以致有些捉襟见肘了。诚如知名财经作家苏渝先生所揭示，中央4万亿投资规模虽大，但间接投资只是恢复经济的一个轮子，而另一个直接融资的轮子，则因股市低迷乃至硬着陆而“爆胎”，至2008年底，包括中国建设在内的36家已过会公司发不出股票，213家已确定增发价的待增发公司大多跌破了拟定增发价，96%的新股跌破了发行价，而已经增发的公司几乎无一例外地跌破了增发价，再融资难不仅导致一些上市公司资金断裂，实体经济业绩下滑，还造成大股东“不能融资就减持大小非”，套现冲动越跌越强烈，形成虚拟资本转化不了实体资本，实体资本又套现虚拟资本的恶性循环。

在金融制度创新的过程中“折腾好”

如上所述，此次国际金融危机，我国因资本市场有限度开放构筑了一道“防火墙”，加上金融制度创新不足和时不时地监管过度，所谓“寸有所长”，我们终于“因祸得福”地延缓了外来的强大冲击，但我们没理由就此认为现行制度是“长板”而非“短板”。有明眼人一语道破，在制造领域，中国甚至可以挑战西方的高科技垄断，但在货币金融领域，暂时还不能“搭脉”，必须走很长一段路。正像欧美过度金融创新和放任监管，奉行彻底的市场主义，也曾经是“长板”，最终仍难逃一劫，杠杆“由长变短”，甚至要“去杠杆化”，历史的轮回叫人啼笑皆非。有个道理不能不说，千错万错，改革开放绝不会错，在发展中规范也好，在规范中发展也罢，改革是动力，开放是活水，创新是生命之源，在一个错综复杂的大系统中，惟不断地调整和修正自己，才能稳固立足之基，找到继续前行的正确路径，而这一切都有赖于在“整体关联”背景下的“动态平衡”。所以切不可把金融开放视为“洪水猛兽”，不能因一时一地无心或大意之失而闭关自守求自保，历史上从来没有一个国家因为开放而衰退，相反，由于锁国而落后的例子则不胜枚举。我们只能在游泳中学会游泳，不敢或不愿“试水”，自然能避免呛水之忧，但一俟洪水（有时是激流）到来，除了挣扎于“狗刨式”直至淹死，很难有别的什么选择。

那为何开放体系的整体风险会低于封闭的体系呢？这是因为，开放体系中有一整套健全的市场经济制度，有利于促进经济主体间资源的有效配置，使宏观和微观主体具有更强的抗风险能力。亚洲四小龙的崛起，主要得益于对外开放所激发的创新活力，而东南亚金融危机的发生，责任并不在经济开放本身，而主要是由这些国家和地区资本市场发展不平衡、金融产品结构不合理所造成的，给国际金融炒家提供了太多可乘之机。从根本上说，在经济全球化日趋深入的大背景下，金融资产的扩张势必成为推动国民经济增长的重要一块，我们既不能低估虚拟资本和财富效应的作用，也不能低估直接融资对资金资源分配的作用。谁都不会怀疑，如果我们不致力发展资本市场，资产定价权和议价权就永远不能掌握在自己手中，非常容易被外资所侵占，由此可见，资产重估是释放中国未被市场定价的财富的一个过程，关键是这一对外开放过程必须是有序、有节、有度，始终遵从渐进和安全至上原则的。兵无常势，水无常形，太阳底下本无新鲜事，但太阳每天都是新的，任何似曾相识的东西，其实都“此一时彼一时”也，我们只能“活到老，学到老”，尤其是从失败这位“最好的老师”那儿学，只是课程须随时更新，且不能只跟失败这一位老师学，也拜拜其他师长，比如仁义之师、威武之师、成功之师等等，就此而言，管理层将“改革的力度、发展的速度和市场可承受程度保持一致”作为学习的主攻方向，当属一个不错的选题。

为防日后再折腾，挑几个典型个案，以和风细雨而非折腾的方式作一清理，拜失败为师，使自己变得聪明起来，顺应时势和民意，修正一些随意鲁莽的政策，这不是折腾，而是一种勇气和责任，必赢得广泛谅解和尊重。人非圣贤，孰能无过，知耻者近乎勇，怕的就是不知者强以为知，然后在同一处摔倒两次，连犯错都缺乏创新精神。人们期盼西方金融大鳄的“滑铁卢”能够成为中国乘势而上的“奥斯特列兹”，百年一遇对一遇百年，受命于败军之际，挽狂澜于既倒，首先为了国民的福祉，然后，“自助者天助之”。远在大洋彼岸的美国人姑且不说，周边的日本、韩国、越南等邻国无不时刻关注着中国的经济情况，希望能从这一“外部性力量”的整固中找到力挽本国走向衰弱厄运的后援，大家现在总算明白了，中国的崛起并不是真正的威胁，中国的颓靡才是他们最不愿意看到的“双输”结果。从中央决策层频频发出的

“问政于民、问计于民、问需于民”的吁请中，公众们嗅到了春天的气息，翘首未来，人们有足够的理由相信，在这“礼崩乐坏，群雄纷起”的国际金融重组时代，中国还是有底气和资格与世界对话，甚至在愤愤不平心境下向欧美列强们“喊话”的。

有本事咱到海外去“折腾”

孙子云：“不谋万世者不足谋一时，不谋全局者不足谋一域”，咱不妨反其意而用之，倘不能“从我做起，从现在做起”，又何以忧天下，“千里长堤，溃于蚁穴”，还是先将芸芸众生的小日子摆平吧，争夺国际金融主导权一事，或可从长计议。盛邀之下，必有奇策良谋奉上，不久前坊间忽有人“心生一计”，激起业内专家纷起质疑，也引得草头小民一片叫好声，这就是北大教授张维迎先生的“全民分外储”一说，据称每个中国人可分得 5 万元之巨，且“一次性派发”，难得独立经济学家谢国忠力挺该建议，并将范围扩大到央企股权。“凭空”分钱的事儿当然令人兴奋，国企本属全民所有，人人有份，以“份子钱”形式给每个社会成员发放“人头费”，起码可作短期应急措施，又体现了每个公民与生俱来平等享有国家经济福利的权利，于情于理于法似乎都不相悖。但不用脑袋单凭脚后跟想一想也知道这事儿操作性太差，“搞笑”而已，可以心动切勿躁动力戒盲动最后一准没行动，所以笔者心如止水，始终未跟着“起哄”，稍稍留意的只是《华夏时报》专栏作家官建益先生对该建议的诠释，由表及里，由此及彼，一下子说到了“海外炒股”，颇有几分新意，摘录于下：“其实不仅是港股直通车，还应该有美股直通车等等，我们的外汇储备那样多，为什么不分给全民，让他们去买那些跌到 0.97 美元的花旗一类金融股票呢？中国的投资者们实在是太苦了，让他们用自己分得的外储去挣点钱，不是还可以分散国家的风险吗？现在美元跌了，我们的美国国债缩水，如此大的风险干嘛要让有关部门的几个人来背呢？他们背得了吗？真正高手在民间呀，让这些高手去美国市场闯荡一番不好吗？前些时候对北大教授张维迎关于全民分外储狠一通嘲笑，现在看来是嘲笑者应该反思一下了。”

恢复A股融资不是“折腾”

好的开局代表着一半成功，2008年不堪回首，2009年乍暖还寒，但春天脚步无疑渐行渐近。窃以为，牛年股市最大希望，或许就在它有可能被重新定位，一切曾经纠缠和妨碍我们的“短板”将被严格审视乃至逐步补齐，前提当然是对“短板”的准确捕捉。尽管A股市场短板不少，但决不会是“融资再融资”，只有融资功能停止了或融不到资了才是“短板”，岂止短板，恐怕连股市存在的理由也消失了。融资与投资并不矛盾，是二而一关系，供求决定价格，价格调整供求，最终主导市场估值系统，只投资不融资，股市必成“一潭死水”，不仅不能解决流动性不足，反而会弱化投资的流动性，B股就是一个典型例子，其市场流动性不足并非因为过度融资，恰恰是由于长期不融资，所以对目前A股第一功能几近丧失切不可掉以轻心。就笔者听闻所及，中小股民们其实并不惧怕IPO开闸，正像他们也并不惧怕股市下跌、经济转型期、管理层调控指数等等，他们怕的只是在新股发行制度雷打不动的情况下IPO，怕的是一二级市场长期价格悬殊、巧取豪夺行为得不到有效遏制、内幕交易屡禁不绝等等，尤其怕管理层缺乏运用各种行政手段“扶弱限强”、尽全力保护中小投资者利益的诚意，致使A股生态环境一直得不到有效改善。

一则流传坊间的《“不差钱”股市版》道出了中小投资者对金融避险工具久呼不出和创业板既盼且惧的矛盾心态——赵本山：融资融券出了吗？小

沈阳：对不起，没有。赵本山：那股指期货呢？小沈阳：有是没有呢？赵本山：我这问你呢，你说呢？咱不差钱。小沈阳：嗷，那没有。赵本山：咋啥都没出呢？小沈阳：出没出你心里还没数吗？赵本山：再问一个，创业板出没？小沈阳：对不起，没有。赵本山：这个可以有。小沈阳：这个真没有。

令人欣慰的是，这些民间呼声聚少成多，由弱渐强，终于上达天听，引起管理层高度关注，并作出积极回应。尚福林主席在一次重要会议上表示，2009 年"将深入推进新股发行制度改革，完善股票价格形成和承销机制，进一步完善代办股份转让系统，探索拓展多层次市场，做好融资融券业务试点，进一步完善大宗交易制度，改善市场供求关系，加强风险检测、预检和防控，有效防范系统性风险"，与某些专家指其为"浮泛之论"不同，笔者相信尚主席的诚意，该讲话基本扣准了"穴位"，针对的大多是制度性"短板"，一连串"完善"，用意全在兴利除弊即"补短"，哪怕小有突破，也善莫大焉。至于广遭诟病的"尚主席不提大小非"，笔者以为这个难题本来就难，解决很难，上面提或不提都难，不是早有人将之形容为 A 股"死结"了吗，既然如此，就应该允许有一个徐缓图之的过程。鉴于大小非(限)人为分割了一二级市场，高溢价背后实际上隐含着"一股独大"的分配制度不公倾向，非同小可，彻底解决乃早晚之事，而痼疾一日不除，就一日难言"完善"，也不是简单一句"短板"便可搪塞，它多少接近于股市"黑洞"了。叶檀女士以其独特的眼光看到了激活 A 股市场可能带来的"新三大效应"：今天中国的国力已壮大为世界第三，中国的资本市场也应从世界第七位迅速成长为世界第三位。低迷的熊市显然无助于中国资本市场的崛起，崛起的惟一途径只能是借助中国经济先于全球经济复苏的基本面优势，率先于股市走强等。资本市场走强有三大效应，一是可以恢复融资功能，为实体经济注入资金；二是可以发挥财富效应，促进居民消费，让中国经济在内需引擎的牵引下快速奔跑；三是可以解决大小非问题，促使中国资本市场走入全流通时代。

第七节　让人欢喜让人忧的创业板

十年磨一剑的创业板挟IPO之先声“扬眉出鞘”，给市场带来几多欢笑几多愁绪，从主板、中小板、场外交易、并购交易市场，到进退失据的“老三板”，再到磨砺经年引而不发的创业板，A股市场的最后一块拼图终将完成。无论从哪个角度看，这都是中国资本市场值得大书特书的里程碑事件，长期苦于筹资难动不动“掉链子”但极具创新活力和成长空间的中小企业在春寒料峭之际，开始握有一份属于自己的筹码，或可“直通”明天，这真叫已好些日子“不高兴”的中小投资者有点高兴起来，虽“剑锋”闪烁，让人不免疑惑它也许是“双刃”的(极可能)，正如监管层偏偏挑选2009年3月31日凌晨2时许通过其网站正式发布《首次公开发行股票并在创业板上管理暂行办法》，第二次以“半夜鸡叫”(这回是利好)的方式发布重大信息所暗示的，“别高兴得太早，一切还都在未定之天呢”!

创业板“千呼万唤始出来”

人们注意到，从一年前的征求意见稿，到今年两会期间的“吹风”，再到暂行办法出台，犹豫复犹豫，仔细再仔细，反映出管理层对此事慎之又慎的态度，所谓“慢工出细活”，盖因创业板本身蕴含着巨大不确定性，世界各国少有成功先例。据有关专家考证，创业板市场的推出在美国是主板市场诞生150年以后，在英国是主板诞生将近200年之后，香港20世纪20年代开始有主板，80年之后才推出创业板。从目前来看，真正国际通行、不规定IPO有利润要求的创业板市场，表现好的只有发起地美国的纳斯达克和金融文化差不多的英国，其他“跟风者”如今都很萎缩，连老美到日本开的小纳斯达克也早关门大吉。即使始作俑者美国，本世纪初互联网泡沫破裂也将创业板投资者吓出一身冷汗，好歹天塌下来有高个子比如微软、谷歌之流顶着，总算硕果仅存。

不难看出，咱管理层特想在创业板甫一推出，即能取长补短，以出奇制胜，达到其负责人在两会期间接受记者采访时的美好预期：“推出创业板是完善我国资本市场层次与结构、拓展资本市场深度与广度的重要举措，能够为数量众多的自主创新和成长型创业企业提供资本市场服务，有利于更好地发挥资本市场在资源配置中基础性功能，强化资本市场对国民经济发展的支持，推动创新型国家建设。”

笔者相信，“剑走偏锋”的创业板让人欢喜的地方很可能远多于让人忧虑处，其背景之一或许是，此次金融危机，使管理层认识到支撑中国经济的中小企业所面临的融资困境是如此巨大，在逆境中的生存是如此艰难，而主板市场的权重蓝筹“一股独大”也难以为继，不足以撑起九分天下，适时引进创业板，等于给日渐浑浊的“深池”注入一汪清泉，搅动起涟漪阵阵，两个声气相求的“天涯沦落人”，经过漫长的等待和试探，终于“走到一起来了”。与主板乃至中小板相比，创业板“风韵独具”，不仅是“娇小”（每家IPO融资估计不超过2亿元，平均流通股本4 000万股，平均股价30元，即使按一年上200家计，每年总融资额也就300亿左右），而且“仪态万方”，大多具有“技术创新＋模式创新＋未来成长”的特征，一是不同于中小板的“往上看”，它喜欢“往下行”，逐步把更多自主创新的高科技企业纳入板块，时间可能达10年以上；二是倾向于“慢升急退”、“宽进宽出”，按照既定的硬指标，或以股价论，或以业绩论，来也匆匆，去也匆匆，“神龙见首不见尾”，以维护板块本身的“一池活水”。尤其在发行阶段便进行全流通设计，作出更严格规定，或将另两个板块间或发作的痉挛病“扼杀”于胚胎之中。被寄予厚望的创业板六大功能即价格发现、流动性保障、风险分散、信息生产、公司治理和价值创造等，主要缘于良好的“制度安排”，比如对申请企业设定盈利性门槛，对进入市场的投资者的准入要求，延长保荐机构的保荐期，细化持续督导期间的跟踪报告制度，设立独立的发审委等等，无不渗透着一种科学、务实、合情合理的精神追求。

最新出炉的《深圳证券交易所创业板股票上市规则》，以四句话勾勒出这一制度特色，即“增减持 1%事后披露、信披防上市首日暴炒、退市制度更加市场化、控股股东限售期要求满三年”等，都融入了“防患于未然”的考虑，使“开门大吉”殷殷可期。用著名经济学家刘纪鹏的话来说：“我们开通的创业板实际上是一个已经通过了风险期的成长板，这种通过风险期已经开始盈利的企业，如果按创业期、成长期、成熟期来划分板块，主板是成熟期，港英模式的创业板是创业期，但是在中国，不能把创业人的风险由我们这些不太成熟的股民来承担，所以得将准入条件适当前移一些。”

严格的退市机制让“壳资源”变成垃圾

最受圈内圈外一致好评的是，管理层将对创业板实施严格的退市机制，对那些信息披露不全、净资产为负、股票连续 120 个交易日累计成交量低于 100 万股的上市公司，都可启动快速退市程序，直接退市，不必进入代办股份转让系统(即三板市场)，A 股长期匮乏的资源配置效率第一次有望在这一新生市场得到实现。对新股发行制度弊端有着切肤之感的中小股民，无人不晓其病灶之一就是“一年绩优，二年下滑，三年亏损”的混混企业，只要不摘牌，光凭那点“壳资源”，也能招蜂惹蝶，引得无数“小散”竞折腰，并将新股不败的“神曲”续唱一年又一年。熟料风水轮流转，如今创业板的标准低于主板及中小板，中小企业通过 IPO 直接融资大为便捷，主板市场的壳资源随之贬值，更将使 ST 股、绩差垃圾股的壳资源价值大大削弱，重组预期减小，顿失炒作的价值，只能“连壳带肉”一起复归本该去的地方，这对澄清良莠不齐的 A 股大环境显然大有裨益。

另一新增约束是，规定公司股东人数不得少于 200 人，因为创业板公司大多“短小精悍”，对股东人数的下限，至少可以限制炒作股票，仅此一项，已足见规则制定者心思之缜密。九九归一，所有制度利好都可能助推创业板，使之一发动即步入“快车道”，而非小打小闹，对一度担心创业板上市将大幅冲击和分流主板市场资金这等事儿，人们反而抱以宽容姿态，甚至一笑了之。据较乐观估计，目前万事俱备的待申请公司至少有 500 家，能够首批跨入高门槛的不过 1/5，按我国超过 4 000 万家中小企业计，堪称凤毛麟角，所以要论质地和品相，即经营风险可控性，它们也许远胜一大批“野蝴蝶”上市公司，加上“不炒白不炒”的普遍心态，一段时间内，除拉动大盘整体向上外，很可能给风险偏好投资者带来令人称羡的财富效应。

当“穿新鞋，走老路”的担心也成为奢望时

事情当然不会到此为止，咄咄逼人的创业板倘能一举定乾坤，在乱象丛生的 A 股市场一劳永逸地解决所有问题，那才是咄咄怪事。别的不说，创业板与股指期货可以不分先后，但新股发行制度改革岂能“殿后”，一二级市场之间鸿沟（价差）不消弭，市场与发行人对股价的双边博弈不成立，中小投资者的利益保护屏障不健全，原先曾经困扰主板市场的所有问题都会重演，投资风险亦有增无减，门槛设得再高也没用，起码对创业板技术参数和未来

走势的识别及判断比主板要困难，而进行内幕交易和股价操纵却容易得多，源头不廓清，风险必成倍放大。

最使坊间困惑的是，曾被高度期待的新股发行由“审核制”向“注册制”过渡，本可将创业板作为“实验田”，先行先试，边际成本也小得多，却根本不见下文，连一度“炒”得热乎、以为板上钉钉、中小散户们已很有些“亲近感”的“红鞋”（人手N股）都忽然间没了踪影，使“穿新鞋走老路”的担心竟也成为奢望。与此对应，是管理层依旧迷恋行政的力量，依旧希望从改善行政审批环节的角度解决中国股市的圈钱难题，依旧仅仅依靠中介机构、保荐人、注册会计师和合作投资者制度来过滤风险，如此这般，心有余而力不足，管理层未必经受得住即将到来的利益相关者们所施加的人情考验，创业板定数仍将大于变数，一切还是等等再说吧！

这其实还是折射出中国股市发展定位也就是企业融资、资源配置和利益分配等关系应该如何摆正这样一个永恒话题，骨子里“融资高于一切”不变，好事也会做砸，即使借服务民营中小企业之名也不行，故坊间猜测已很有些火气了，大体如黄湘源先生列举的三条：一是这时候上得了创业板的究竟是那些翘首以待走创业之路的高新企业，还是那些仅仅急于等待注资还账避免关张的危机企业？二是急于帮那些做砸了创投的创投资金解套，对于为创业板买单的投资者岂不意味着极大的风险？三是创业板给新股发行制度改革预留的半生不熟的空间，同为IPO闯出一条“带病上岗”的血路，又有什么不同？

最担心创业板的制度设计“类主板化”

说千道万，风险最大莫过于制度之殇本身所带来的不确定性，“加点投资者心态作为调料”，多空瞬间转换，一锅“腊八粥”不糊也得糊。《华夏时报》特约评论员马光远先生对此有预感，一通"说三道四"将笔者前文有关制度安排的"谀辞"拱得有点抖颤，虽不完全赞成，不妨拿来做个参照："中国创业板的最大风险并不在于上市公司的'经营风险'，而关键在于制度设计'类主板化'之后的制度风险，无论是创业板的发行制度，还是创业板的交易制度，就现有的办法而言，丝毫看不出创新何在，丝毫看不出对原有制度缺陷的实质性改进。目前主板 IPO 停摆，财富效应丧失，病根主要在发行制度，畸形的发行制度可谓集中了中国 A 股市场所有的制度残缺，将'圈钱市'的本质演绎得淋漓尽致。毫不夸张地说，中国 A 股市场目前面临的一切困境，无不和发行制度有关。而从证监会发布的创业板《暂行管理办法》看，目前看不到对发行制度有任何创新之处，发行的主导权仍然垄断在将要成立的发行审核委员会手中，而这样的发审委，在主板上的尝试已完全失败，并成为机构寻租的对象，将这样的发行制度再适用于创业板，无异于将创业板又建成一个诚信流失、公平缺乏、公司治理残缺的市场，创业板将不仅不会成为解决中小企业融资难的金融渠道，而是必将沦为寻租和不缺钱者来圈钱的场所。"

人之情真，其言也善，即使犀利，仍充满善意，相信马先生是不愿意看到管理层又一次错过难得的历史性机遇。创业板之后会是什么，还不是大蓝筹 IPO、红筹股回归以及周而复始的融资再融资，谁有本事单靠忽悠跨越千山万水，新股发行制度此时不改，更待何时，"躲得了初一躲不过十五"，市井俚语中也有辩证法。标本兼治，差强人意；先本后标，不治而愈；治标不治本，于事无补枉费力。

配合创业板所推出的一系列举措，意在"补漏"，监管层煞费苦心，只为投资者更好地规避风险，无奈又是"长官意志"，仍在"准入监管"而非"交易监管"的窠臼里打转，其结果可想而知。比如，将保荐机构督导期延长至该公司股票上市当年剩余时间及其后 3 个会计年度，却同时取消在发行人上市当年利润下滑50%以上时，需对保荐代表人采取相应监管措施的规定，虽自有其特殊考虑，外界仍觉得费解，况且超长(举世罕见)督导时间并不等于治理规范，对违规者严加追究，直至令其倾家荡产，永不敢(不能)再犯，效果会更好，似乎没必要搞得那么繁琐等等。

创业板"兵马"未动，坊间已开始担心，欲说还休，谁让你治标不治本，日后大是小非一定与此有关，由于创业板新股上市仍实行行政审批制，客观上造成中国资本市场的质量直接由行政审批的质量决定，中国资本市场不诚信、业绩变脸，有关的保荐、发审要负很大的责任，而拥有准司法权的管理层未尽严厉处罚职责，也难辞其咎，民间的思维逻辑就这么冷峻和简单。已有专家发出预警，在创业板《暂行管理办法》中，规定要建立合格投资者准入制度，规定要在招股说明中向投资者明确提示风险等等，根本无法阻止即将到来的暴炒。一旦不能有效抑制其潜在的消极因素，即重演劣质企业的圈钱行为和利用流动性小、波动大的特点牟取暴利，以致财富价值的创造能力丧失，则创业板必将面临被大众边缘化的问题。

何谓边缘化，笔者赞成如下诠释：这将是一个恶性循环，在一个股票与资金已供大于求的市场，资金的供方——中小股东已经掌握了主动权，也就是说，他们是真正的优势人物。单个的上市公司欺负他们，他们就报复整个市场，根本不跟你玩了，把钱从市场上拿回家，让整个市场所有的上市公司都被低估，看你怎么办?

第八节　长短"转板"待来年

然而，这一幕注定不会发生，谁肯"把钱从市场上拿回家"，放进猪形储蓄罐,或托付给一会儿与通胀抗争一会儿与通缩搏斗利率陡升陡降却让人丝毫感觉不到"上上下下的享受"的人民银行,所以游戏还得玩下去。悲剧也好,喜剧也罢,惟愿少一点闹剧,我们别再折腾,让市场自己去折腾吧。在金融市场五大构成板块即债券市场、期货市场、外汇市场、房地产市场和证券市场中,前三个容量有限,老百姓进不去,五个部分去掉仨,只剩俩,也就楼市和股市生龙活虎,而以咱有限资金最终只能与股票"谈谈情,跳跳舞"。一旦入市,终身股民,在博弈中体验人生况味和辩证法,领略无尽机巧和戏剧性,其悲也切切,其乐也融融,"不做无益之事,何以遣有涯之生"?况乎,中国资本市场希望犹存,补短之旅已经起步,我们能够做成继纳斯达克之后最好的创业板,并由此出发,建立起"集万千宠爱于一身"的转板市场。

转板市场有望搅动起一池活水

有专家这样描述该市场:它是一种不间断的"换水操作",以打通资本市场不同层级之间的渠道,让好的中小企业源源进入市场,让劣质的企业汩汩地退出市场,向主板市场持续推送优秀的中小企业,更是创业板义不容辞的神圣使命;有转板机制后,三板市场会发生两个改变,一是拥有接纳高成长性企业股份"上市"的职能,成为高成长性企业向创业板上市公司的摇篮和孵化器;二是从主板市场退市的公司,在此重新发现价格,形成中国资本市场的垃圾股市场。这绝不意味着市场是垃圾,而是为投资者提供了从垃圾中发现黄金和珠宝的机会。沙里淘金,点石成金,"化腐朽为神奇",这正是中国股市存在的理由之一,同时也是成千上万中小投资者对我们国家独一无二的世界性贡献。什么都在与国际接轨,资本市场怎能不接,18 年的"成长之痛"也许是必须付出的代价,当那一天到来,一切的付出都会变得有意义。

如前所述，股民们并不惧怕IPO，也并不担心目前的A股仍然是全球最贵，仅仅搜寻个人的记忆，他们也知道，IPO的启动是迟早的事，A股历史上有过7次IPO暂停（时间在1个月以上）、6次重启，暂停时间最长也没有超过1年。本次IPO暂停将近8个月，蓄势日久，箭在弦上，一触即发，而每次IPO重启，几乎都伴随着一场有声有色的牛市行情，重启后一个月上证指数上涨概率高达83.3%。据国海证券研究报告称，IPO重启后月涨幅最高的一次出现在1995年6月30日，当月IPO融资规模只有1.7亿元，是6次重启当月融资规模最小的一次，月度融资规模最大的出现在2006年6月，达到232亿元，而上证综指表现依然强劲，涨幅达5.76%，IPO重启后一个月指数惟一一次下跌出现在2001年11月29日，而当月融资规模只有49.3亿元，这说明，融资规模与指数走势没有明显的相关性。大牛市需要大故事，上一轮行情的两大发动机是2005年5月的股改和7月的汇改，本次前半段，市场还在苦苦寻求1664支撑点，寻觅新一轮牛市所需要的新故事和新逻辑，而到了2009年3月，在刺激经济、对抗危机的大背景下，大盘却义无反顾地掉头向上，且趋势仨月不改，只因上海国际金融中心定位在先，深圳国内创投中心定位于后，都是堪与当年相提并论的大事件。反观邻国日本，在经历了20世纪80年代的泡沫破裂之后，1992年至2000年这8年间，也发生过4次健牛行情，平均起来是涨一年调整一年，每次行情的震荡幅度少说有37%，多时达到62%。当然，因上世纪70年代欧美强加"广场协议"而深陷经济衰退泥沼20年的东邻扶桑，与同时期保持国民生产总值9.97%年均增长率的华夏神州，根本不可同日而语，人家股市照样有涨有跌，正应了那句老话，"谁家过年还不吃顿饺子"，故执意看空A股市场（自称从不看衰中国经济）的某些专家忒没道理，其大呼小叫，频发诛心之论，是只见树木不见森林，罔顾天气转暖，"却疑春色在邻家"。

将全球最贵的做成世界上最好的

换个角度说，A股全球最贵未必全是坏消息，传递的或许正是投资者对未来中国发展的信心满怀，将全球最贵的做成世界上最好的，其路程也许并不像我们想象的那么漫长。“市场总是对的”，一定程度上恰好证明参与这个市场的绝大多数投资者是对的，起码他们的直觉没错；创造这个市场的主体是人，不是市场本身，市场无德无能也无意去创造什么，“桃李不言，下自成蹊”；贬抑主体而尊奉客体，厚此而薄彼，将事情完全颠倒过来说，不管怎么说，总让人觉得别扭。当然，这一切都是有前提的，否则，什么也是白说，或干脆就是胡说。

在笔者已经说了这么多之后，想必诸看官猜也能猜得出上面这段话究竟说的是啥意思，而不致有所误解，以为一介书生在故作癫狂，发“文艺腔”。中国乃盖世之邦，不用轰轰烈烈，只要少折腾，波澜不兴地再走上30年，就是了不起的辉煌，绝对举世无双；民间的财富慢慢地积累起来，促使国家强大，在“地球村”里的分量不重也得重，然后经济主导权规则制定权乃至金融话语权便统统不在话下。

坊间建议，值英雄救“美”之际，中国完全有资格向被救者“开条件”，这些条件至少包括：要求美国市场更加向中国敞开；高科技产品的禁售放松；美元保持稳定；美国帮助中国在国际倾向基金组织中获得更多权利；在最后的解决方案中，一定要包括一个全球性的金融衍生品监管协议，这应该成为中国对待此次金融危机的基本主张和基本态度。这些机制当然仍会在美国人的控制之下，但中国需要监管创新来应对制度缺陷，所以必须加入进去成为全球金融界的合作伙伴，拥有属于自己的地位。独立经济学家谢国忠先生豪情万丈，认为中国有可能取代美国，时间只需20年，其论据如下：中国处在一个取代美国成为全球经济中心的有利地位，“几乎没有什么外债，巨额的国民储蓄，巨大的经济规模，这些都意味着它的增长潜力是相当惊人的。未来20年内，借助经济增长和货币升值，中国人均年收入或可从当前的3 000美元提升至10 000美元。这样的增长无疑会给那些笃信中国辉煌未来的投资者带来很多，这就是为什么中国能够成功改变它增长模式的奥秘所在，当然，我们首先得争取将中国的城市化率提升到70%以上”。

还有更令人兴奋的消息，据著名经济学家李稻葵先生预测，2009年内，中国经济总量就将于半个世纪以来首次超过日本成为GDP世界第二，以此历史性跨越，对东亚两强并立的事实作一真正确认。数据显示，2008年，日本GDP是4.844万亿美元，中国是4.222万亿美元，日本全年的GDP增长率是0.7%，中国是9.0%，2009年一季度，日本延续去年后三季度的负增长态势，GDP为负4%，创下了二战后最大跌幅，而中国是6.1%，虽然比上年同期回落4.5个百分点，但在主要经济体中仍然独树一帜。GDP当然不能代表一切，就像增长并不能等同于发展，但首先须吃得饱，才能讨论如何吃得好，中国经济总量的持续上升，正是遏制“唯GDP论”的最有力武器，一俟经济总量达到某个心理预期水平后，对整个GDP的过分关注就会失去凭依，关注人均GDP，关注国民幸福指数，关注GDP质量在政策和政绩中的占比就会增加，这就叫“什么阶段做什么事”。

再回到全球首富美国，在未来几十年发展中，中美两国都存在着取长补短长短互易甚至“转板”的空间和变数，相对而言，中国的胜算更大，道理挺简单，一个是成长期，一个是鼎盛期，否极泰来，盛极而衰，老庄思想同样适用于国际政治分析，谁敢说次贷危机的“多米诺骨牌”一定到金融海啸为止，而并非山姆大叔的“历史性拐点”呢?！以开动印钞机来“救市”，过度透支政府信用，在世界货币体系日趋多元化的背景下，以一国之私，损举世之公，难道真的无须承担道德以外的风险么？合作共赢的基础是诚信，民无信不立，何况国家乎，众目睽睽之下，扮一脸无辜相，效果有但很有限，人心失去，非九牛二虎不能挽回。这些变数对1997年东南亚金融风暴以来一直以负责任大国形象示人的中国政府，无不代表着“重大利好”，沧海不横流，政治不出头，个中此消彼长关系，就看谁发现得早把握得好，“不战而屈人之兵，上之上者也”，纵然不能“以我为主”，或可“为我所用”，积小胜为大胜，一切都会在悄然中改变。时不我待，“打铁先得本身硬”，准备好了么，我可爱的中国，在这方面，似乎有一些短板亟待“补齐”，特别是在金融—资本市场的管理上，虽多属无心之失，但差之毫厘，失之千里，令人不胜欷歔。

著名经济学家赵晓先生曾有过透彻分析：“在中国有时候犯错误的成本太低了，只要不‘站错队，上错床，拿错包’，即令犯下数万亿人民币的天价损失，也不会受到应有的惩处。在中国进入金融—资本时代后，有时这样的错误是致命的，是社会难以承受的。在这一新时代，市场是一个完整的整体，信心的崩溃很容易让市场犹如多米诺骨牌一样倒坍，‘一荣俱荣，一损俱损’，无数财富顷刻间烟消云散。在产品时代，有人要抢别人的东西、土地、财富，都必须借助于有形的军队和各种兵器；然而，在金融—资本时代，掠人财富根本无需大兴刀兵，只要善于使用金融武器，尤其是利用好全球一体化的高能的信息平台与金融平台，就可以谈笑之间将竞争国毁于一旦，并且往往是以‘闪电战’的方式，来劫掠对方财富。当务之急，是我们应该尽快熟悉现代金融与资本市场的规律，明白错误决策的风险，摒弃从此次股市危机中去学习大国崛起的智慧。”

第九节　嘿！天下道理原来是相通的(代结束语)

有了以上这些敞亮凌厉的话，笔者说什么也是多余，“知我者谓我心忧，不知我者谓我何求”，是进亦忧，退亦忧，然则何时而乐耶！三、五千字即可说透的道理，竟被硬生生拉拽成一本小书，极尽婉曲铺衍之致，不为别的，就是怕有人“谓我何求”，希望在絮絮叨叨中遮掩“余之衷情兮”，故词不及义欲辩忘言以文害志一类事间或发生，有时不免胶柱鼓瑟，竟不知为何“心忧”，又在“何求”？感谢赵晓老师“一语点醒梦中人”，那些个道理不像是说出来倒像是直接“流淌”出来的，无须雕琢修饰即可把话讲到份上的一等一人物，快人快语背后当然是大学问。

“不知该说啥好的时候，说实话”

据说经济学家们都特别在乎长短有度，恰如1983年的诺贝尔经济学奖得主德布鲁所说：“经济学论文应该像女人的裙子一样，短要短到令人感到刺激，长要长到让人感到里面有些实质内容。”因力有不逮，自下笔始，不才便意识到拙作短不了，就像平日语言习惯，“不鸣则已，一鸣虽不惊人却一发难收”，让人徒生厌烦，一辈子吃尽“沉默是金，言简是银，话多是铜（看起来像金）”的亏，尤其宦海浮沉这30年。郑板桥有曰“难得糊涂”，可笔者难的就是不愿意糊涂，也许是太“自作聪明”，每每与人从和颜悦色开始，说着说着竟“话不投机半句多，情到深处人孤独”，全忘了“钝于言说者敏于心灵（大辩若讷）”的道理，最后只好“拜拜了您了”，一段时间下来，自己将自己挤兑到旮旯里去了（俗称边缘化），还怨不得别人，谁叫“我与我周旋久，宁做我”的呢，虽心中好不纳闷也。其实坚持“做自己”挺不容易的，就像“君子固穷”，《庄子·齐物论》提到人的肉体有“百骸、九窍、六脏”，可究竟哪一部分盛纳着那个“自我”呢？说这些绝无半点糟践别人以为都不如自己高明的意思，优秀者多的是，无论从智商（IQ）情商（EQ）还是经商（MBA）角度考察，笔者充其量只能算“中量级”人物，不愚笨而已，再加上做事顶真倾情投入注意触类旁通以及爱认死理（或曰“掰”）等，一步一个脚印，倒也不乏成功率，且不时扮演“不幸（或有幸）而言中”的角色，算是“寸有所长”吧。那问题究竟出在哪儿，以致“两败俱伤”，二三十年郁结（包括困惑）难解，直叫人咀嚼得头疼。忽一日顿悟，大概是不同价值观使然吧，凡事孰轻孰重，是耶非耶，因衡量尺度有异，认知上便差得远，有时竟达“三百六十里”。个人所希望的凡事皆“法有所据，理有所本，情有所依，势有所然”，在当今社会，其实已算是相当苛刻的追求了。最常见的，莫过于对“简单还是复杂”的定义，依据笔者经历，有时真能“复杂”到足以“把聪明人弄糊涂”那么“简单”的程度，确有人喜欢“将复杂的事情简单化，将简单的事情复杂化”，堪称“大师级”水平，具体案例，不妨参见本书《初醒篇》最后一章。

笔者深知，以个人价值观“偏执”程度论，以往遭遇丝毫也不奇怪，应该奇怪的反而是为什么没有弄得更糟，事到如今，虽败军之将犹欲言勇，但悔之晚矣，不仅年近六旬，来日无多，主要是拜英年早逝的慈母和秉直耿介的严父所赐，这一“有待商榷”的价值观渗透到自己的血液中，早就成了自己拂之不去挥之即来的下意识行为习惯了。先人都是普通劳动者，虽家父（5 年前去世）在学校执棒 40 余年，有学历经历也有阅历，但教给子女的永远是最朴素的道理，相当于如今流布街头的“七不规范”等，就做人而言，似已够用，他们的座右铭，以笔者不无酸楚的话来表达，即“不知该说什么的时候，说实话”。实话当属快人快语，用不着遮遮掩掩，所以本不该说得太长，但拙作虽“有感而发吐真言”，却依旧拉得很长，除了积习难改，还有不便道破的原因，通篇读完自然明白，无须笔者再解释，倘没兴趣或耐心读完，则解释不易亦无益，这也是“辩证法”。何况，关于破题就有争议，有人至今认为“暴涨之后必有暴跌”，2008 股灾的原因太“简单”了，何须长篇大论。笔者不以为然，相信资本市场建设乃举足轻重之事，绝不简单，该说道说道，在这上头下点功夫值得，权作当年高考数学卷 2 分获得者的一次“补短”之旅。再说了，笔者也一点儿不喜欢类似老谋子在雅典奥运会闭幕式上推出的那种款式——“超短裙式旗袍”，它在民间根本就不存在，也不让人觉得有多“刺激”，不过平添几分暧昧罢了，只要别弄得跟维多利亚时代老姑娘似的，女人还是穿得含蓄点为好，到底有神秘感。何况笔者这篇拉杂文字，本不属于经济学论文，不过一个“套中人”的自说自话而已，更可以将就着了。

管理层当与投资者各司其职、教学相长

现在回到“投资者需要教育吗?”这一话题，笔者的意见是：当然需要，人都有非理性成分，既有贪婪之心，又有恐惧之意，且每每颠倒着使用，所以股市才会“在绝望中启动，在犹豫彷徨中上升，在狂欢中结束”，循环往复，没玩没了。尤其是，A股中小投资者几乎都不知道自己“入市”后，除了“遭遇激情”，将要遭遇的风险究竟会大到什么程度，作为监管者，不时提醒大家“谨慎”，实在是职责所系客观所需，效果一定明显。但另一方面，教育内容有待充实，不能仅仅停留在“风险教育”上；教育方式更须改进，别一味“输出”，力求双向，以便“教学相长”；对某些难度较大的“课程”，还应预先“备课”，多设些题目，自问自答，烂熟于心，以应“不虞之誉”，勿行事仓促，致使功亏一篑。最关键的，是“程序公正优先于实质正义”，不断加强制度化建设，将监管工作前移，对内幕交易、操纵股价、发布虚假信息、欺诈中小股东等违规行为从严查处，以增加日常监管有效性和威慑力，以及蓄意违规者的边际成本，同时压缩不确定风险因素，也使投资者教育工作变得稍微轻松些，顺便腾出更多些时间，让中小投资者好整以暇，能在“纯技术”领域从容不迫地进行更有效的“自我教育”。

说到制度化建设，民间一直在深情呼唤，可做的事情太多，比如，降低股东大会召集主体的持股比例由10%至5%，为使中小股东的股份能联合起

来对抗大股东，可引入“累积投票制”和“表决权征集”制度；严格监管，加强公司治理，斩断上市公司资金外流的输送渠道，从根本上保护中小投资者的利益；在证券市场的法律制度上单独实施“辩方举证”和“异地诉讼”的特殊方式，这将极为有效地制止市场上的某些恶意操纵行为和内幕交易，等等。只要公平之剑在胸，这些事情可做得“天然工巧而不见其刻削之痕”。

郎咸平教授近作列举大量实例，证明对违规行为的查处难与不难都是相对的，就看监管者信托责任意识强不强，有一条说到，“定义内幕交易其实很简单，假设今天下午3点钟某家公司宣布好消息，那么，在3点钟以前，所有带动股价上涨的交易全部都是内幕交易。按照美国证券法，你提前炒股了就有罪，除非你能证明事先没得到消息才算清白，如果证明不了，就是内幕交易，但证明无罪是非常难的，干嘛让你证明呢？就是因为难度大才让你证明。一旦被美国证券交易委员会抓到内幕交易，你知道被抓到的人要干什么事吗？马上离婚。离婚的话，他的太太还可以保有一半的财产。那定罪以后怎么办？搬到佛罗里达去居住。因为美国的《破产法》规定，一旦被定罪宣告破产以后，如果留在纽约，只能保有一栋大概几万元的房子，保留一辆几千元以下的车子。可是到了佛罗里达州就好了，表面上也是只能保留一栋房子一部车子，但是价值不限。你可以买贵的房子，贵的车子，老婆那还有一半的财产”。如此“霸王硬上弓”，必收杀一儆百之效，投资者信心想不提升都难。

犬儒主义PK市侩哲学不分输赢

笔者不惜“以身试法”，连“半瓶子醋”都还没有，就大动干戈地摆起“满汉全席”，不伦不类地作起“经济学论文”，并非以为自己代表着真理，比管理层还懂得多，不过是“述往昔、道异端、伤幽独、感流年”，一浇心中块垒而已，除了2008年股灾中输得惨，不如此不足以排遣郁闷，另一个重要原因，是想（绝对善意地）提醒管理层，中小投资者能够从失败中学到很多东西，他们的智商并不低，有可能通过艰苦实践“自学成才”，这才是资本市场长治久安的基石，而并非那些自称“不做死多头，不做死空头，只做老滑头”的犬儒主义者，倘这种理念成为投资者主流，则中国股市很难真正成熟起来。当然，这种状况乃制度缺陷所造成，并非投资者本身过错，从某种意义上说，那些人才是散户中硕果仅存的成功者，靠的是“技术活”漂亮，完全无可非议，而笔者欲学不得，欲舍不忍，欲罢不能，唧唧歪歪的，倒很有点“酸葡萄”心理；况且，咱所持理念又能比别人高尚到哪儿去，还不是“抬头仰望北斗星，心中想念政策市”，诅咒“坏的政策市”（管涨不管跌），赞美“好的政策市”（管它指数涨多少），照样是一个满身市侩哲学的不成熟投资者，还不及“五十步笑百步”的水平呢！

封笔前10天，笔者偶然读到独立财经作家袁剑先生早在2005年初（尚未股改）就发表的24万字力作《中国证券市场批判》，那才叫“高屋建瓴、醍醐灌顶、振聋发聩、力透纸背”呢，10大篇章42小节就将乱象丛生、弊端百出的A股市场勾画得“里外不是人”，仿佛领着你逛了一趟千姿百态、千奇百怪的“爪哇国”，将刻印在封面上的三大设问“谁劫持了中国证券市场、谁让‘金融创新’变成了一场瓜分的盛宴、谁让一个竞优市场蜕化为一个权力竞赛的舞台”等回应得严丝合缝，淋漓酣畅，特别令人信服。拿它比照，拙作相形见绌到幼稚肤浅的“入门级”，汗颜之余，心里不由嘀咕“如果去年底就读到袁兄大作，俺还会……”所幸拙作切入点毕竟有所不同，行文还算“个性化”（接近“身体写作”），更有幸的是，袁老师先前号脉（望、闻、问、切）所查出的那些个大小毛病，这些年也没见改了多少，开出的药方又不怎么管用（其实根本没谁在用），还得有人前未仆而后继者不绝如缕，一代一代地奋斗下去，方能“乘风破浪会有时，直挂云帆济沧海”，引得A股“分外妖娆，换了人间”。于是不揣浅薄，不怕诸看官嗤笑，斗胆捧出“（费）力（创）作”一管箩，以求教于个中高人，也欢迎“非我族类”者将它批得“乱象丛生，弊端百出”。为表示敬意，笔者临时决定，参照袁剑老师结构方式，将拙作体例调整为三篇，力臻宏大叙事之境界，把握不住精髓就学点皮毛吧，切盼业内高人“一笑了之”。

参考文献

袁剑:《中国证券市场批判》,中国社会科学出版社,2004年12月版。

郎咸平:《郎咸平说——热点的背后》,东方出版社,2008年9月版。

广天响石编著(央视经济频道特别授权):《直击华尔街风暴》,中国纺织出版社,2008年11月版。

和讯网著:《华尔街困局与中国经济》,中国人民大学出版社,2008年11月版。

黄卫平等著:《我们真的理解金融危机吗?》,中国人民大学出版社,2008年11月版——以下篇目均出自该书:

1) 黄卫平、宋晓恒:一场避免不了的危机。

2) 梁捷:全面衰退的经济长周期才刚刚开始。

3) 程实:政府救助和强势美元是靠不住的。

4) 卢周来:"出来混,总是要还的!"——应对全球金融危机中的中国宏观政策评说。

5) 陈宇峰:覆巢之下,焉有完卵?——当前金融危机对中国改革的影响。

6) 傅勇:如何才能把自己的事情办好?——金融危机下的中国政策选择。

陆一:《闲不住的手——中国股市体制基因演化史》,中信出版社,2008年12月版。

CCTV中央电视台中国区财经报道栏目组:《中国经济十年螺旋》,机械工业出版社，2009 年 1 月版。

江涛主编：《看不懂的中国股市》，经济日报出版社，2009 年 1 月版。

时寒冰：《中国怎么办——当次贷危机改变世界》，机械工业出版社，2009 年 2 月版。

郎咸平：《郎咸平说——金融超限战》，东方出版社，2009 年 3 月版。

凤凰卫视——世纪大讲堂：《龙跃于渊——解码金融风暴与中国经济》，辽宁教育出版社，2009 年 4 月版——以下篇目均出自该书：

1) 黄卫平：经济全球化，中国经济处在什么位置。

2) 陈志武：中国经济如何闯关。

3) 霍德明：股市暴跌，根源在哪。

4) 郭田勇：金融风暴：一群华尔街人欺骗政府的游戏。

刘军宁：《股市是社会正义的测验场》，《读者参考》NO. 64，摘自《中国经营报》。

陆一：《中国股市，困囿于信用空洞化》，《读者参考》NO. 64，摘自《南风窗》。

刘雪梅：《股市仍需一场大手术》，《读者参考》NO. 60，摘自《21 世纪经济报道》。

孙轶玮：《你敢说自己是中产阶级吗》，《读者参考》NO. 67，摘自《瞭望东方周刊》。

赵晓：《从股市震荡中学习大国崛起的智慧》，《读者参考》NO. 77，摘自《中国证券报》。

汪伟：《中国股市的性格就是政策市》，《读者参考》NO. 78，摘自《新民周刊》。

杨涛：《公平正义请从股市开始》，《读者参考》NO. 82，摘自《瞭望东方周刊》。

邓聿文：《果断停止人民币的快速升值》，《读者参考》NO. 82，摘自《瞭望东方周刊》。

叶檀:《让股市走出困境》,《读者参考》NO. 84,摘自《瞭望东方周刊》。

谢九:《中产阶级的自救与他救》,《读者参考》NO. 86,摘自《三联生活周刊》。

孙铭:《扩大消费关键是要改变收入分配结构》,《读者参考》NO. 87,摘自《21 世纪经济报道》。

桂浩明:《等待两大政策突破》,《东方早报》, 2008 年 12 月 27 日。

袁剑:《三十年未见之变局》,《东方早报》,2008 年 12 月 27 日。

孙立坚:《创业板不能成为圈钱工具》,《东方早报》,2009 年 1 月 4 日。

李韦森:《九大行业振兴就是要"撑死胖子"》,《东方早报》,2009 年 1 月 24 日。

袁幼鸣:《中级反弹　野蛮上攻》,《东方早报》,2009 年 2 月 14 日。

傅勇:《中美刺激方案最好互换》,《东方早报》,2009 年 2 月 21 日。

陆水旗:《第二轮复苏很快到来》,《东方早报》,2009 年 3 月 7 日。

吴英燕:《新股发行制度向散户倾斜》,《东方早报》,2009 年 3 月 7 日。

袁剑:《谈资本市场改革方向》,《东方早报》,2009 年 3 月 7 日。

孙立坚:《中国应对危机的空间其实更广阔》,《东方早报》,2009 年 3 月 14 日。

刘煜辉:《资源向私人资本倾斜》,《东方早报》,2009 年 3 月 21 日。

李华芳:《高管限薪离不开国企改革》,《东方早报》,2009 年 4 月 11 日。

袁幼鸣:《IPO 别急,股民别慌》,《东方早报》,2009 年 5 月 23 日。

叶檀:《能公平竞争　资本市场不会是熊样》,《每日经济新闻》,2008 年 1 月 9 日。

叶檀:《解决大小非就这么难》,《每日经济新闻》,2008 年 11 月 4 日。

尹中立:《对政策救市不要寄予太高希望》,《每日经济新闻》,2008 年 11

月4日。

叶檀:《行政性并购重组莫制造分肥之举》,《每日经济新闻》,2009年1月4日。

刘煜辉:《中国需要劳动密集型增长》,《每日经济新闻》,2009年1月7日。

叶檀:《国有航空公司会重走国有上市银行之路》,《每日经济新闻》,2008年12月12日。

叶檀:《改革新股发行　大小非还真就是问题》,《每日经济新闻》,2009年1月20日。

叶檀:《道指靠什么撑着　A股靠什么撑着》,《每日经济新闻》,2009年2月20日。

叶檀:《中投公司5%收益率是怎么来的》,《每日经济新闻》,2009年3月3日。

黄湘源:《国资重组需走出体制“螺蛳壳”》,《每日经济新闻》,2009年3月7日。

皮海洲:《大小非问题不只是历史遗留问题》,《每日经济新闻》,2009年3月10日。

皮海洲:《中石油开盘价很荒唐问题在发行制度》,《每日经济新闻》,2009年3月10日。

叶檀:《红筹股回归是大忽悠》,《每日经济新闻》,2009年3月17日。

皮海洲:《维稳政策下多方因素“绊”牛市》,《每日经济新闻》,2009年3月26日。

徐经胜:《工行“全球最盈利”对民企是危险信号》,《每日经济新闻》,2009年3月27日。

叶檀:《想还利于民? 中石油与工行多发债券吧》,《每日经济新闻》,

2009 年 3 月 27 日。

叶檀:《创业板应成新股发行改革试验田》,《每日经济新闻》,2009 年 4 月 1 日。

黄湘源:《2500 点算什么泡沫》,《每日经济新闻》,2009 年 4 月 21 日。

谭浩俊:《激活民间投资政策应放在操作层面》,《每日经济新闻》,2009 年 4 月 22 日。

尹中立:《严格退市制度　强化创业板高风险意识》,《每日经济新闻》,2009 年 4 月 22 日。

叶檀:《对创业板的三大希望》,《每日经济新闻》,2009 年 5 月 9 日。

周洛华:《内需究竟该怎样启动并扩大》,《上海证券报》,2008 年 10 月 14 日。

赵晓:《启动资本市场应成经济复苏第一步》,《上海证券报》,2008 年 12 月 1 日。

张茉楠:《三大战略转型凸显中国经济新拐点》,《上海证券报》,2008 年 12 月 30 日。

周贵银:《这是阶段性的阴谋　上涨随时可能出现》,《大众证券报》,2008 年 12 月 25 日。

王福重:《2009 股市: 非诚勿扰》,《上海证券报》,2009 年 1 月 8 日。

李允峰:《让全球最贵的成为全球最好的》,《上海证券报》,2009 年 1 月 20 日。

高尚全:《政府的政策如何撬动市场力量》,《上海证券报》,2009 年 2 月 14 日。

孙立坚:《现在要特别注意防止通缩预期扩散》,《上海证券报》,2009 年 3 月 11 日。

皮海洲:《现在 A 股市场头等大事是维稳》,《上海证券报》,2009 年 3 月

11日。

黄湘源:《唯有锐意改革方能化“危”为“机”》,《上海证券报》,2009年3月11日。

熊锦秋:《大小非更有责任用暖心暖公司》,《上海证券报》,2009年3月24日。

阿琪:《金融危机颠覆了什么》,《上海证券报》,2009年3月27日。

谢风华、安雪梅:《投行江湖时代将随新股市场化发行终结》,《上海证券报》,2009年3月30日。

谬建民:《从欧美货币政策差异中寻求中国对策》,《上海证券报》,2009年4月3日。

唐建伟:《消费持续增长动力仍然不足》,《上海证券报》,2009年4月17日。

黄湘源:《任何市场判断都不能离开具体场景》,《上海证券报》,2009年4月29日。

秦雁:《在反复寻底中将艰难复苏》,《大众证券报》,2008年12月27日。

周正庆:《查处随意做空　营造股市慢牛》,《大众证券报》,2008年12月27日。

徐霄:《沪深两股市总市值2008年蒸发掉20万亿元》,《大众证券报》,2009年1月1日。

陶冬:《2009年或是中国新一轮牛市起点》,《大众证券报》,2009年1月8日。

时寒冰:《“抽血”思维要不得》,《大众证券报》,2009年2月14日。

时寒冰:《中国股市何时不再炒》,《大众证券报》,2009年2月28日。

潘龙:《高管高薪必须扼制》,《大众证券报》,2009年3月18日。

易宪容:《高管高薪源于制度缺陷》,《大众证券报》,2009年3月21日。

潘龙:《限薪举措可嘉　治标更须治本》,《大众证券报》,2009 年 4 月 15 日。

徐立凡:《中国平安“富通困局”警示中国利益急需维护》,《华夏时报》,2009 年 2 月 14 日。

官建益:《红筹回归能否让位港股直通车先行》,《华夏时报》,2009 年 3 月 20 日。

徐立凡:《美国大发国债对中国意味着什么?》,《华夏时报》,2009 年 3 月 20 日。

贺江兵、唐玮:《外储负增长或再现　外管局海外投资亏损难断定》,《华夏时报》,2009 年 3 月 22 日。

刘纪鹏、刘斌:《关于创业板的几个理论问题》,《华夏时报》,2009 年 4 月 4 日。

商灏:《创业板能否成为中庸沉稳的如歌行板》,《华夏时报》,2009 年 4 月 4 日。

马光远:《“第二主板”之忧》,《华夏时报》,2009 年 4 月 4 日。

蔡志洲:《从上市公司分红看证券市场建设》,《华夏时报》,2009 年 4 月 18 日。

官建益:《减税,抓住刺激消费牛鼻子》,《华夏时报》,2009 年 4 月 18 日。

刘勘:《债券货币化侵蚀全球资产价值体系》,《华夏时报》,2009 年 4 月 18 日。

关键:《股市下跌不是 IPO 惹的祸》,《华夏时报》,2009 年 4 月 25 日。

孔保罗:《中国已进入资金相对过剩时期》,《华夏时报》,2009 年 4 月 25 日。

商灏:《开放民间投资新政如何激发民资热情》,《华夏时报》,2009 年 4 月 25 日。

马光远:《迷失的中投何去何从》,《华夏时报》,2009年5月23日。

徐立凡:《中国GDP世界第二是有价值的预期》,《华夏时报》,2009年5月29日。

谢百三:《2008:股市的回顾与反思》,《金融投资报》,2008年12月27日。

苏渝:《让中产阶层复活》,《金融投资报》,2009年1月17日。

顾铭德:《中国经济率先复苏更加明显》,《金融投资报》,2009年3月7日。

李志林:《全球危机下A股何以独立走强?》,《金融投资报》,2009年3月7日。

文兴:《为何要看美股脸色》,《金融投资报》,2009年3月7日。

黄湘源:《山寨牛市需走出貌合神离》,《金融投资报》,2009年3月21日。

文兴:《资金流向的真相》,《金融投资报》,2009年4月4日。

笑蜀:《不要折腾老百姓的小日子》,《南方周末》,2008年12月25日。

陈涛、黄河:《2008,中国股市各"阶级"的分析》,《南方周末》,2009年1月1日。

孙涤:《金融监管难在哪里》,《南方周末》,2009年2月10日。

渠宏卿、张玉亮:《南航亏了48—29亿,高管薪酬却增加了49%?》,《新华每日电讯》,2009年4月17日。

陶涛、王存福:《金融危机下,CEO们到底该值多少钱》,《新华每日电讯》,2009年4月19日。

关键:《没有泡沫就不是股市》,《华夏理财》,2009年4月18日。

叶檀:《建立转板制度引入市场活水是当务之急》,《青年导报》,《证券大参考》,2009年5月2日。

图书在版编目(CIP)数据

股市之痛 2008/杨德林著. —上海:上海辞书出版社,2009.8
ISBN 978-7-5326-2885-8

Ⅰ.股... Ⅱ.杨... Ⅲ.股票—资本市场—研究—中国—2008 Ⅳ.F832.51

中国版本图书馆 CIP 数据核字(2009)第 110491 号

责任编辑 朱伟明
装帧设计 何香生

股市之痛 2008

上海世纪出版股份有限公司
上 海 辞 书 出 版 社 出版、发行
(上海陕西北路 457 号 邮政编码 200040)
电话:021—62472088
www.ewen.cc www.cishu.com.cn
上海书刊印刷有限公司印刷
开本 710×1000 1/16 印张 16 插页 1 字数 205 000
2009 年 8 月第 1 版 2009 年 8 月第 1 次印刷
ISBN 978-7-5326-2885-8/F·228
定价:26.00 元